PEREGRINO

Mark K. Shriver

PEREGRINO

Minha busca pelo verdadeiro
papa Francisco

Tradução
Patrícia Azeredo

1ª edição

Rio de Janeiro | 2017

CIP-BRASIL. CATALOGAÇÃO NA PUBLICAÇÃO
SINDICATO NACIONAL DOS EDITORES DE LIVROS, RJ

Shriver, Mark K., 1964-

S564p   Peregrino/Mark K. Shriver; tradução: Patrícia Azeredo. –
1ª ed. – Rio de Janeiro: Best*Seller*, 2017.

Tradução de: Pilgrimage – My Search For The Real
Pope Francis
ISBN: 978-85-4650-033-8

1. Francisco, papa, 1936-. 2. Papas – Biografia. I. Título.

17-40071

CDD: 922.21
CDU: 929:2-725

Texto revisado segundo o novo Acordo Ortográfico da Língua Portuguesa.

Título original: PILGRIMAGE: MY SEARCH FOR THE REAL POPE FRANCIS
Copyright © 2016 by Mark K. Shriver.
Copyright da tradução © 2017 by Editora Best Seller Ltda.

Esta edição é publicada sob acordo firmado com a Random House, uma divisão
da Penguin Random House LLC.

Capa: Estúdio Insólito
Imagem de capa: Vatican Pool/ Colaborador/ GettyImages
Editoração eletrônica: Abreu's System

Todos os direitos reservados. Proibida a reprodução,
no todo ou em parte, sem autorização prévia por escrito da editora,
sejam quais forem os meios empregados.

Direitos exclusivos de publicação em língua portuguesa para o Brasil
adquiridos pela
Editora Best Seller Ltda.
Rua Argentina, 171, parte, São Cristóvão
Rio de Janeiro, RJ – 20921-380
que se reserva a propriedade literária desta tradução.

Impresso no Brasil

ISBN 978-85-4650-033-8

Seja um leitor preferencial Record.
Cadastre-se e receba informações sobre nossos lançamentos e nossas promoções.

Atendimento e venda direta ao leitor
mdireto@record.com.br ou (21) 2585-2002.

Para minha mãe e meu pai

Sumário

Prólogo   9

Introdução   21

1 Rosa   25

2 Serenidade   33

3 Peronismo   37

4 O portenho   41

5 O método científico   47

6 A decisão   55

7 Seminário   61

8 Doença   69

9 O noviço   75

10 Os Exercícios Espirituais   88

11 Colegio Máximo   98

12 Ensinar Borges   110

13 Vaticano II   117

14 Padre Bergoglio   124

15 Mestre de noviços   130

16 Provincial   134

17 Reitor   145

18 Córdoba   166

19 Filhos de Abraão   175

20 Toto, Pepe e o rabino   186

21 Cardeal   223

22 O incêndio   235

23 *Cartoneros*   246

24 A entrevista   266

Posfácio   281

Agradecimentos   289

Notas   297

PRÓLOGO

São 2h30 de um sábado e grupos de alunos da Universidade de Córdoba estão gritando e rindo no caminho para os bares do distrito localizado ali perto. A cidade argentina de Córdoba é conhecida como La Docta, a Cidade Erudita, embora os estudantes que andam de bar em bar sejam barulhentos.

A janela do quarto dá para a rua. Ele acorda e ouve os estudantes, deitado na dura cama de solteiro. Em outros tempos, ele poderia ter prosperado ali, considerando sua paixão pelo ensino e pelos alunos. Quando era professor de ensino médio em Santa Fé, Argentina, uma vez ele levou o escritor mais aclamado do país, Jorge Luis Borges, para a aula. Os alunos, depois, fizeram um livro de contos, para o qual Borges escreveu o prólogo.

O quarto dele é simples. Não parece o quarto de um padre e sim de um penitente, ou, até, de um prisioneiro. Os estudantes lá fora ficariam perplexos com o ambiente se olhassem pela janela. O local tem aproximadamente 4 metros quadrados, com uma cama de solteiro, uma cadeira de madeira sem almofada e um genuflexório. Há uma mesinha com uma pequena luminária perto da cama e uma escrivaninha com três gavetas e uma foto da mãe com ele.

Ele é magro — até demais — e começa a andar curvado, devido ao peso do conhecimento de que, provavelmente, nunca mais terá uma posição de poder ou influência na Ordem dos Jesuítas. Os colegas com quem esbarra no corredor notam que ele raramente sorri, se é que já sorriu alguma vez.

Ele foi banido para Córdoba, uma cidade industrial no interior do país. Ao contrário de sua querida e cosmopolita Buenos Aires, conhecida como a Paris da América Latina, Córdoba teve muitos de seus encantadores prédios coloniais espanhóis demolidos e substituídos por estruturas baratas de tijolos.

Ele tinha sido o bambambã da Companhia de Jesus, mais conhecida como os jesuítas. Foi nomeado provincial, ou seja, chefe, das comunidades jesuítas do Paraguai e da Argentina em 21 de julho de 1973, com apenas 36 anos, algo inédito. Mas agora Jorge Mario Bergoglio ou Bergoglio, como ele costumava ser chamado, apenas tenta voltar a dormir em um quarto pequeno e úmido. (Ele dorme, embora alguns de seus ex-alunos e amigos digam que ele desafia muitas necessidades humanas básicas, como dormir.)

De volta a Buenos Aires, ele tinha uma certeza confiante — que alguns chamavam de arrogância —: de que ensinar os jovens jesuítas com base na teologia, nos textos filosóficos e na pedagogia tradicionais era a única forma de eles desenvolverem as habilidades, a coragem e o intelecto de que precisariam para servir o mundo como pensadores bem-preparados e pastores devotados. Ele era ortodoxo na convicção de que um estilo de vida organizado e um currículo sem as teorias modernas, quase marxistas, sobre libertação e fé politizadas, eram cruciais para o sucesso pessoal e pastoral.

Ele tinha profundo domínio sobre a antiga Ordem dos Jesuítas europeizada na Argentina, sendo que a ordem em si era uma desajustada sociorreligiosa na América Latina, continente agitado por protestos políticos e teológicos agressivos contra as injustiças. Sua filosofia política, ou melhor, sua filosofia sobre a política que os jesuítas deveriam abraçar era contra a onda pós-Vaticano II de mudanças sociais e ativismo político, comum entre vários de seus colegas sacerdotes latino-americanos. Mudar era bom, pensava ele, mas a mudança tinha que vir pela fé, não pela política. A pobreza precisava ser abolida, sim, mas por meio da prece, da devoção e das boas ações, não pela insurreição política.

Em junho de 1990, contudo, seu mandato acabou subitamente, quando ele recebeu a determinação de ir para Córdoba. Anos depois, pouquíssimas pessoas falam sobre o exílio de Bergoglio. Os jesuítas o apoiaram. Como uma família, eles tinham conflitos, mas protegiam seus integrantes.

Ele foi enviado a Córdoba pelos superiores jesuítas por vários motivos, talvez nenhum mais importante do que seu estilo autoritário, quando foi provincial, e seu excesso de disciplina, quando foi reitor do Colegio Máximo, a casa de formação jesuíta em Buenos Aires. Seu rigoroso compromisso com uma estrutura conservadora de treinamento jesuíta foi tão firme que provocou uma divisão profunda e dolorosa na comunidade jesuíta da Argentina.

Santo Inácio de Loyola, o homem que fundou a Companhia de Jesus em 1540, conhecia esse tipo de exílio espiritual. Basco que salvava donzelas e carregava espadas, ele foi ferido em batalha e forçado a convalescer no castelo da família por seis meses. Inspirado pela leitura de uma versão popular da vida de Cristo e das histórias dos santos, Inácio começou a imaginar uma vida bem diferente da existência refinada que desejava tão apaixonadamente. Após se curar, ele abandonou a espada, doou seus mantos esplêndidos e passou dez meses em Manresa, perto de Barcelona, onde, em longos períodos de solidão, lutou com seus pecados e aprimorou sua ambição santa de ajudar outras almas.

Depois, enquanto estudava na Universidade de Paris, Inácio conheceu outros homens de ideias afins que foram atraídos pelo seu zelo por sua espiritualidade prática e por seu pé no chão. Eles viraram os primeiros jesuítas e se denominaram "contemplativos em ação", porque iriam aonde a necessidade era maior e os outros não conseguiam ir. A fama, imortalizada por Robert De Niro e Jeremy Irons no filme de 1986 *A Missão*, derivou, em parte, do trabalho missionário inovador e corajoso realizado na Ásia e na América Latina nos séculos XVI e XVII. Eles também foram para as fronteiras intelectuais e culturais da época, ajudando a Igreja a pensar na era do Renascimento e da Reforma. Sentiam-se tão confortáveis trabalhando com os pobres e marginalizados quanto com os ricos e influentes, o que geralmente causava ciúme e suspeita nas autoridades políticas e religiosas. Foram enredados em uma repugnante teia de políticas eclesiásticas e da corte, e o papa Clemente XIV suprimiu os jesuítas como ordem religiosa em 1773, mas, com perseverança e engenho, eles conseguiram reconquistar o status perdido algumas décadas depois.

Foi essa abordagem intelectual realista e determinada, além da disposição de ir a qualquer lugar pelo Senhor, que atraiu Bergoglio para os jesuítas. Contudo, a interpretação da ordem feita por ele o situou em Córdoba, acordado nas horas escuras da madrugada.

A primeira declaração de Jorge Mario Bergoglio como papa Francisco foi feita na varanda da praça São Pedro, em 13 de março de 2013, e me surpreendeu, assim como surpreendeu vários dos meus amigos católicos. A humildade, o tom gentil e doce... Quando ele fez piada com o fato de ser de tão longe, eu pude ouvir os risos da multidão. Ele pediu a todos para rezar pelo papa emérito Bento e em seguida, antes de abençoar a multidão, pediu a todos que rezassem por ele, e inclinou a cabeça para receber a bênção do povo.

Algum papa já fez isso antes? — questionei.

As roupas que ele vestia, uma túnica branca e uma cruz simples em volta do pescoço, também me impressionaram. E o nome Francisco... Eu não tinha percebido que um papa nunca havia escolhido esse nome. Francisco, o santo conhecido pelo cuidado com os pobres, o amor pela criação e o compromisso com a paz. "Francisco" soava muito mais acessível e moderno que a Igreja na qual nasci, com a qual me frustrei e que, mais recentemente, até me envergonhou.

No dia seguinte, liguei para um dos meus amigos mais antigos, um padre católico, para saber a opinião dele sobre o novo papa, um jesuíta da América Latina, por incrível que pareça.

"Sempre soube que você era ingênuo", respondeu meu amigo quando falei que sentia um cheiro de mudança no ar. Ele ficou cético em relação à liderança católica em Roma nos últimos anos e furioso com a política social da Igreja, além dos escândalos de pedofilia e corrupção.

"Você realmente acha que um cara de 76 anos pode mudar a Cúria sozinho, Mark? Isso é mais difícil do que mudar a situação em Washington. Muito mais difícil", comentou ele, usando palavras concisas e um tom abrupto.

Terminamos a conversa com as provocações sarcásticas de praxe e meu interesse momentâneo pelo papa Francisco diminuiu naquela noite. Ou, pelo menos, foi o que pensei.

Mas eis que, duas semanas depois, minha caixa de entrada começou a transbordar de histórias sobre a visita do papa Francisco a um centro de detenção juvenil onde lavou e beijou os pés de duas meninas, incluindo uma imigrante sérvia muçulmana, e outros dez internos.

Há quase 30 anos criei um programa para delinquentes juvenis em Baltimore. Tinha um ponto fraco por jovens problemáticos, vendo neles algo em que certamente eu teria me transformado se tivesse tido a mesma educação deficiente e enfrentado a mesma falta de oportunidades. Cheio de fé e esperança, eu estava ansioso para aplicar minhas ideias católicas sobre justiça social por meio da política e do ativismo. Quando vi a foto do papa ajoelhado no chão duro de uma instituição para jovens (uma prisão infantil, na verdade), lavando e beijando os pés daqueles jovens criminosos, fiquei aturdido. Estive nesse tipo de prédio várias vezes: são deprimentes e sujos. E os jovens, pelo menos os norte-americanos, são brutos, geralmente cruéis, e não se importam com seus atos ou sua aparência. Não interessa o quanto as autoridades maquiaram aquele lugar ou os jovens, eu nunca fiquei de joelhos e toquei os pés deles, que dirá lavá-los e beijá-los.

Esse cara era corajoso.

Como muitos dos meus amigos, eu ansiava por uma Igreja na qual pudesse acreditar novamente. Quantas vezes, amigos, tomamos cerveja e lamentamos a desconexão entre a hierarquia da Igreja e os soldados de infantaria: as freiras e os padres que se sacrificam servindo os pobres no mundo inteiro?

Ultimamente, eu precisava da minha Igreja e da minha fé (não importa o quanto tentei separá-las, ambas são tão inseparáveis para mim como para muitos católicos), ainda mais que o usual. Meu pai, o sargento Shriver, com quem eu tinha um relacionamento muito próximo, havia morrido há dois anos, no dia 18 de janeiro de 2011. Minha mãe, Eunice Shriver, a quem eu também era muito ligado, tinha morrido dezessete meses antes disso, em 11 de agosto de 2009. Richard Ragsdale, apelido Rags, que havia trabalhado para meus pais por toda a minha vida e era um segundo pai para mim, morreu apenas duas semanas antes da minha mãe. E meu único tio remanescente, Ted Kennedy, morrera duas semanas depois da minha mãe. Essas perdas foram uma série de contundentes golpes.

Mantive minha rotina católica apenas porque a fé dos meus pais teve uma influência muito forte em mim. A fé e o catolicismo do meu pai estavam em minha cabeça desde a morte dele. Sempre que eu ia à missa, o espírito dele acabava se sentando bem ao meu lado, espremido entre meu filho, minhas filhas e minha esposa, para me incitar a imitá-lo. A fé era o princípio que o animava, o combustível para sua disciplina, generosidade, política, e a fonte de sua alegria constante. Eu continuava tentando imitar os hábitos de fé do meu pai, esperando que essas práticas exteriores gerassem um rejuvenescimento espiritual, mas eu simplesmente não conseguia sair da depressão.

Minha Igreja também não estava ajudando. A cada escândalo de pedofilia e de corrupção, a cada declaração hesitante sobre a homossexualidade, o papel das mulheres ou o status do islã, eu começava a pensar que meu pai podia ter se enganado, ou, pelo menos, ter mantido uma lealdade cega demais à Igreja, talvez até à fé católica. Um dia, na missa, eu cheguei ao fundo do poço como católico. Em vez de tentar digerir a homilia com toda a força da cabeça e do coração, fiquei pensando no que faria com um padre que ousasse molestar meu filho, Tommy, sentado ao meu lado no banco da paróquia. *Eu atiraria no padre. Atiraria mesmo.*

Minha mente começou a devanear: *Se um bispo, um homem responsável pelos padres, sabia da doença do padre e mesmo assim o enviou para nossa igreja, bom, eu também mataria esse bispo.*

Fiquei tão enfurecido que cerrei os punhos. Até me questionei se estava falando em voz alta e olhei ao redor. Tommy me olhou preocupado, mas percebi que tinha conseguido manter aqueles pensamentos terríveis para mim mesmo.

Esse foi o contexto pessoal no qual o papa Francisco entrou em minha consciência: cético, desiludido e incerto de que a Igreja continuava sendo uma força para o bem no mundo. Você pode ter vivido o seu momento de fixação súbita por esse argentino. Talvez esteja lendo este livro devido ao nosso fascínio mútuo por Bergoglio, ou, pelo menos, pelo homem a quem conhecemos pela mídia. Nosso interesse veio de uma necessidade e um desejo. Precisamos de um líder espiritual que restaure a mensagem do Evangelho de alimentar os famintos, vestir os nus, dar abrigo aos sem-teto. Todos nós, independentemente da religião, desejamos um líder autêntico, que estenda a mão e ajude os outros, que realmente acredite no chamado judaico do Tikkum Olan para reparar o mundo ou o chamado islâmico do Islah para melhorá-lo e trazer a paz. E queremos que esse líder seja carinhoso, acessível e promissor.

Enquanto o primeiro ano do papa Francisco progredia, eu me peguei acompanhando seus discursos, viagens e escritos mais do que qualquer outra figura política em minha cidade natal de Washington, D.C. Francisco estava respondendo sozinho aos meus desejos e necessidades. Passei a fazer dos pensamentos e das reflexões dele parte das minhas preces e reflexões diárias. Comecei a sair da minha depressão católica.

E percebi que enquanto Francisco abria caminho por nosso mundo problemático, dançando de mãos dadas com os pobres, os doentes e os que eram deixados de lado, ele levantava meu ânimo, junto com o deles. Sei por experiência própria o quanto alguns líderes mundiais foram exímios em manipular símbolos e eventos de modo a apresentar uma persona midiática bem diferente da pessoa real, por trás das telas. Por isso, eu me esforçava para não acreditar incondicionalmente em um homem que, eu fazia questão de lembrar, liderava uma instituição muito falha e precisaria executar grandes reformas antes que eu pudesse verdadeiramente considerá-lo "aquilo tudo".

Porém, dois temas recorrentes abordados por Francisco continuavam me animando, me inspirando a imitá-lo e melhorar minha prática deles. Humildade e misericórdia: parecia que o papa Francisco ingeria essas ideias em seus cafés da manhã, notoriamente frugais, e depois as usava como combustível para espalhar sua missão pelo mundo. Desde a cena da varanda com vista para a praça São Pedro até a foto que o mostrava pagando a própria conta do hotel após ter sido eleito papa, passando pela escolha de não viver no Palácio Apostólico e sim entre colegas padres em Santa Maria, a casa de hóspedes do Vaticano, até sua agora famosa frase: "Quem sou eu para julgar uma pessoa gay que tenha boa vontade e busca o Senhor? Você não pode marginalizar essas pessoas" e a primeira visita oficial como papa à ilha de Lampedusa, onde ele denunciou a "globalização da indiferença" aos imigrantes, o jeito como o Papa Francisco transformava essas simples ações em emblemas da missão de revigorar a mensagem do Evangelho continuava me impelindo a praticar mais a humildade e a misericórdia.

Lentamente, eu também comecei a sucumbir ao contágio de um terceiro tema, ou melhor, de uma terceira forma de pensar, ver e viver: a alegria. Eu acabaria descobrindo que essa demonstração aberta de alegria também era nova na vida dele.

No dia 9 de novembro de 2013, no que teria sido o aniversário de 98 anos do meu pai, abri um e-mail e vi uma foto que me assustou: o papa abraçando um homem cujo rosto estava tão marcado e distorcido por feridas e tumores que só consegui sentir nojo. Porém, isso mudou após trinta segundos: "Que tipo de católico eu sou?", eu me repreendi. Com o rosto vermelho mesmo sem ninguém para testemunhar meu pecado, voltei a olhar para as lesões e tumores e depois para o papa abraçando o homem e puxando-o na direção do próprio peito. *Como ele faz isso? Eu jamais conseguiria tocar naquele homem.* Olhei fixamente, quase incapaz de respirar.

Depois do que pareceu uma hora, eu sorri.

Não consegui ver o rosto de Francisco, mas senti que ele estava sorrindo para mim, sorrindo diretamente para minha alma.

Cresci testemunhando a influência maravilhosa que uma pessoa pode ter em nosso planeta se a mensagem e o mensageiro tocarem esse acorde humano da conexão. Meu tio Jack Kennedy era mestre em fazer você se sentir tocado por dentro, em seu coração e em suas vísceras, tanto que isso determinava seu humor, comportamento e, sim, seus atos. Ele alinhava as esperanças de milhões de pessoas com conteúdo e estilo. Há muito tempo fiquei confortável com a ideia aparentemente contemporânea de que, em raríssimos seres humanos, o estilo também pode ser conteúdo.

O papa Francisco parecia o mensageiro certo, com a mensagem certa, um homem de conteúdo que tinha um estilo comovente. A humildade pública, a austeridade, o sorriso, a alegria, tudo parecia emanar de um reservatório profundo de paz e autoconhecimento. Eu queria me aprofundar e aprender mais sobre ele.

Então, em junho de 2014, pouco depois de ter escrito um livro sobre meu pai que explorou a forma pela qual a fé, a esperança e o amor deram base e permearam a obra dele, recebi uma ligação pedindo para escrever um livro similar sobre o papa Francisco.

Pensei que estavam fazendo uma pegadinha comigo.

O papa Francisco? Eu? Sério?

Fiquei lisonjeado com o pedido, mas estupefato com a imensidão da tarefa.

Há alguns meses eu vinha criando uma nova organização, chamada Save the Children Action Network, cujo objetivo era mobilizar os norte-americanos para que colocassem as crianças como prioridade na agenda política. Era uma incumbência e tanto, pois os políticos costumam dizer que as crianças são o nosso bem mais valioso, mas as decisões orçamentárias não refletem suas palavras. Minha esposa, Jeanne, e eu temos três filhos; dois estão no ensino médio e um no ensino fundamental. Portanto, somos bem ocupados.

Contudo, ainda sem saber como a prece e o discernimento influenciam cada passo, palavra e decisão de Francisco, tentei fazer o que vários dos meus ótimos professores jesuítas ensinaram: rezei e tentei discernir se esse projeto e essa aventura eram certos para mim. Pensei no retiro de silêncio do qual participei com os jesuítas quando estudava na College Of The Holy Cross. Foi um dos eventos mais tranquilos, recompensadores e enriquecedores da minha vida. Eu nunca tinha ouvido minha voz mais profunda, íntima e sábia tão claramente como naqueles cinco dias silenciosos, e nunca mais voltei a ouvi-la com tanta clareza até os dias após a morte do meu pai.

Por várias semanas tentei canalizar esse silêncio poderoso novamente para me sintonizar com o que Inácio chamava de movimentos da alma. O resultado do meu processo inaciano de decisão é este livro, mas o motivo para escrevê-lo foi, basicamente, egoísta, devo admitir: eu precisava e queria mais Bergoglio em minha vida. Precisava dele para ajudar a curar minha distância da Igreja e da fé em que fui criado. Queria explorar os defeitos e fracassos, bem como as virtudes, boas ações e sucessos. *Posso confiar nele? Será que ele pode me ajudar? Ele é real?*

Se conseguir voltar a dormir, ele vai despertar novamente, em duas horas, para rezar, mesmo em um sábado. Ele se divertiu na juventude, saiu para dançar com amigos e teve uma namorada, mas nunca foi para a farra do mesmo modo como aqueles estudantes universitários faziam.

Ele se levanta e reza como um jesuíta, sem pedir por bênçãos ou benefícios específicos, e sim tentando discernir por meio da reflexão rigorosa o que Jesus Cristo faria e como agiria nas situações percebidas naquele dia. Ele saiu do quarto em Córdoba e passou por baixo de um arco de pedra, entrando em um pátio pequeno e deserto no prédio colonial espanhol onde os jesuítas moravam. Em um caramanchão no jardim, uvas e belas folhas de árvores de santa Rita pendiam sobre sua cabeça.

Nesse sábado, ele mais uma vez cuidará dos velhos, ajudando os jesuítas na enfermaria. Ele vai banhá-los, cozinhar para eles, alimentá-los — garfada a garfada — e ler para os idosos, do jeito como sua avó lia para ele em Flores, o bairro paradisíaco de classe média onde passou a juventude em Buenos Aires. Depois, ele andaria até sua igreja favorita, La Virgen de la Merced, para ouvir confissões.

Após ouvir as confissões, ele vai se ajoelhar e rezar novamente. A prece para ele ainda é uma questão de discernimento, como era para Santo Inácio. Ele tentará descobrir se deve aceitar a oferta do cardeal Antonio Quarracino, de Buenos Aires, e voltar para sua amada cidade natal como bispo auxiliar ou ficar na Ordem dos Jesuítas em Córdoba.

Embora assumir o cargo de bispo seja visto por muitos como promoção a um posto poderoso e influente, os jesuítas prometem não buscar cargos episcopais, aceitando-os apenas em obediência ao papa. Eles devem se concentrar nos esquecidos e nos que vivem à margem. Na verdade, se um jesuíta suspeitar que um colega está buscando uma posição de autoridade, deverá denunciá-lo. Para Bergoglio, virar bispo auxiliar significava ter uma vida profundamente diferente, longe de sua amada comunidade jesuíta. Ele teria que mudar a forma como viveu durante 34 anos, mas o cardeal na cidade grande sabe como esse Bergoglio é bom e como, apesar de seu estilo autoritário, seu compromisso rigoroso com a disciplina e sua abordagem à moda antiga em relação ao ensino e à formação dos jesuítas, ele é reconhecido também por inspirar pessoas, empolgar paróquias, gerenciar orçamentos, fazer homilias que levam o cérebro a formigar e tocam o coração, além de servir devotadamente aos pobres.

Ele pode muito bem estar tentando discernir o que Deus quer para seu destino ao meditar sobre a parábola dos talentos. Seus amigos e alunos sabem o quanto ele ama as parábolas de Jesus, e até dizem que seu jeito de falar (simples, voltado para o ouvinte, conciso e com histórias) é inspirado nas parábolas.

Essa parábola, sobre o que fazer com os dons de Deus, certamente atinge Bergoglio de modo pessoal. Jesus conta a história de um grande proprietário rural que está indo a uma terra distante por um longo período e distribui talentos (partes de sua propriedade) para que três servos tomem conta. Um homem recebeu cinco talentos, investiu-os e transformou os cinco em dez quando o mestre voltou. O outro transformou três em seis. Mas o terceiro servo, que recebeu apenas um talento, enterrou-o, por medo de perdê-lo. O mestre elogia os dois que fizeram proveitoso uso dos talentos e acaba banindo o homem que enterrou o dele.

A lição é: somos responsáveis por usar os dons que Deus nos deu para o nosso bem e o dos outros. Além disso, espera-se que assumamos riscos ao servir os outros.

O jovem Bergoglio, carismático, inteligente, fiel e motivado, seria o homem que transformou cinco em dez ou mais. Ele sempre teve funções importantes, e já devia saber que sua capacidade de liderança estava sendo desperdiçada em Córdoba.

Ele ainda estava sinceramente comprometido com o chamado de Inácio: "Ide e incendiai o mundo no amor de Deus." Mas ele ainda é humano e deseja nesse sábado, como em todos os outros, ir para casa em Buenos Aires. Ele é um portenho de coração, como são chamados os nativos da capital argentina. Ainda é um jesuíta, mas seus talentos podem exigir um passo para fora da ordem na qual ele foi treinado e floresceu.

Enquanto caminha de volta para casa, a chuva pode virar granizo, como às vezes acontece em Córdoba. Ele anda pela rua onde os estudantes bêbados o acordaram na madrugada. A estrutura de pedra da residência jesuíta é marcada por duas imensas portas de metal. Ele se inclina para empurrá-las enquanto coloca a chave na fechadura. O saguão frio e escuro dá para uma área de recepção vazia. Ele caminha para seu quarto. Seus pecados de autoritarismo e excesso de autoconfiança quando foi provincial e reitor para os jesuítas o enchem de arrependimento. Ele não tem certeza alguma quando o dia vai caindo até a escuridão, exceto de que precisa servir, que ainda está inflamado para servir, que é sua obrigação com Deus Pai servir da forma mais dinâmica que puder.

Introdução

Quando você fica em pé no meio da plaza de la Misericordia, no bairro Flores, em Buenos Aires, e vê as crianças jogando bola, observa o velho e enferrujado carrossel girar e sente o aroma da flor do jacarandá-mimoso, quando vê a estátua da mãe que abraça uma criança com a inscrição "Que o filho trazido pela mãe, com infinita ternura, seja fonte de amor e paz e nunca vire um instrumento do ódio que gera destruição", quando você olha para as altas e finas palmeiras cuja teia sombreia os caminhos de saibro vermelho, você tem que acreditar em algo. Seja em Deus, apenas no esplendor da natureza ou na boa vontade da humanidade, o parque gera um irresistível sentimento de bondade.

A casa onde Jorge Mario Bergoglio passou a infância, a dois quarteirões de distância, hoje é uma simples casa semigeminada de dois andares com uma varanda comum de concreto branco cobrindo toda a extensão do segundo andar, feito de tijolos, enquanto o primeiro tem mármore falso cobrindo o que devem ser blocos de concreto. A garagem ocupa cerca de um terço do primeiro andar e está coberta por painéis de madeira. Há uma placa afixada em que se lê: "Nesta casa morou o papa Francisco. Assembleia Legislativa da Cidade Autônoma de Buenos Aires, março de 2013."

A apenas um quarteirão da casa de Bergoglio fica um pequeno parque triangular, a praça Hermínia Brumana, que estava em construção quando visitei. Quando Jorge era criança, essa pequena área era lugar de jogar bola. Se você quisesse mais espaço, bastava subir dois quarteirões até a plaza de la Misericordia.

Quando criança, Jorge jogava futebol nessa praça e, sem dúvida, parava de vez em quando para sentir o cheiro do jacarandá.

As pessoas que rotulam bairros por categorias econômicas hoje chamam Flores de área da classe média baixa. Quando Jorge era menino, na década de 1940, eles teriam classificado o bairro como classe média, pois esta classe socioeconômica era bem mais comum no auge da riqueza argentina. Quando passei por lá, em novembro de 2014, eu o chamei de êxtase.

O bairro Flores fica entre dois lados distintos de Buenos Aires: uma parte que dizem lembrar o centro de Paris e, outra, que lembra alguns bairros de Lima, no Peru. Deve-se dizer que a nordeste ficam os belos prédios dos dias gloriosos da *belle époque* argentina, com avenidas largas e arborizadas, semelhantes às de Paris, com seus cafés e churrascarias. Na região sudoeste ficam as favelas, que se comparam aos piores ajuntamentos urbanos da América Latina, com apartamentos de vários andares amontoados quase uns por cima dos outros e separados apenas por vielas. O lixo entope os bueiros e as calçadas estão repletas de pessoas esperando ônibus e camelôs vendendo comida. Há arame farpado no alto dos muros, para impedir a ação de ladrões em potencial, e policiais equipados para conter rebeliões montam guarda em postos de controle aleatórios.

Qualquer pessoa que procure entender a fé fervorosa e o compromisso socioeconômico do papa Francisco, bem como sua genialidade e disciplina, precisa visitar sua cidade natal, parando antes nesse bairro chamado Flores, onde ele cresceu e por onde o coração e a imaginação do papa ainda vagueiam.

Passei mais de dois anos visitando os locais frequentados por Jorge, lendo suas cartas e seus discursos, e pensando em sua vida e no efeito causado por ele em nosso mundo. Cada um de nós é formado pelo caldeirão das experiências vividas. Para Francisco, pelo menos seis experiências da infância passada em Flores ajudaram a definir o homem que faria com que eu e boa parte do mundo repensássemos a vida e a fé.

Primeiro, ele cresceu no reino encantador, quase mágico, criado pela carismática avó materna italiana, Rosa. Muitos de nós podem se identificar com essa experiência, e vale a pena entender a primeira e mais poderosa influência no jovem Jorge para captar a singularidade de sua juventude.

Segundo, das escolas para as ruas, da família aos amigos, Jorge vivenciou uma serenidade fundamental e privilegiada que moldou de forma poderosa sua atitude e perspectiva. Senti primeiro isso naquela visita a Flores, mas vivenciei a sensação repetidamente enquanto me embrenhava em seu mundo. Embora a juventude de Jorge não tenha sido privilegiada financeiramente, ela, sem dúvida, foi segura, em termos emocionais, psicológicos e espirituais.

Terceiro: Jorge foi criado no momento da história argentina em que nascia um fenômeno sociológico e político chamado peronismo. Claro que Juan e Eva Perón estavam no centro desse terremoto cultural. O peronismo passar por várias repetições, mas a era na qual os Bergoglio e milhões de outras famílias imigrantes trabalhadoras abraçaram o peronismo influenciou fortemente a visão de mundo do papa Francisco.

Quarto: há mais imigrantes italianos na Argentina, e particularmente em Buenos Aires, do que de outros países. O papa Francisco cresceu na era de ouro da imigração italiana para a Argentina. O povo de Buenos Aires é chamado de portenho. A palavra, literalmente, significa "gente do porto", e dá ideia de Buenos Aires não só como capital, mas como cidade-estado: um reino à parte, se não superior, ao restante da Argentina e, especialmente, da América Latina. E os costumes e a cultura de Buenos Aires, mais singulares e poderosos do que os de todos os lugares que já visitei, são esclarecedores, pois ajudam a explicar como um papa diferente de todos veio de um lugar sem igual.

Quinto: Jorge estava se desenvolvendo como homem da ciência. O trabalho em um laboratório químico de Flores e a primeira mentora, Ester Ballestrino, chefe desse laboratório, deixaram o jovem impressionado com o valor do pensamento cientifico e da lógica, moldando tanto sua visão de mundo racional quanto sua abordagem prática em relação à liderança.

Sexto: vários casos na história da experiência católica, de são Paulo a Thomas Merton e de santo Agostinho a santo Inácio de Loyola, envolvem uma conversão, um evento geralmente súbito e surpreendente, que muda a trajetória de uma vida. Jorge ouviu o chamado que transformou sua vida aos 16 anos, e vivê-lo no confessionário da basílica onde isso ocorreu monta o palco para que Jorge Mario Bergoglio se transforme no papa Francisco.

Ao abrir essas seis janelas e olhar para a infância de Jorge por elas podemos compreender melhor como e por que um homem de 80 anos de idade está reformando alegremente uma instituição com 2 mil anos, uma pessoa de cada vez.

1 Rosa

Muitos de nós que temos interesse no passado imigrante de nossa família visitam o porto ou a cidade em que nossos antepassados chegaram, viveram, trabalharam e lutaram. Tentamos imaginar o dia da chegada, o clima, o cheiro, a multidão, a ansiedade. Andei pelas ruas de Boston procurando os mesmos lugares que meus parentes maternos irlandeses teriam visto e me perguntei o que eles devem ter sentido quando leram placas que diziam: "Irlandeses não precisam se candidatar."

Também andei pelas vastas terras dos meus antepassados alemães e irlandeses do lado paterno, um lugar aninhado nas colinas de Union Mills, Maryland, ao lado de um riacho que movia o moinho no qual trabalharam gerações de Shriver. Eu me perguntei como eles chegaram àquele lugar e como sobreviveram à Batalha de Gettysburg, que ocorreu a poucos quilômetros estrada acima, e como os Shriver conseguiram lutar nos dois lados daquele conflito sangrento e se mantiveram uma família unida por várias gerações.

A Argentina tem muito em comum com os Estados Unidos nesse sentido: milhões e milhões de europeus fizeram a longa e tempestuosa viagem para lá em busca de uma vida melhor. No caso do papa Francisco, seus avós paternos, Rosa e Giovanni, migraram acompanhados do filho único, Mario.

Como na maioria das famílias cujos ancestrais imigraram para o país em que vivemos agora, a família Bergoglio tem seus mitos e histórias incríveis. Os Bergoglio realmente quase não viveram para ver a Argentina. A família tinha comprado passagens de terceira classe em um navio, o *Principessa Mafalda*, que afundou no litoral brasileiro, matando 314 pessoas. Eles trocaram as passagens apenas porque houve um atraso na venda do café da qual eram donos em Turim, Itália.

O navio no qual os Bergoglio embarcaram, chamado *Giulio Cesare*, atracou em Buenos Aires no dia 25 de janeiro de 1929, em pleno verão sul-americano. Rosa e a família desembarcaram com centenas de outros italianos em busca de uma vida melhor na América, embora não na América do Norte da famosa ilha Ellis. Contudo, o calor e a umidade não afetaram essa avó mítica, que manteve o casaco de pele de raposa bem-apertado em seu largo corpo enquanto esperava na fila. O patrimônio líquido de toda a família, gerado pela venda do café, estava costurado no forro daquele casaco de inverno.

Rosa nasceu em uma família camponesa no Norte da Itália, em 1884. No dia 20 de agosto de 1907, ela se casou com Giovanni, e eles se fixaram em Asti, na região do Piemonte, Noroeste da Itália. O filho deles, Mario, nasceu em 1908. Giovanni lutou na Primeira Guerra Mundial, antes de se mudar com a família para Turim, em 1920, onde gerenciavam o café que pagou os estudos de Mario para que virasse contador no Banco da Itália.

Durante a década de 1920, Rosa protestou contra Benito Mussolini e participou da Ação Católica. Em uma carta escrita durante o exílio em Córdoba em 1990, Bergoglio escreveu que sua avó "dava palestras em qualquer lugar". Ele também se lembrou de que a avó "dizia coisas que não eram bem-recebidas pelos políticos de sua época. Uma vez eles fecharam o saguão onde ela falaria e ela deu a palestra em cima de uma mesa, no meio da rua".

Com tempos tumultuados em casa, a economia italiana em ruínas e a da Argentina florescendo, além da sensação muito real de que outra guerra mundial se aproximava, Rosa e Giovanni resolveram viajar pelo oceano Atlântico com Mario.

Apesar da distância de casa, Rosa deve ter achado a Argentina familiar, pois estava repleta de imigrantes italianos. A economia se baseava na exportação de matérias-primas, produtos agrícolas, lã e, claro, carne. E os avós de Jorge não emigraram por desespero, como tantos irlandeses e italianos que foram para os Estados Unidos, e sim para aproveitar o bom momento. Giovanni já tinha três irmãos vivendo na cidade de Paraná, onde montaram uma bem-sucedida empresa de pavimentação, então, a família foi imediatamente para lá.

Outro motivo pelo qual tudo deve ter parecido familiar era a forte presença de uma ordem de padres católicos chamada Salesianos de Dom Bosco. São João Bosco, também conhecido como Dom Bosco, nasceu na região do Piemonte em 1915. Frei Joseph Boenzi, salesiano de Dom Bosco e professor de teologia da Escola Dominicana de Filosofia e Teologia, falou comigo em entrevista:

> Dom Bosco escolheu Francisco de Sales, um santo do fim do século XVI/início do século XVII, conhecido pela paciência e gentileza, como modelo para sua obra entre os jovens mais pobres e marginalizados que, na melhor das hipóteses, eram deixados de lado e, na pior, explorados na Turim de meados do século XVII. A Sociedade Salesiana, também chamada Salesianos de Dom Bosco, continua sua obra em 133 países. A Argentina tem uma longa tradição salesiana, pois Dom Bosco enviou seus filhos e filhas espirituais para lá, em 1875.

Naquela carta que escreveu de Córdoba em 1990, Bergoglio contou que o pai tinha sido amigo de vários padres salesianos na época em que morou na Itália, e fazia "parte da 'família salesiana'". Quando Mario chegou à Paraná, foi trabalhar para os tios como contador da empresa. De acordo com Bergoglio, o pai "morou em Paraná, Santa Fé e Buenos Aires. Quando chegou a Buenos Aires, ele morou com os salesianos na rua Solis, onde encontrou o padre [Enrico] Pozzoli, que imediatamente virou seu confessor. Ele se juntou a um grupo de jovens próximos ao padre Pozzoli e conheceu os irmãos da minha mãe e, como resultado, minha mãe".

Mario conheceu Regina Maria Sivori, uma argentina cuja família era originalmente da Itália, na missa. Eles se casaram um ano depois, em 12 de dezembro de 1935, e após mais um ano nasceu Jorge Mario Bergoglio, em 17 de dezembro de 1936. Ele foi batizado por Pozzoli oito dias depois, em 25 de dezembro de 1936. Logo após o nascimento de Jorge, vieram: o irmão Oscar, a irmã Marta, outro irmão, Alberto, e, por fim, outra irmã, Maria Elena.

Bergoglio se lembra de ter sido criado em uma família católica tão devota que não só eles rezavam o terço antes do jantar, como também tinham o padre local como convidado frequente durante as refeições. Pozzoli foi o responsável por apresentar Mario e Regina, e também teve papel crucial nas histórias financeira, educacional e espiritual da família. Bergoglio o chamou de "pai espiritual" da família.

Quando o tio-avô de Jorge, presidente da empresa em Paraná, morreu e a família perdeu tudo, Pozzoli os resgatou, apresentando os avós de Jorge a "uma pessoa que emprestou a eles 2 mil pesos, com os quais meus pais compraram uma loja no bairro de Flores. Então meu pai, que tinha sido [gerente] do Banco da Itália [...] e contador da empresa, teve que sair por aí com uma cesta fazendo as entregas da loja".

Rosa era madrinha de Jorge, além de avó. Quase todas as manhãs, ela pegava o neto e dobrava a esquina até sua casa, onde ele ficava até bem tarde. Ela o levava à igreja e o ensinou a rezar. Como Bergoglio disse em uma entrevista no rádio em 2012: "Ela teve grande influência em minha fé [...]. Ela me contava histórias sobre os santos e me marcou profundamente em termos espirituais."

A família também seguia os ensinamentos da Igreja sobre o divórcio e outras religiões. Bergoglio disse ao amigo de longa da data, o rabino Abraham Skorka, em seu livro *On Heaven and Earth*: "Se alguém próximo da família se divorciasse ou se separasse, não poderia entrar em nossa casa, e a família também acreditava que todos os protestantes iriam para o inferno." Rosa, porém, deixou uma impressão diferente e duradoura nele. Bergoglio conta que, na infância, viu duas mulheres do Exército da Salvação e perguntou à querida avó "se elas eram freiras, porque estavam usando aquele chapeuzinho que as freiras costumavam usar. Ela me respondeu: 'Não, elas são protestantes, mas são boas.' Essa era a sabedoria da verdadeira religião. Elas eram mulheres boas que praticavam boas ações."

Rosa deu ao jovem Jorge a formação na fé católica em uma versão particularmente terrena que destacava o valor e a consolação do ritual. Rezando o terço, acompanhando Jorge à missa, lendo para ele sobre a vida dos santos e demonstrando ter a mente aberta, ela instilou nele não só a devoção pelos rituais curativos e norteadores da fé católica como também o compromisso com a compaixão. A fé, o ritual e a compaixão, na visão dela, eram inseparáveis, e o jovem Jorge absorveu essa perspectiva.

Quando Jorge foi ordenado padre, em 14 de dezembro de 1960, os dois irmãos e uma das irmãs estavam presentes, além da mãe, Regina, o professor da primeira série e a avó, de 85 anos.

Rosa deu ao neto uma carta escrita por ela em uma mistura de espanhol e piemontês, caso morresse antes de ele ser ordenado, uma carta que Francisco guarda até hoje:

Neste belo dia, no qual você pode segurar Cristo nosso Salvador em suas mãos consagradas e no qual o amplo caminho para um apostolado mais profundo se abre diante de você, deixo este modesto presente que tem pouquíssimo valor material, mas grande valor espiritual.

O "modesto presente" eram mais palavras, incluindo este belo parágrafo:

Que meus netos, a quem dei o melhor do meu coração, tenham uma vida longa e feliz. Mas se um dia a dor, a doença ou a perda de um ente querido os afligir, que eles se lembrem de que um suspiro diante do Tabernáculo, onde os maiores e mais veneráveis mártires são mantidos, e um vislumbre de Maria aos pés da Cruz, vai fazer com que uma gota de bálsamo caia sobre as feridas mais profundas e dolorosas.

* * *

Em 18 de janeiro de 2015 o papa Francisco falou na Universidade de Santo Tomás, em Manila. Falando de improviso, ele comentou sobre a falta de representação feminina no evento: "Um aparte... sobre a reduzida representação das mulheres. Pequena demais! As mulheres têm muito a dizer na sociedade atual. Às vezes somos machistas demais, não abrimos espaço para as mulheres. Elas são capazes de ver as coisas de modo diferente dos homens. As mulheres podem fazer perguntas que nós homens simplesmente não entendemos. Prestem atenção." Apontando para uma jovem que tinha perguntado por que as crianças sofrem, ele disse: "Ela hoje me fez a única pergunta que não tem resposta. E não conseguiu dizer em palavras. Ela teve que dizer com lágrimas. Por isso, quando o próximo papa vier a Manila, é preciso que haja mais mulheres."

Tenho um palpite de que o papa Francisco tinha a imagem da avó forte e sensível em mente quando disse essas palavras.

O gênero pode influenciar a visão de mundo de uma pessoa, e acredito que, em geral, a perspectiva feminina seja mais compassiva. Digo "em geral" porque as reações díspares de Rosa e da mãe de Jorge, Regina, à decisão dele de entrar para o seminário ilustram o problema com esses estereótipos. Rosa entendia a fé de Jorge melhor até do que sua mãe. Nós sabemos disso, pois ele contou a Francesca Ambrogetti e Sergio Rubin no livro *Papa Francisco: Conversas com Jorge Bergoglio* que, embora a mãe não fosse favorável à sua decisão de entrar para o seminário, Rosa, sua primeira professora de fé, deu a ele todo o apoio. "Quando contei para minha avó (que já sabia, mas fingiu não saber), ela respondeu: 'Bom, se Deus o chamou, abençoado seja!' E imediatamente acrescentou: 'Por favor, nunca se esqueça de que as portas desta casa estão sempre abertas, e ninguém vai repreendê-lo se você decidir voltar.'"

Esse tipo de amor incondicional e compaixão sem limites claramente teve impacto profundo em Jorge. Como poderia não ter? Passar todos os dias com uma mulher tão devota, ouvindo suas histórias sobre os santos, rezando o terço com ela, sendo alimentado e cuidado por ela parece uma história de outro século.

Para muitos da minha geração, as interações com nossos avós hoje consistem em um fim de semana prolongado de quatro dias no feriado de Ação de Graças no verão ou, se tivermos muita sorte, algumas semanas por ano. Ouvimos suas histórias, vemos o que eles fazem e podemos até tentar imitá-los quando estamos juntos, mas o tempo é geralmente curto demais e as impressões não duram muito.

Minha avó paterna, Hilda, nascida em 1882, e minha avó materna, Rose, nascida em 1890, iam à missa e rezavam o terço todos os dias. Eu me lembro claramente de vovó Rose fazendo sua caminhada diária segurando o terço. A devoção delas passou para meus pais, que iam à missa todos os dias e carregavam terços. E também passou para mim. Um pouco, pelo menos.

Eu me lembro de um dia perguntar a vovó Rose se ela acreditava que o Sudário de Turim era realmente o tecido mortuário de Jesus Cristo, como muitos pensavam. Estávamos em visita no feriado de Natal e eu tive bastante sorte de acompanhá-la em seu passeio vespertino. Andávamos pela rua de modo lento e seguro, comigo segurando a mão esquerda dela, e em sua mão direita estava o terço, sempre presente. Ela deu alguns passos e disse: "Se o Sudário de Turim estimula as pessoas a rezar mais e a acreditar mais em Deus, então é bom. O que traz as pessoas para perto de Deus é bom."

Jorge passou todos os dias da infância com a avó e claramente valoriza esse relacionamento até hoje. Quando eu percebi o quanto vovó Rose podia me ensinar, ela havia sofrido uma série de derrames e não conseguia mais se comunicar.

Dois mil anos depois que Jesus escolheu são Pedro como a pedra sobre a qual "edificarei a minha igreja", o 266º sucessor de Pedro é um homem cuja fé foi construída com base no que aprendeu com uma camponesa italiana, uma mulher que enfrentou um regime ditatorial, emigrou para uma terra estrangeira, cuja família foi à falência e precisou pegar um empréstimo arranjado por um padre, uma mulher que, apesar de tudo, manteve a fé e a devoção ao catolicismo, que a ajudou a ver o bem nas pessoas de outras religiões em uma cultura de mente bastante fechada.

Quando Rosa morreu, aos 90 anos, Jorge estava ao seu lado. O escritor britânico Austen Ivereigh descreveu lindamente a cena na excelente biografia *The Great Reformer: Francis and the Making of a Radical Pope*:

> "Ele a adorava, ela era o ponto fraco dele", lembra [uma das freiras italianas que cuidava de Rosa], irmã Catalina. "Ela só prestava atenção ao que ele dizia." Quando Rosa estava em seu leito de morte, Jorge manteve vigília ao lado da cama, abraçando-a, até que a vida deixasse seu corpo. Ele disse: "Nesse momento, minha avó está no ponto mais importante de sua existência. Ela está sendo julgada por Deus. Esse é o mistério da morte." Alguns minutos depois, segundo irmã Catalina, "ele se levantou e foi embora, sereno como sempre".

Rosa, a pedra de fé, amor e compaixão, construiu uma fundação sólida em seu neto mais velho, uma base que, segundo aprendi, seria testada várias vezes, exatamente como ela previu.

2 Serenidade

Na rua em frente à plaza de la Misericordia fica a primeira escola de Jorge, o Colegio Nuestra Señora de la Misericordia. Quando entrei no saguão da escola, tive a mesma sensação de serenidade e bondade que havia sentido no parque alguns minutos antes. De um lado estava uma bela imagem da Virgem Maria, em um vitral, e, do outro, uma maravilhosa imagem de Jesus, também em um vitral. Eu não tinha hora marcada, mas a simpática recepcionista disse que se voltasse na manhã seguinte entre 10h e meio-dia, eu seria recebido pela irmã Martha Rabino, madre superiora da escola. O tempo é relativo em Buenos Aires, pois as pessoas sempre parecem estar atrasadas, por causa do trânsito, de protestos políticos, um problema familiar ou algo do tipo. Ninguém fica chateado quando você se atrasa ou aparece sem avisar.

No dia seguinte, a recepcionista me recebeu com um simpático sorriso de boas-vindas. Ela me levou a uma área de espera bem ao lado do saguão principal, aonde as crianças iam rapidamente de uma sala de aula para outra. A irmã Martha apareceu uns dez minutos depois, usando um tradicional hábito cinza. Muito baixinha, ela sorriu quando entrou no recinto arrastando os pés e perguntou se eu gostaria de ir a um lugar mais reservado, onde poderíamos conversar. A sala tranquila estava repleta de doações recebidas para famílias carentes: pilhas de garrafas de água e embalagens de óleo, caixas repletas de roupas, brinquedos e jogos, transbordando de bolsas superlotadas. Troféus de campeonatos escolares ocupavam várias vitrines. No meio de todo esse caos organizado estava a pequena e serena freira.

Irmã Martha, de 75 anos, chefia a escola desde 1994, e conhece muito bem a história do local.

"O Santo Padre terminou a primeira etapa dos estudos aqui, o jardim da infância. Ele começou o jardim da infância aos 5 anos, mas como esta era uma escola só de meninas na época, teve que ser transferido. As irmãs continuaram aqui e, como a família era do bairro, eles vinham à missa aos domingos, e ele vinha junto, inclusive se preparou para a primeira comunhão e para o crisma aqui. Naquela época, os dois sacramentos aconteciam no mesmo dia. Ele tinha 8 anos, e como nasceu em 1936, isso deve ter sido em 1944."

Nós conversamos sobre a idade em que as crianças recebem a primeira comunhão e o crisma nos Estados Unidos e perguntei se ela tinha conhecido o papa quando ele era criança.

"Não, não naquela época. Depois, sim, porque ele continuou a vir à escola. Muitas vezes. Ele é uma pessoa muito grata. Sempre teve muita gratidão pela irmã que o preparou para a primeira comunhão. O nome dela era Dolores."

Irmã Martha também disse que a irmã Dolores morreu na escola e o velório foi na capela do campus.

"Tivemos um velório, e ele ficou a noite toda. Não quis nada para beber ou comer, porque é muito austero e abnegado. Deixamos a porta aberta a noite inteira, e a única pessoa que veio foi ele."

Depois de contar a história, ela sorriu e disse: "Ele conhecia muitas irmãs aqui. As mais velhas, desde a infância, e vinha visitá-las todo ano. Quando foi arcebispo de Buenos Aires, dava palestras para as irmãs no ótimo saguão que temos no porão. Umas 300 freiras assistiam. Depois das palestras, tomava chá conosco e celebrava a missa. Ele passava tardes inteiras conosco. Fez isso até 2012."

"Tínhamos uma irmã de 101 anos de idade, irmã Rosa. A mente dela era muito afiada, mas Rosa não conseguia mais andar e estava confinada à cama. Bergoglio perguntava: 'Como eu era quando criança?', ela respondia: 'Um demônio', e ele achava muito engraça-do, perguntava de novo, e ria."

"Quando Bergoglio foi embora, eu perguntei: 'Por que você diz que ele era um demônio?' 'Não, ele era um bom menino. Eu falo isso para fazê-lo rir', explicou. A irmã gostava da piada. 'Um demô-nio', ela dizia. Todos falam que ele era um garoto normal, muito educado. Gostava de brincar. Um garoto comum e sadio."

A melhor palavra para descrever a escola é "idílica". A parte externa tem quadras de basquete e vôlei, além de balanços. Há um "campinho" de futebol, sem grama, apenas concreto. As crianças brincam, riem e gritam, como costumam fazer.

Enquanto a irmã Martha passeava comigo pela escola, até as grandes portas que ligavam o campus à igreja da paróquia, eu sentia que o jovem Jorge certamente devia ter associado sua primeira experiência de uma religião organizada à alegria, à comunidade e à beleza. O ritual do dia escolar, da religião e do estudo na infância era cheio de serenidade, exatamente como a irmã Martha.

Mas havia algo mais naquela infância, algo que não era possível ver andando pelos locais frequentados por ele quando jovem. Algo que não ficou conhecido até uma das cartas do papa Francisco, escrita em 2013, ter sido divulgada em 2015.

Na carta, o papa Francisco agradecia ao padre Alexandre Awi, que foi seu intérprete no Dia Mundial da Juventude no Brasil, por um artigo escrito sobre Francisco e a cultura do encontro. A carta me deixou atordoado:

Minha família tem uma longa história de desavenças e rixas. Tios e primos brigavam e se separavam. Quando criança, sempre que uma dessas brigas era mencionada ou quando víamos que um novo incidente estava prestes a acontecer, eu chorava muito, em segredo, e, às vezes, oferecia um sacrifício ou penitência para que tais eventos não ocorressem mais. Eu era muito afetado por isso. Graças a Deus, meus pais e meus cinco irmãos viviam em paz em casa, mas esses eventos marcaram profundamente a minha infância e criaram um desejo em meu coração de que as pessoas não briguem e permaneçam unidas. E se elas brigarem, que façam as pazes.

Eu li e reli as palavras do papa Francisco. *Será que entendi a infância dele errado? Era cheia de rixas e desavenças, tanto que as pessoas se separavam?*

Ao longo do tempo, quando eu o imaginei chorando em segredo e rezando para que as brigas acabassem ou nem chegassem a começar, passei a ver que talvez só um homem que tenha vivenciado *tanto* a paz e a serenidade *quanto* tamanhas feridas na infância poderia ter uma compaixão e uma misericórdia tão extraordinárias quando adulto.

Enquanto tentava imaginar o jovem Jorge e sua vida de menino nessa região de Buenos Aires durante os dias gloriosos de Perón, percebi o quanto tinha ouvido falar desse líder político em minha visita, 40 anos depois de sua morte e mais de 60 desde a morte de sua idolatrada esposa, ainda chamada carinhosamente de Evita. Jorge cresceu em uma época definida pela serenidade, da qual tive um vislumbre em sua primeira escola, em seu parque favorito e na rua onde a casa de sua família continua de pé. E por mais paradoxal ou ilógico que pareça, essa serenidade era inseparável daquela que era chamada por alguns peronistas dedicados de era de ouro de Juan Perón.

3 Peronismo

O minúsculo táxi estava preso no trânsito havia meia hora. Era início de novembro, início do verão na Argentina, e o calor e a umidade pioravam tudo. O táxi não tinha ar-condicionado; o carro, apertado, parecia uma pequena sauna.

"A praça de Maio é logo aí, à direita", disse o taxista. "E a Casa Rosada fica na praça. Logo ali, mais adiante. Você está vendo?"

Abri a janela, mas dois caminhões à frente bloqueavam a visão. Buzinas soavam. Não nos mexemos.

"Espere um minuto", disse ele, antes de dar uma guinada brusca para a direta e quase bater no carro do lado. O outro motorista gesticulou com raiva, mas nos deixou passar à frente.

"Consegue ver agora?"

Sim, consigo. E realmente é rosa. E enorme, tem quatro andares e o tamanho de um quarteirão nova-iorquino. São seis pistas de tráfego, uma cacofonia de buzinas, pedestres atravessando fora da faixa em toda parte. Caos total.

A Casa Rosada é a sede executiva do governo. Ela fica em uma ponta da praça de Maio, cercada por outros prédios imponentes: a Catedral Metropolitana de Buenos Aires, o Cabildo (onde o primeiro governo argentino se formou, em 1810) e a Prefeitura de Buenos Aires. A praça é famosa por receber a maior parte dos protestos políticos.

Quando o carro estacionou perto da Casa Rosada e entrou na praça de Maio, dei uma olhada na varanda de onde Evita fazia seus discursos, estimulando centenas de milhares de fiéis peronistas a apoiarem seu marido. A varanda é impressionante: de lá se vê a Catedral Metropolitana de Buenos Aires, igreja que Jorge Mario Bergoglio um dia chamaria de sua paróquia.

Quando Jorge era criança, as escolas tinham um juramento diário de lealdade a Eva e Juan Perón em vez de ao país, e o livro de Evita, *A razão da minha vida*, era leitura obrigatória em sala de aula. Nele, Evita escreveu que "Perón é o rosto de Deus na escuridão [...] Aqui, o caso de Belém há 2 mil anos se repetiu; os primeiros a acreditar foram os humildes".

Por mais ultrajante que essa afirmação possa parecer, é preciso lembrar a história do relacionamento próximo entre a Igreja Católica e o governo argentino. A exigência constitucional de que era preciso ser católico para ser eleito presidente só foi retirada em 1994. A Constituição ainda exige que o governo argentino apoie a Igreja Católica. A exigência não especifica como o governo deve fazer isso, mas a Igreja é a única instituição religiosa citada e, por isso, o governo pagou a construção de prédios e subsidiou as despesas operacionais da instituição. Em 1948, quando Perón nacionalizou o sistema de ferrovias, colocou uma estátua de Maria em cada estação.

Alguns anos depois, quando Jorge era adolescente, a Igreja Católica, que tinha sido plataforma e base de Perón, virou uma de suas críticas mais fortes, questionando a autenticidade do compromisso de Perón com os ensinamentos católicos. O fato de Evita confundir Perón com Cristo, o que era explicitado por Evita e implícito na mensagem do partido, combinado com ataques feitos por multidões peronistas a igrejas católicas em meados da década de 1950, acabou levando à separação entre a Igreja e Perón, quando Jorge estava prestes a entrar no seminário.

Mas durante a infância de Jorge o peronismo significava algo claro e brilhante para famílias como os Bergoglio: o casamento entre Igreja e Estado em uma aliança que lutava pelos humildes. Como a maioria dos imigrantes, os Bergoglio adotavam o que poderia ser chamado de catolicismo peronista como veículo para realizar mudanças que beneficiavam os destituídos nas áreas urbanas pobres de Buenos Aires. Da ênfase de Perón na dignidade humana, na oportunidade econômica e na necessidade de justiça social à insistência agressiva dele em relação aos direitos dos trabalhadores e as obrigações socioeconômicas do governo, Perón cooptou a mensagem do Evangelho. Para uma família devota como a de Jorge, a mensagem dupla era significativa, pois Perón se identificava com os pobres e a classe trabalhadora, alegando ser a salvação deles.

"Havia uma classe média crescente naquela época na Argentina, mas era pequena", conta o padre Gustavo Morello, jesuíta argentino e sociólogo na Boston College. "Os ricos eram poucos; a maioria era pobre ou da classe trabalhadora. Eles não tinham acesso ao que tantos de nós aceitamos como corriqueiro, a chamada vida boa. Isso era o que Evita e Juan Perón prometiam, usando o catolicismo como base dessa promessa. Havia a forte ideia de que eram as elites contra o povo, e Perón estava do lado do povo. E entender isso ajuda a entender Francisco."

Eu me reuni com o cardeal Leonardo Sandri, um argentino de 72 anos que frequentou o seminário com Bergoglio e hoje é prefeito da Congregação para as Igrejas Orientais. Como Bergoglio, sua família imigrou da Itália para a Argentina. Sua irmã mais velha nasceu na Itália, enquanto ele e o irmão mais novo nasceram na Argentina. Ele cresceu falando italiano e espanhol. Quando perguntei sobre a vida na época de Perón, Sandri respondeu em um inglês hesitante:

"Eu lembro que Perón defendia as iniciativas sociais para os trabalhadores, os velhos e os jovens. A época de Perón foi muito importante para essas iniciativas em favor dos trabalhadores e também do voto feminino."

Padre Julio Merediz, também jesuíta e amigo de longa data do papa Francisco, disse a um amigo meu:

"Para entender Jorge, é preciso entender aquele momento muito específico da história argentina, que acontecia quando ele atingiu a maioridade. Jorge e todos nós ainda nos identificamos com a pureza daquele momento. O peronismo se transformou em várias coisas para várias pessoas, mas era, em primeiro lugar, uma defesa progressista do povo trabalhador e fiel que lutava para melhorar de vida. Contudo, você precisa perceber o quanto o papel do catolicismo foi importante. A separação entre a Igreja e o Estado não existia. A fé católica não só era a fé do governo como também o veículo prático pelo qual a Igreja tentava executar seus programas sociais. Essa é a Igreja em que Jorge cresceu. Essa é a Argentina em que Jorge cresceu."

Quando eu era criança, meu pai me alegrava e a meus amigos com histórias incríveis, como aquela em que dirigiu, com minha mãe, de Baltimore a Albany, em 1928, aos 13 anos de idade, e se sentou no colo do governador de Maryland, Albert Ritchie, enquanto viam Al Smith aceitar a indicação democrata para ser candidato à presidência. Al Smith foi o primeiro candidato católico à presidência dos Estados Unidos.

Ritchie era amigo da família Shriver, forte defensor dos direitos do Estado, do governo local e da liberdade religiosa. Meu pai nos disse: "Os líderes políticos de Maryland criaram um documento chamado Declaração dos Direitos que estabeleceu a liberdade religiosa em Maryland. Isso foi antes de essa ideia estar na Declaração dos Direitos na Constituição dos EUA."

A falta de separação entre Igreja e Estado na Argentina, que na verdade é uma forte ligação constitucional entre ambos, é algo que me choca. Enquanto os Estados Unidos têm uma tradição de separação entre Igreja e Estado que persiste há vários séculos, a terra natal de Jorge não faz o mesmo. É compreensível que um jovem e impressionável Jorge, crescendo em meados da década de 1940 e início da década de 1950 com toda a energia de Perón tomando conta do ambiente, desenvolvesse um interesse vitalício na interseção entre fé, política, justiça social e oportunidade econômica. Tanto suas raízes na era de Perón quanto a rejeição dos excessos e da corrupção cometidos por ele, como veremos, explicam muito do que Bergoglio tentou realizar como líder na Argentina e agora tenta realizar na transformação da Igreja Católica em termos globais.

4 O portenho

"Você vai amar Buenos Aires", disse o velho. Eu o conheci em um café no meu segundo dia na capital argentina. Ele falava bem inglês. "Todo mundo diz que Buenos Aires é a Paris da América Latina. Obviamente, eu sou tendencioso, mas acho Buenos Aires mais linda que Paris. E há ação em Buenos Aires! Somos um porto que faz negócios com o mundo. O mundo chega através de Buenos Aires."

Ele ria e gesticulava, explicando: "As pessoas dizem que os parisienses são rudes e arrogantes. Você vai ver logo que eles não perdem em nada para nós, portenhos! Mas nós temos bons motivos para sermos arrogantes. Temos o rio mais largo do mundo, a cidade mais linda do mundo, somos o oitavo maior país do mundo e temos uma história rica."

Não cheguei a perguntar o nome do homem, mas suas palavras ficaram comigo. Ele devia ter uns 75 anos e se vestia de modo impecável, com o cabelo grisalho perfeitamente dividido e uma presença carinhosa e acolhedora. Parecia um italiano.

Antes da viagem, fui avisado por alguns amigos de Buenos Aires que os portenhos eram arrogantes e arredios, sendo um grupo peculiar. As palavras do velho, sua noção de orgulho, que beirava a arrogância, a inflexão da voz dele, o jeito como ele se portava podem ter provado que meus amigos estavam certos, mas o carinho e a simpatia mostraram que os portenhos eram complexos. Como a cidade, eles são cheios de contrastes.

Da arquitetura que rivaliza em beleza com Paris às calçadas cheias de rachaduras da cidade, das incontáveis pessoas que se gabaram pela Argentina ser a sétima maior economia do mundo no início do século XX ao pequeno empresário que considera a economia atual tão instável que vive com um medo constante de ser obrigado a declarar a mesma falência que o pai declarou no meio dos anos 1950, do Hotel Four Seasons às chamadas *villas miseria* (cidades da miséria ou favelas), menos de 1 quilômetro ladeira abaixo e com vista para os quartos caros do hotel, dos bancos comerciais que trocam dinheiro americano no "mercado azul", o câmbio ilegítimo amplamente aceito onde os vendedores pagam quase duas vezes o valor oficial dos pesos por dólares. A um quarteirão do outro, da serenidade da plaza de la Misericordia ao caos da praça de Maio, Buenos Aires está cheia de energia palpável e contrastes espantosos.

Esses contrastes não se desenvolveram da noite para o dia: levaram anos para acontecer. Eu sabia que se quisesse entender o Francisco de hoje precisava entender não só o peronismo, como Buenos Aires, pois esta é a cidade mais complicada e intrigante que já visitei, e Jorge Mario Bergoglio é, antes de tudo, portenho.

Os espanhóis começaram a colonizar a área esparsamente povoada que hoje é a Argentina no início do século XVI. Navegadores da Espanha e de Portugal exploraram o rio da Prata, que corta Buenos Aires, esperando encontrar uma passagem do Atlântico para o Pacífico. O rio tem mais de 200 quilômetros de largura na nascente. A primeira vez que o vi, perguntei ao motorista de táxi se era o oceano Atlântico.

— Não! — a resposta foi uma mistura de risada alta com reprimenda leve. — Não — repetiu, acenando na direção do poderoso rio —, esse é o rio da Prata. É mais largo que o Amazonas. É incrível, não?

Ele estava certo: era incrível, tão largo que alguns realmente o consideram parte do oceano Atlântico. Eu não conseguia ver terra do outro lado do rio que, definitivamente, não se parecia com os rios que vi nos Estados Unidos. Os rios Mississippi e Missouri seriam engolidos pelo rio da Prata. A baía de Chesapeake, no meu estado natal, é minúscula, se comparada a ele.

A Bolívia e o Peru, com suas minas de ouro e prata, dominaram o desenvolvimento da América do Sul. O que agora é a Argentina, fez parte do Vice-Reino do Peru, que por sua vez fazia parte do império espanhol. Em 1776, a Argentina se separou do Vice-Reino do Peru, e Buenos Aires foi nomeada capital do que era conhecido como Vice-Reino do rio da Prata.

Em 1810, a Revolução de Maio começou a luta da Argentina pela independência da Espanha. A revolução durou oito anos, até a independência ser finalmente conquistada, levando à proclamação da república na Argentina. O novo governo se baseou em Buenos Aires, mas lutas internas, principalmente entre os povos do interior, persistiram até 1861. Em outras palavras, a Argentina teve uma guerra civil que durou 43 anos.

Em 1861, Bartolomeu Mitre foi eleito o primeiro presidente do país unificado. Ele e os próximos 11 presidentes enfatizaram práticas econômicas liberais. Uma onda massiva de imigração europeia, perdendo em tamanho apenas para a onda de imigrantes rumo aos EUA, resultou em uma reformulação completa da sociedade e da economia argentinas. No início do século XX, a Argentina era considerada uma das nações mais ricas do mundo.

— A Argentina cresceu na segunda metade do século XIX com base na produção de gado em grande escala, que levou a uma variedade de produtos meio limitada para exportação, como peles, lã, além de carne-seca e salgada de baixa qualidade — explicou Eugenio Diaz-Bonilla, economista argentino com longa carreira em desenvolvimento internacional. — Depois, as mudanças tecnológicas no transporte, especialmente o sistema de ferrovias construído pelos ingleses e a refrigeração, aumentaram a qualidade da carne enviada para exportação e expandiram a produção de grãos. A terra estava concentrada em grandes ranchos e a exigência de mão de obra no setor agrícola era menos dinâmica do que nos Estados Unidos, mas havia expansão econômica suficiente para garantir o alto crescimento durante o fim do século XIX e o início do século XX. O crescimento beneficiava Buenos Aires, considerando, especialmente, que a Argentina não tem portos eficientes ao longo do litoral, ao contrário dos EUA. O sistema de transporte afunila tudo através do porto de Buenos Aires.

Em 1908, a renda *per capita* da Argentina era 60% mais alta que a da Itália, perto de 90% maior que a da Espanha e quase 400% mais alta que a do vizinho Brasil. Segundo Diaz-Bonilla, embora não haja dados confiáveis, essa renda relativamente alta era, provavelmente, muito concentrada, pois a grande desigualdade na propriedade de terras levava argentinos ricos a viajarem pela Europa e se gabarem de sua riqueza na década de 1920. "Gastar como um argentino" virou uma figura de linguagem comum.

Meu amigo José é nascido e criado em Buenos Aires, mas se mudou para os EUA há dez anos. "Nós, portenhos, somos agressivos. Você precisa lembrar que Buenos Aires é, de longe, o maior e mais importante porto da Argentina. É também o porto mais importante da América Latina. Nós, portenhos, somos imigrantes bem-sucedidos. Nós nos concentramos na Europa, não na América Latina, e consideramos Buenos Aires mais importante que qualquer cidade europeia."

"Nas décadas de 1940 e 1950, Buenos Aires era conhecida como capital do império que nunca existiu", continuou José. Ele disse isso de modo tão casual que a arrogância nem parecia tão gritante assim.

Parece que toda conversa que tive com argentinos, inevitavelmente, versou sobre como Buenos Aires é diferente do restante da Argentina. Parece que a guerra civil de 43 anos, que acabou oficialmente há 150 anos, ainda está sendo travada. Buenos Aires é a capital, o porto mais importante, a cidade de imigrantes bem-sucedidos, e sempre é comparada ao restante da Argentina, da América Latina e até da Europa. Mas não é só a tensão com o restante do país que define um portenho. Na verdade, os portenhos precisaram viver revoltas políticas, sociais e intervenções militares.

Quando produtores de *commodities* como a Argentina foram gravemente afetados pelo colapso dos preços mundiais durante a Grande Depressão, a instabilidade política surgiu. Em 1930, o presidente Hipólito Yrigoyen foi derrubado por um golpe militar liderado por José Félix Uriburu, que governou por apenas dois anos. Uma eleição cheia de fraudes levou Agustín Pedro Justo à presidência. A Argentina ficou neutra na Segunda Guerra Mundial até o último mês do conflito, quando declarou guerra às nações do Eixo.

No meio de toda essa confusão, caos e incerteza econômica surgiram Juan e Eva Perón. Diaz-Bonilla explica: "Naquela época, a economia e a sociedade da Argentina vivenciaram uma transformação substancial com a expansão da indústria, as mudanças nas leis agrárias, que enfraqueceram o poder de grandes proprietários de terra, o voto feminino e a participação política de grupos anteriormente marginalizados. De certa forma, estamos processando essas mudanças tectônicas em nosso tecido social por várias décadas de instabilidade política e econômicas desde então."

Buenos Aires sobreviveu a uma revolução e a uma guerra civil prolongada e rapidamente virou o maior porto de uma dos maiores economias do mundo na virada do século. A cidade estava cheia de imigrantes e de energia no início do século XX e sobreviveu a vários golpes militares ao longo desse século. Não surpreende que os portenhos sejam agressivos.

Contudo, essa agressividade se mistura a um amor profundo pela cidade. No início da conversa com José, ele disse:

"Você conhece a frase que diz que Buenos Aires é a capital de um império que nunca existiu? Bom, eu ainda vejo Buenos Aires como a capital mais linda do mundo."

O papa Francisco tem o mesmo sentimento: "Amo minha casa. Amo Buenos Aires [...] Sou nativo da cidade e não saberia o que fazer comigo mesmo fora de Buenos Aires."

No entanto, quando perguntei aos portenhos sobre a corrupção política do "mercado azul", quase todos deram de ombros, suspiraram e disseram algo como "Não se pode fazer nada sobre isso", "Sempre foi assim" ou "A corrupção faz parte da vida aqui".

Além de arrogância, carinho, amor, resignação, riqueza e pobreza extrema, Buenos Aires está ficando ainda mais complexa enquanto o portenho de hoje está mudando, segundo o padre Morello:

"No início do século XX, a vasta maioria dos imigrantes vinha da Europa, principalmente da Itália e da Espanha, mas recentemente Buenos Aires recebeu um grande influxo de pessoas de outras partes da Argentina, além da Bolívia, do Paraguai e do Peru. Na verdade, a cidade com a segunda maior população de bolivianos é Buenos Aires."

Eu iria aprender que a humildade de Jorge Mario Bergoglio e sua ideia de misericórdia e alegria, ambas incutidas nele quando criança pela amada avó Rosa, cresceriam ao longo do tempo e seriam fortemente influenciadas pelos contrastes, conflitos e alterações demográficas em sua querida Buenos Aires. Como bispo auxiliar, depois como cardeal e especialmente durante e após a profunda crise econômica de 2001, Bergoglio passou boa parte do seu tempo com esses imigrantes novos e muito pobres enquanto convocava todos os portenhos para a mudança.

5 O método científico

Em fevereiro de 1948, a mãe de Jorge deu à luz sua quinta e última filha, uma menina chamada Maria Elena, e ficou de cama. Bergoglio depois explicaria que a mãe "ficou paralisada [...] Embora tenha se recuperado com o tempo". Jorge, então na sexta série, e o irmão caçula, Oscar, estavam matriculados como internos no Colegio Wilfrid Barón de los Santos Ángeles, em Ramos Mejía, a cerca de 20 minutos de carro de Flores. O padre Pozzoli, amigo próximo da família e padre das famílias Bergoglio e Sivori, procurou seus colegas salesianos e matriculou as crianças na escola.

Jorge depois escreveria que o ano vivido como interno no Colegio Barón não só o preparou bem para o ensino médio e para a vida como, mais importante, inculcou nele uma "cultura católica":

A vida na escola era um "todo". Nós éramos submersos em uma teia de vida e preparados para não ter tempo livre. O dia voava sem um momento sequer de tédio. Eu me sentia mergulhado em um mundo que, embora artificialmente "preparado" (com recursos pedagógicos), definitivamente, não era artificial. O natural era ir à missa todo dia de manhã, tomar café, estudar, assistir às aulas, brincar nos intervalos, ouvir os ensinamentos de "Boa-noite" do padre diretor. Você tinha a oportunidade de viver os diversos aspectos interligados da vida, e isso criou em mim uma consciência: não só uma consciência moral como também uma espécie de consciência humana (social, recreativa, artística etc.). Em outras palavras, a escola criou, por meio do despertar de uma consciência quanto à verdade das coisas, uma cultura católica que não tinha nada de "hipócrita" ou "ingênua". O estudo, os valores sociais da convivência, as referências sociais aos mais necessitados (eu me lembro de ter que aprender lá a viver sem bens materiais para dá-los a pessoas mais pobres que eu), os esportes, a competição, a devoção... Tudo era real e direcionado para criar verdadeiros hábitos em sua totalidade. Eles criaram em nós um jeito cultural de ser.

Eu li este parágrafo repetidamente. Tudo parece tão organizado no cérebro desse homem que até a experiência escolar dele parecia altamente estruturada e lógica. Continuei lendo:

Tudo era feito com um propósito. Não havia nada que "não fizesse sentido" (pelo menos no que dizia respeito à ordem fundamental das coisas, porque pode ter havido uma falta de paciência ocasional por parte de alguns professores ou pequenas injustiças cotidianas etc.). Lá eu aprendi, quase inconscientemente, a "procurar o sentido das coisas".

Os ensinamentos diários de "boa-noite" do padre diretor que comandava a escola tiveram profundo impacto em Jorge. Às vezes, o padre inspetor, chefe dos salesianos na Argentina, fazia uma visita para dar o ensinamento de "boa-noite". Em uma dessas ocasiões, o padre inspetor, monsenhor Miguel Raspanti, falou aos meninos após comparecer ao funeral da própria mãe. A palestra acabaria virando o "ponto de referência pelo resto da minha vida para o problema da morte. Naquela noite, sem medo, senti que um dia iria morrer, e isso me pareceu totalmente natural".

Criado em uma cultura que nega a morte a todo instante, achei essa percepção particularmente surpreendente. Sem dúvida, os salesianos enfatizaram uma cultura católica de rituais e rotinas que estruturam sua vida e o deixaram sem medo até da morte. A harmonia e a plenitude do dia incluíam estudos e atividades extracurriculares e Deus; não havia apenas estudos religiosos, atividades divertidas ou acadêmicas. Para Jorge, todas essas partes precisavam se encaixar de forma disciplinada e estruturada para que a vida pudesse ser verdadeiramente vivida.

Considerando esta visão de mundo esclarecida, eu diria que o amor de Bergoglio pela ciência não deveria ter me surpreendido, mas me surpreendeu, porque sempre pensei em minha Igreja como um tanto atrasada ou retrógrada, talvez até assustadora, em relação ao tema. Muitos associam a Igreja Católica ao atraso científico, citando o julgamento e a prisão de Galileu por ensinar que o Sol era o centro do Universo, em vez da Terra. O caso Galileu é fonte de embaraço para a Igreja, que na verdade tem uma tradição de patrocinar pesquisas em astronomia, química e medicina há vários séculos. Apesar disso, eu ainda pensava que Bergoglio, criado em uma família tão devota e em um país católico, além de ter frequentado uma escola que reforçava rituais e rotinas da Igreja e inseria seus alunos em uma "cultura católica", talvez preferisse estudar teologia, filosofia ou história. Esses são os assuntos que eu pensava que padres e freiras estudavam para virarem padres e freiras.

Cresci cercado por homens e mulheres de vida religiosa. Padres vinham à minha casa regularmente para jantar e até participavam de nossas férias em família. Meus pais iam à missa todos os dias, e, vários sábados, o padre que tinha rezado a missa de manhã tomava o desjejum em nossa sala de jantar enquanto eu descia, tropeçando a escada. Nas visitas de minha tia por parte de mãe, Rosemary, que vivia em um lar para pessoas com problemas de desenvolvimento, ela estava sempre acompanhada pelas duas freiras que viviam com ela 24 horas por dia, todos os dias do ano. A irmã Paulus e a irmã Margaret Ann dedicavam a vida a tomar conta da tia Rosie, e suas duas ou três visitas anuais, que duravam cerca de dez dias, eram o ponto alto para todos nós, especialmente para minha mãe.

Contudo, não me lembro de falar com nenhuma dessas pessoas sobre ciência, e não conheço uma freira ou um padre com diploma superior em ciências. Perguntei recentemente a um padre, muito amigo, se ele estudara ciências. Ele riu e disse: "Fiz uma aula de ciências na faculdade para me formar, mas, não, eu não gosto nem um pouco. E também não conheço ninguém na vida religiosa que leia jornais científicos por prazer!"

Mas o jovem Jorge foi cativado pela ciência. Ele era quase tão apaixonado por ela quanto pela religião. Após o ano que viveu em internato com os salesianos, ele se matriculou na Escuela Industrial nº 12, onde ficou em uma turma de 12 alunos que, além do currículo nacional, estudavam química alimentar. Esse lado de seu histórico intelectual me fascina pelo que diz sobre ele, o desenvolvimento de sua fé e seu papel posterior como líder da Igreja que tentaria negociar o equilíbrio complexo entre teologia e ciência.

Jorge estudou ciências e trabalhou muito. O pai disse a ele: "Agora que está começando o ensino médio, também precisa começar a trabalhar. Vou encontrar algo para você fazer nas férias." Esse "algo" acabou sendo um emprego em uma fábrica de meias e roupas íntimas, onde Jorge fazia limpeza e trabalhos administrativos. Ele trabalhava das 7h às 13h, almoçava, e depois ia para a escola, das 14h às 20h. Refletindo sobre aquela época, Bergoglio meditou: "Sou muito grato ao meu pai por me fazer trabalhar. O trabalho foi uma das melhores coisas que fiz na vida."

"Estava claro para todos que Jorge não só era o mais inteligente entre nós, como também o mais esforçado", relembra um dos colegas de escola de Jorge e antigo morador de Buenos Aires, Oscar Crespo. "Todos nós trabalhávamos muito, mas ele era incansável. Entre o trabalho e a escola, eu ainda me pergunto de onde vinha toda a energia e disciplina dele."

Após três anos na fábrica, enquanto ainda estudava ciências, Jorge foi trabalhar no laboratório químico Hickethier-Bachmann. Jorge depois diria: "No laboratório, pude ver o lado bom e o ruim de toda a empreitada humana. Tive uma chefe extraordinária, Esther Ballestrino de Careaga [...] Eu a amava muito. Eu me lembro de quando entregava uma análise para ela, que dizia: 'Uau, você fez isso tão rápido!' Depois, perguntava: 'Mas você fez o teste ou não?', e eu respondia: 'Para quê? Se eu tivesse feito todos os testes anteriores, certamente daria mais ou menos o mesmo resultado.' 'Não, você tem que fazer as coisas corretamente', repreendia ela. Em resumo, ela me ensinou a seriedade do trabalho árduo. Em verdade, devo muito a essa grande mulher."

Esther era paraguaia e tinha doutorado em bioquímica. Perseguida durante a ditadura militar de Higinio Moríñigo, ela fugiu para a Argentina em 1947. Marxista declarada e ateia, Esther se envolvia em discussões e debates políticos constantes com Jorge. O laboratório se dedicava ao método científico, mas ela parecia viver de acordo com o método socrático, questionando e debatendo com seus funcionários e colegas independentemente de crença religiosa ou política. Muitos anos depois, durante os dias sombrios da Guerra Suja na Argentina, que durou de 1976 a 1983 e resultou no "desparecimento" ou morte de aproximadamente 15 mil pessoas, Esther ajudou a fundar um grupo chamado Mães da praça de Maio, composto por mães e avós cujos filhos haviam desaparecido. Com grande risco para elas e suas famílias, o grupo se reunia toda quinta-feira na famosa praça para exigir informações sobre seus entes queridos.

Em 1977, Esther e duas freiras que estavam em uma reunião na Igreja de Santa Cruz, em Buenos Aires, foram sequestradas e nunca mais vistas com vida.

Em 2005, pouco depois de os restos mortais de Esther terem sido descobertos e identificados, sua filha Mabel pediu ao então cardeal Bergoglio para que sua mãe fosse enterrada na Igreja de Santa Cruz. Bergoglio concordou.

Em ultima análise, para Bergoglio, escolher a vida religiosa não significou evitar o passado científico. "A ciência e a fé não são incompatíveis para Bergoglio", explicou o padre Juan Scannone, jesuíta argentino e teólogo renomado. Scannone, agora com 85 anos, foi um dos professores de Bergoglio e mantém bom relacionamento com ele. "Na verdade, o treinamento científico deu a ele forte noção de realidade e da superioridade da experiência sobre as ideias. Ele prefere a experiência 'vivida' à ideologia."

De fato, quando o papa Francisco falou à Sessão Plenária da Pontifícia Academia de Ciências, em 2014, vimos ciência e fé andando de mãos dadas:

> Quando lemos o relato da criação no Gênesis nós corremos o risco de imaginar que Deus era um mágico, com direito a uma varinha poderosa, mas não era o caso. Ele criou seres e deixou que eles se desenvolvessem de acordo com as leis internas com as quais Ele proveu cada um deles, de modo que pudessem evoluir e alcançar a plenitude. Ele deu autonomia aos seres do Universo ao mesmo tempo em que lhes garantiu Sua presença contínua, dando vida a toda realidade. E, assim, a Criação vem progredindo há séculos e séculos, milênios e milênios, até se transformar no que conhecemos hoje, precisamente por Deus não ser um demiurgo ou mágico, e sim o Criador que deu vida a todos os seres. O início do mundo não foi uma obra do caos que deve sua origem a outro e sim deriva diretamente de um Princípio Supremo, que cria a partir do amor. A Teoria do Big Bang, que é proposta hoje como origem do mundo, não contradiz a intervenção de um Criador Divino, mas depende Dele. A evolução na natureza não entra em conflito com a ideia da criação, porque a evolução pressupõe a criação de seres que evoluem...
>
> Mas, ao mesmo tempo, o cientista precisa ser movido pela convicção de que a natureza, com seus mecanismos evolucionários, esconde seu potencial, deixando-o para que a inteligência e a liberdade o descubram e o atualizem, a fim de alcançar o desenvolvimento que está no projeto do Criador. Então, não importa o quanto seja limitada, a ação do homem participa do poder de Deus e é capaz de criar um mundo adaptado à sua vida física e espiritual, além de construir um mundo humano para todos os seres, e não só para um grupo ou uma classe privilegiada [...] Mas também é verdade que a ação do homem,

quando sua liberdade fica autônoma (que não é liberdade, mas autonomia), destrói a criação, com o homem assumindo o lugar do Criador. E isso é um pecado grave contra o Deus Criador."

Quando leio esses comentários, penso que a Igreja Católica encontrou um líder que não vê a ciência como ameaça e sim como um dom divino em seu cerne, um campo no qual o senso de milagre que a fé fornece poderia ser descoberto.

"Nós sabíamos o quanto ele era religioso", comenta o velho amigo Oscar Crespo, "mas seu compromisso com a verdade e com o que os livros escolares chamam de 'método científico' era quase inato. Ele conciliava os dois e, definitivamente, não me surpreende que ele ainda continue fazendo isso, de certa forma. Ele é um desses caras que vai frustrar você dizendo: 'Bom, o que causou o Big Bang, então?' E ele deixa você acreditando tanto em Deus quanto na ciência".

O papa Francisco vê o divino muito envolvido na criação e nas revelações constantes da ciência. Ele vê a criação como um presente para o homem. Deus deu a criação para o homem e fez dele "o administrador da criação, até que ele vá governar a criação, que desenvolverá até o fim dos tempos".

Alguns veem a leitura do texto bíblico "Façamos o homem a nossa imagem, conforme a nossa semelhança; e domine sobre os peixes do mar, e sobre as aves dos céus, e sobre o gado, e sobre toda a terra, e sobre todo réptil que se move sobre a terra" e interpretam a afirmação de Francisco acima como se dissesse que a natureza existe apenas para o proveito da humanidade.

Pelo contrário, Francisco tem a visão oposta:

Não somos Deus. A Terra estava aqui antes de nós, e nos foi dada. Isso nos permite responder à acusação de que o pensamento judaico-cristão, com base no relato do Gênesis que concede ao homem "domínio" sobre a Terra (vide Gênesis 1:28), estimulou a exploração desenfreada da natureza ao pintá-Lo como dominador e destrutivo por natureza. Esta não é uma interpretação correta da Bíblia conforme entendida pela Igreja. Embora seja verdade que nós, cristãos, às vezes, interpretamos as Escrituras de modo incorreto, hoje em dia devemos rejeitar vigorosamente a ideia de que nosso ser criado à imagem de Deus recebeu domínio sobre a Terra e isso justifica o domínio absoluto sobre outras criaturas. Os textos bíblicos devem ser lidos em seu contexto, com hermenêutica adequada, reconhecendo que eles nos dizem para "lavrar e guardar" o jardim do mundo (vide Gênesis 2:15). "Lavrar" se refere a cultivar, arar ou trabalhar, enquanto "guardar" significa cuidar, proteger, supervisionar e preservar. Isto implica um relacionamento de responsabilidade mútua entre os seres humanos e a natureza. Cada comunidade pode tirar da abundância da terra o que precisa para sua subsistência, mas tem o dever de protegê-la e garantir que ela seja fértil para as próximas gerações.

Francisco vê a relação entre o homem e a natureza como cuidadosamente equilibrada e completa. Isso lembra o que os salesianos ensinaram a ele há quase 70 anos: "Tudo o que fizemos e aprendemos também tinha uma unidade harmoniosa. Não éramos 'compartimentalizados', pois tudo se relacionava e se complementava. Inconscientemente, nós tínhamos a sensação de estar crescendo de modo harmonioso, algo que, obviamente, não descrevemos em palavras na época, mas conseguimos fazer depois."

O amor de Jorge pela ciência mostra a forma incomum pela qual a vida do papa Francisco desafia as expectativas e os clichês. Não só ele teve uma vida dedicada ao pensamento e ao aprendizado da ciência como um de seus mentores intelectuais foi uma cientista que trabalhava na Argentina em uma época em que poucas mulheres trabalhavam, e, muito menos, no campo científico.

Contudo, apesar do apelo da química, da biologia e da mentora que fazia ambas parecerem mágicas, houve também uma influência ainda mais mágica, algo que o aproximou do mistério da fé, sobre o qual ele decidiu construir sua vida.

6 A decisão

Sempre pensei que "basílica" era apenas um nome bonito que era dado a uma igreja histórica, grande ou linda, ou os três ao mesmo tempo.

Quando morei em Baltimore, frequentava diariamente a missa matinal na Basílica da Assunção, na Charles Street, a primeira catedral católica dos EUA, construída entre 1806 e 1821. Também lembro bem da basílica em minha adolescência, pois quando meu pai costumava nos levar de carro para ver os jogos do time de beisebol Baltimore Orioles, ele entrava pelas ruas de Baltimore e sempre passávamos pela construção. Meu pai tinha nascido e se criado em Maryland, e a basílica era sua igreja favorita desde criança.

Ele, inevitavelmente, dizia o mesmo sempre que o carro entrava na Charles Street: "Vocês sabem o que vai aparecer ali à esquerda?"

Um de nós dizia: "É a Basílica da Assunção, pai. Você pergunta isso o tempo todo."

Ele sorria, sem se deixar intimidar. "Correto! Boa resposta! E alguém deve saber: quem a projetou?"

Antes que alguém pudesse responder, ele dizia, com a voz cheia de espanto e orgulho: "Benjamin Henry Latrobe projetou esta bela igreja. Ele também projetou o Capitólio dos Estados Unidos. Jefferson o contratou para isso. O jesuíta John Carroll, primeiro bispo dos Estados Unidos e fundador da Universidade Georgetown, encomendou a construção da basílica a Latrobe. E o primo do bispo Carroll era Charles Carroll, de Carrolltown, Maryland, o único católico a assinar a Declaração da Independência."

A basílica é realmente um prédio bonito e grandioso: tem colunas na frente, pé-direito alto e belas obras de arte. Possui uma pintura de James Cardinal Gibbons, o segundo cardeal dos Estados Unidos. Ele frequentou o seminário com o avô do meu pai, Thomas Herbert Shriver, que ficou gravemente doente não uma, mas duas vezes, e viu as doenças como sinal de que não tinha vocação para ser padre.

Eu havia chegado à conclusão de que nem todas as basílicas eram tão lindas quanto a de Baltimore, mas quando desci do metrô em Flores esperava um prédio imenso e magnífico, um lugar adequado não só à Argentina católica, como também ao momento, em 21 de setembro de 1953, em que o estudante de 16 anos Jorge Mario Bergoglio, da Escuela Industrial Nº 12 e funcionário do laboratório Hickethier-Bachmann em meio período, ouviria a voz de Deus e mudaria sua vida.

Fui ofuscado pela luz do sol quando saí do metrô: carros por toda parte, o som de buzinas e dos ônibus no tráfego. À minha direita estava a praça Flores, um quarteirão com árvores grandes e belas e um carrossel.

Logo à esquerda ficava a Basílica de São José de Flores, espremida entre dois prédios e separada dos vizinhos por pequenos corredores. No corredor à direita, havia um colchão e vários pombos.

Quando subi os degraus rachados, os carros, táxis e ônibus passavam tão perto que eu quase podia tocá-los.

Na fachada da basílica existem quatro pilastras com uma porta principal no meio e outras duas, de mesmo tamanho, nas laterais. Quatro santos estão no alto do prédio, separados por um campanário central com um relógio e uma cruz bem acima.

A Basílica de São José de Flores não tinha a majestade ou a beleza da Basílica da Assunção. Ela também não parece tão bem-cuidada, mas tinha pessoas. Muitas pessoas.

Às 10h, o local parecia uma rodoviária movimentada. As pessoas empurravam a porta da frente para abri-la, seguiam diretamente para seus bancos favoritos e se sentavam para rezar. Foi assim a manhã inteira. Trabalhadores prestes a pegar ônibus na praça Flores entravam rapidamente, ajoelhavam-se, rezavam e saíam, no mesmo pique que entraram; mães empurrando carrinhos de bebê lutavam para passar pela porta, sentavam-se na ponta de um banco de corredor, bufavam, depois fechavam os olhos e rezavam; velhos pediam ajuda de visitantes próximos para abrir a porta, arrastavam os pés apoiando-se nas bengalas, depois, sentavam-se em um banco, olhavam para o teto e rezavam.

Nunca vi essa quantidade de gente rezando nos Estados Unidos.

O interior da basílica era mais impressionante, embora fosse escuro, até sombrio. Os bancos eram de madeira simples, sem almofadas, e os genuflexórios também não eram estofados. Meus joelhos doeram quando ajoelhei.

O teto era coberto de pinturas de anjos e cenas da Bíblia, e a tinta dourada suavizava o clima. No meio da igreja erguia-se um púlpito.

Pequenos altares dedicados a vários santos cobriam os dois lados da nave, com pessoas se ajoelhando na frente deles a fim de rezar para os seus favoritos.

Fui até o santuário principal, onde ficava um grande altar de mármore, com velas nos dois lados. No fundo do santuário, seis colunas iam até o teto, cercadas por mais velas. A bandeira argentina estava pendurada em um canto.

Pedi a um homem para me indicar o confessionário onde o papa Francisco teve seu momento. Ele apontou a frente da igreja, por onde eu havia entrado.

Andei até lá e me sentei no banco mais próximo do confessionário. E olhei fixamente.

Era isso?

O confessionário era de madeira escura e mal-iluminado, e ficava perto de um dos pequenos altares laterais. Estava vazio.

Aqui o papa Francisco teve o momento que mudou sua vida? Neste confessionário pequeno e simples?

Existem várias conversões lendárias na história do cristianismo; talvez a mais famosa delas seja a história de Saulo, montado em seu jumento a caminho de Damasco para perseguir os primeiros cristãos. A história diz que ele foi derrubado do animal, cegado pela luz e aturdido pela voz de Deus, que perguntou: "Saulo, Saulo, por que me persegues?"

Ao que Saulo respondeu: "Quem és, Senhor?"

E veio a resposta: "Eu sou Jesus, a quem tu persegues. Levanta-te, e entra na cidade, e lá te será dito o que te convém fazer."

Saulo ficou cego por três dias e não comeu ou bebeu. Quando recuperou a visão, foi batizado imediatamente, assumiu o nome de Paulo e foi considerado por Deus o "vaso escolhido, para levar o meu nome diante dos gentios, e dos reis e dos filhos de Israel".

E também há a história de santo Inácio de Loyola, o soldado de família rica que se tornou um dos mais conhecidos líderes da fé católica, como relatei no prólogo.

O encontro do jovem Jorge foi diferente. Ele ia encontrar a namorada e outros estudantes quando:

Eu olhei e estava escuro, era uma manhã de setembro, talvez 9h, e vi um padre chegando. Eu não o conhecia; ele era um dos clérigos da paróquia. Ele se sentou em um dos confessionários, o último quando se olha para o lado esquerdo do altar. Não sei bem o que aconteceu depois, senti como se alguém tivesse me agarrado por dentro e me levado ao confessionário. Obviamente, conversamos e me confessei... Mas não sei o que aconteceu.

Quando terminei de me confessar, perguntei ao padre de onde ele era, porque eu não o conhecia, e ele disse: "Sou de Corrientes e estou morando aqui perto, na casa dos padres. Venho celebrar a missa aqui de vez em quando." Ele tinha câncer, leucemia, e morreu no ano seguinte. Naquele momento, eu soube que precisava ser padre, tive total certeza. Em vez de sair com os outros, voltei para casa, porque estava atônito. Depois eu fui à escola, e o dia correu normalmente, mas, então, eu já sabia para onde estava indo.

Em sua biografia oficial ele disse: "Algo estranho me aconteceu naquela confissão. Não sei o que foi, mas mudou a minha vida. Acho que me surpreendeu e me pegou com a guarda baixa."

Essa epifania ocorreu quando o Jorge de 16 anos trabalhava sob a tutela de Esther Ballestrino no laboratório Hickethier-Bachmann. Ele não contou a ninguém por muito tempo e continuou a buscar direcionamento espiritual com o padre que tinha conhecido no confessionário da basílica naquele dia. Mas, à medida que o interesse e o conhecimento em ciência cresciam, a fé também florescia. Tendemos a ver a fé e a lógica como incompatíveis, mas, na cabeça de Jorge, a fé e o pensamento científico se desenvolveram ao mesmo tempo.

"Mas eu sabia que se ele precisasse escolher, mesmo na época, seria a fé e a justiça social", afirma o amigo de infância Oscar Crespo. "Tinha um menino em nossa turma que todo mundo sabia que era, digamos, um pouco mais lento. E Jorge sempre o protegeu, não só ajudando com os estudos como estimulando-o o tempo todo. A preocupação não era apenas com os pobres, em termos financeiros, mas também com os pobres de alma. Mesmo adolescente, ele se dedicou ao próximo.

À medida que a consciência social de Jorge crescia, ele lutava para conciliar o marxismo e o ativismo social com uma vida espiritual baseada na fé. Sua carreira como provincial jesuíta, reitor do Colegio Máximo, em Buenos Aires, bispo auxiliar e até como cardeal seria marcada pela tensão inflexível entre a fé e o ativismo social. Eles entrariam em conflito em sua vida, como veremos, puxando Bergoglio para o lado da justiça social num dia e para o lado da espiritualidade no dia seguinte. Ele realmente lutava para conciliar os dois, e acabou arranjando problemas com os colegas clérigos, políticos argentinos e alunos nessa luta.

Enquanto eu estava sentado, olhando para o confessionário, comecei a perceber que a conversão do jovem Jorge fazia todo o sentido por ter sido profundamente simples: sem fogos de artifício, sem hiperventilação, sem cena dramática. Também parecia completamente adequado que seu momento tenha acontecido não em alguma catedral magnífica, e sim em uma basílica comum, confortavelmente aninhada em um bairro próspero, animado e repleto de trabalhadores comuns. E talvez o melhor de tudo seja a conversão ter acontecido na igreja batizada em homenagem a São José, o pai de Jesus, homem que estava pronto para abandonar a noiva grávida, Maria, mas ficou com ela porque teve um sonho no qual ouviu a voz de Deus dizendo a ele para se casar com a jovem.

Não estou dizendo que Jorge Mario Bergoglio esteja no nível de São José, mas os dois tomaram decisões importantes do mesmo jeito calmo e prosaico. Deus estendeu a mão para ambos: um garoto comum de 16 anos, na Argentina, e um jovem judeu, há mais de 2 mil anos, e ambos tomaram uma decisão simples. Parecia lógico, se esse termo pode ser usado para descrever um momento profundo e cheio de fé. Aprendi que isso não precisa acontecer em uma grande e linda igreja histórica. Na verdade, raramente acontece assim.

Enquanto eu aprendia mais sobre Jorge Mario Bergoglio, a união da lógica e da fé parecia quase natural.

7 Seminário

Há um prédio majestoso no topo de uma colina íngreme no noroeste de Baltimore onde meu pai passava de carro quando íamos visitar vovó Shriver, gravemente doente. Pairando no fim de uma rua sinuosa repleta de árvores, a fachada elegante tem seis pilares imensos em três entradas em forma de arco. É enorme, com dois andares, e maior que um grande quarteirão urbano. Quando o vi pela primeira vez, lembrava algum tipo de palácio imperial lindo, porém ameaçador, um lugar com corredores ocultos e quartos secretos, algo que poderia estar no jogo popular da época, *Dungeons and Dragons*. Ele fica bem longe da estrada principal e tem um jardim frontal do tamanho de um campo de futebol, fazendo com que o prédio pareça ainda mais remoto e misterioso.

O prédio é o Seminário Santa Maria, primeiro seminário católico nos Estados Unidos, que não gerava tanta energia e empolgação por parte do meu pai quanto a Basílica da Assunção. Ele o apontava e simplesmente dizia: "Esse é o Seminário Santa Maria, aonde os jovens vão para virar padres." Talvez, o profundo respeito que ele tinha pelos padres o deixasse mais calmo, ou talvez fosse o fato de sua amada mãe estar perecendo, o resultado era que aquele prédio imponente me apavorava profundamente.

Por que um cara vira padre, afinal? Ele não pode se casar. Não pode ter filhos. Parece um castelo assustador. Nunca vi ninguém brincando no jardim da frente. O que acontece lá?

Eu era medroso demais para fazer essas perguntas ao meu pai, e ele não falava mais nada, então, eu ficava feliz por sempre passarmos rapidamente por ali.

Quando fiquei mais velho e descobri as garotas, o prédio passou a simbolizar para mim a solidão dos padres. Se você é um garoto que vai à escola católica, frequenta a missa aos domingos e cresce imerso na tradição católica, cedo ou tarde, nem que seja por alguns dias, a ideia de ser padre vai passar pela sua cabeça ou chamar sua atenção. Aquele prédio, não uma namorada ou o primeiro beijo, foi meu primeiro motivo para rejeitar o sacerdócio. O isolamento do seminário e a vida presumidamente solitária dos jovens lá dentro me assustavam. Imaginei que, apesar da loquacidade e do bom caráter geral da maioria dos padres que eu conheci, no fim de seus longos dias cheios de fé, eles voltavam para casa sozinhos. Essa simples ideia me apavorava, e, assim, a beleza do Seminário Santa Maria era, como o poeta irlandês William Butler Yeats escreveu sobre um assunto muito diferente, uma beleza terrível.

Nunca realmente soube o que acontecia nos seminários, onde jovens vão estudar e se preparar para virar padres. Se você duvida da fé católica, pode ser cético em relação ao celibato e pensar no seminário como o lugar onde ele é oficialmente aceito e aplicado. Pior, você pode vê-lo como celeiro para os crimes sexuais perpetrados por alguns padres católicos. Tantos jovens que deveriam estar crescendo e se multiplicando, como Deus instruiu no Gênesis, e estão trancados em quartos monásticos.

Um dos meus amigos mais antigos, Bill Byrne, meu colega de escola no ensino médio e de quarto na faculdade, entrou no seminário alguns anos depois de ter se formado na College of Holy Cross. A decisão de Bill não me surpreendeu, pois me lembro de ter conversado várias vezes com ele sobre o sacerdócio durante o segundo ano na faculdade, e embora ele tenha dado aulas no ensino fundamental depois de se formar na Holy Cross, foi na mesma escola católica que frequentou da sexta até a oitava série. Ele vivia, trabalhava e rezava no lugar que conhecia e amava, tentando descobrir se estava sendo chamado para o sacerdócio.

Quando Bill me contou que estava indo para Roma, para frequentar o North American College, eu sabia que era uma grande honra. Apenas os melhores e mais inteligentes são designados para estudar em Roma. Os outros estudam em um seminário local, como o Santa Maria. E eu sabia que ele estudava para ser padre diocesano. Em outras palavras, ele não estava se juntando a uma ordem como a dos jesuítas ou salesianos.

O padre diocesano é treinado para ser um padre de paróquia. Ele geralmente é designado para uma paróquia local e vive com mais um ou dois padres. Seu "chefe" é o bispo local ou, se estiver em uma cidade grande, um arcebispo ou até cardeal, sendo que existem apenas sete cardeais ativos hoje nos Estados Unidos. Os padres diocesanos fazem voto de castidade e obediência, mas não de pobreza ou obediência especial ao papa, como fazem os jesuítas.

Os jesuítas, por outro lado, geralmente vivem em uma comunidade, com vários outros padres jesuítas. Na maioria dos casos, cada jesuíta tem um trabalho diferente: um pode ensinar em uma escola de ensino médio local; outro, em uma faculdade; enquanto um terceiro pode trabalhar em uma paróquia e, outro, em um hospital. O provincial jesuíta é o "chefe" de cada jesuíta de sua região, dizendo a cada integrante onde ele pode trabalhar e se pode mudar de cargo.

Todos os padres nos EUA são treinados por meio do programa de formação sacerdotal, formulado e continuamente revisado pela Conferência Norte-Americana dos Bispos Católicos. Os seminaristas têm aulas padronizadas, independentemente de terem se juntado a uma ordem ou estudarem para ser padres diocesanos. Se eles escolherem uma ordem, como a dos jesuítas ou salesianos, essa ordem pode complementar a formação.

Acho que eu estava muito ocupado na época correndo atrás da minha carreira, tentando encontrar a namorada perfeita e seguir em frente para perguntar mais detalhes ao Bill. Eu estava orgulhoso dele, mas fiquei com vergonha de escrever, e nunca reservei algum tempo para ter uma conversa profunda sobre o que ele faria no Pontifical North American College.

Talvez porque a decisão de renunciar a uma vida comum com esposa e filhos fosse tão diferente do caminho que escolhi que nunca desejei ou tive medo de procurar saber mais e entender os motivos dele.

Eu conhecia o Bill desde que tínhamos 15 anos de idade, na Georgetown Prep School. Quando fui transferido para a escola naquele ano, nós saíamos juntos nos fins de semana, íamos a festas e saíamos com nossas namoradas. Fizemos aulas de francês, matemática e história juntos. (Felizmente, não precisei cumprir a exigência de estudar latim por dois anos. Não sei por quê. Talvez os jesuítas não desejassem que eu fizesse aulas com os calouros, mas sou grato até hoje por não ter precisado estudar latim. Alguns amigos que repetiram o ano na escola por causa dessa disciplina ainda têm pesadelos com o idioma.)

Contudo, meu filho Tommy, aluno da mesma Georgetown Prep, está aprendendo latim, e adorando. Por ele eu sou lembrado de um dos vários benefícios de uma educação católica: a ênfase na linguagem, mais especificamente na raiz das palavras. Então, quando a aula de latim de Tommy começou, na nona série, simultaneamente à minha investigação da vida do papa Francisco, eu me perguntei o que raios a palavra "seminário" realmente significava, desde que visitei o seminário do jovem Jorge em Buenos Aires, porque gostaria de pensar da forma sistemática como os jesuítas me ensinaram e, agora, ensinam meu filho.

Aprendi que a raiz da palavra vem do latim *seminarium*, que significa "viveiro". Depois descobri que a origem mais profunda da palavra vem do latim *semen* que significa "semear".

Essa investigação etimológica, instantaneamente, me ajudou a entender as experiências de Jorge e Bill como padres nascentes. Eles estavam lá apenas para começar o treinamento como sementes de Jesus Cristo e jovens que aprenderiam e cresceriam para virar semeadores férteis da fé, da esperança, do amor e da alegria.

Após se formar na Escuela Industrial nº 12, Bergoglio entrou para o seminário diocesano de Buenos Aires, em março de 1956, com a total intenção de ser um padre de paróquia. O seminário, geralmente chamado de Villa Devoto por causa do bairro onde está localizado, é totalmente diferente do Seminário Santa Maria de Baltimore. Na verdade, ele fica em uma rua arborizada, no meio de um bairro movimentado de Buenos Aires.

Em meados da década de 1950, Villa Devoto tinha um "seminário menor", para jovens estudantes de 12 a 18 anos que tentavam discernir se iam virar padres ou não, e um "seminário maior", para alunos mais velhos, geralmente entre 17 e 27 anos, que tinham acabado o seminário menor ou, como Bergoglio, haviam estudado em outro lugar e descobriram a vocação mais tarde na vida.

O cardeal Sandri, prefeito da Congregação para as Igrejas Orientais, era um aluno de 12 anos matriculado no seminário menor na época em que Bergoglio estudou em Villa Devoto.

Quando perguntei se ele se lembrava de algo sobre Bergoglio, Sandri respondeu em inglês hesitante que Bergoglio era "o prefeito dos alunos mais jovens. Eu lembro mais da atitude dele, da pessoa, de como ele passava por nós e nos observava".

"Ele era ranzinza?", perguntei. "Ou feliz, ou..."

Sandri me interrompeu. "Era muito, muito sério, mas nos o amávamos", ele sorriu calorosamente, e seus olhos brilharam com a lembrança. "Nós amávamos Bergoglio, pois ele era muito próximo de nós."

"Ele acordava vocês de manhã?", perguntei.

"Sim", respondeu ele. "De manhã ele passava pelas nossas camas."

"Então vocês ficavam em um quarto grande?", perguntei.

"Um dormitório grande, imenso", respondeu, dizendo também que cada garoto tinha "apenas uma cama e uma pequena gaveta, um pequeno armário para colocar nossas coisas e uma cadeira".

"Quantos ficavam em um quarto? 20 ou 30 alunos?"

"Ah, mais, mais. Nesse talvez ficassem uns 40. Bergoglio passava em todas as camas às 6h da manhã e nós ficávamos..."

"Ele acordava vocês às 6h da manhã?", interrompi.

"Ele nos chamava tocando um sino. O primeiro que acordava dizia '*Kyrie eleison, Kyrie eleison, Kyrie eleison*', que significa 'Senhor tenha misericórdia' em grego."

"Ele andava dizendo isso? Ou os garotos é que diziam?"

"Quem acordava. O primeiro a levantar dizia." Sandri riu.

"E Bergoglio dizia algo ou só..."

"Bergoglio aprovava tudo isso."

"Ele gritava: 'Levantem, garotos!'?"

"Não, não. Ele não fazia isso, não. Mas se alguém não respeitasse o momento, aí, sim, ele dizia: 'Por favor, por favor, vamos. Por favor, por favor, acorde.'"

Sandri continuou a falar que uma de suas lembranças mais marcantes da rotina diária em Villa Devoto era a prece de despertar seguida pela missa diária.

"Todo dia?", perguntei.

"Todo dia", respondeu ele. "Todo dia. E Bergoglio estava nos seguindo, sim..."

Depois da missa vinha o café da manhã e, em seguida, havia as "'lições'", como ele chamava as aulas. Depois, o almoço. À tarde eles praticavam esportes: futebol ("No futebol eu não era tão brilhante", contou ele, rindo), basquete e vôlei. Apesar do amor de Bergoglio pelo futebol, Sandri não se lembra de vê-lo jogando. Em seguida, eles faziam as lições de casa e iam dormir, "muito cedo".

Sandri também contou que os alunos mais jovens aprendiam matérias da área de humanas: "Latim, grego, literatura grega, Homero, tudo da Grécia Antiga. O seminário maior são três anos de filosofia e quatro de teologia."

Durante seu primeiro ano em Villa Devoto, Bergoglio avaliou a decisão de levar uma vida celibatária e, o que me pareceu mais corajoso, correr o risco da solidão que o celibato pode trazer.

Bergoglio depois contou:

Quando eu era seminarista, fiquei encantado por uma jovem no casamento do meu tio. Fui surpreendido pela beleza dela, pela clareza do seu intelecto [...], e, bom, fiquei com a ideia na cabeça por algum tempo. Quando voltei ao seminário, depois do casamento, não consegui rezar a semana inteira, pois quando eu me preparava para rezar a mulher aparecia em minha mente.

Precisava voltar a pensar no que eu estava fazendo. Eu ainda estava livre, porque era apenas um seminarista, então, poderia ter voltado para casa e dito *até mais*. Tive que pensar novamente em minha escolha. Eu escolhi, mais uma vez, ou me permiti ser escolhido para o caminho religioso. Seria anormal se esse tipo de coisa não acontecesse. Quando isso realmente acontece, é preciso redescobrir o seu lugar. É preciso ver se você vai reafirmar sua escolha ou se diz: "Não, o que estou sentindo é realmente lindo. Tenho medo que mais tarde eu não vá ser fiel ao meu compromisso, preciso sair do seminário."

O que achei interessante na explicação de Bergoglio sobre sua decisão é a lógica implacável. Pode não ser surpreendente, considerando a minha impressão sobre a abordagem geralmente racional que ele tinha em relação à vida, mas ainda acho isso admirável em um aspecto. Bergoglio também era um grande apreciador da literatura, da ópera, de dançar *milonga*, e sua capacidade de pensar tão claramente em termos de "ou isto ou aquilo" em vez de "tanto isto quanto aquilo" mesmo aos 20 anos de idade demonstra não só um autocontrole como algo ainda mais impressionante, uma percepção aguda de que a vida é feita de escolhas, e que essas escolhas implicam em aceitar uma opção e rejeitar outra.

Enquanto andei pela Villa Devoto tentando capturar o entusiasmo e o zelo que Bergoglio certamente sentia, passei a ver o celibato sob uma nova luz. Por toda a minha vida repeli o seminário porque o via como a origem da solidão sacerdotal. Não conseguia imaginar a vida sem os abraços e a companhia de Jeanne, bem como as alegrias e os desafios de criar nossos três filhos, então, minha admiração por qualquer pessoa forte o bastante a ponto de tentar viver sem essas satisfações fundamentais não tem limites.

No entanto, eu passei a ver que o seminário pode ser um lugar vibrante, cheio de jovens padres ansiosos para cuidar do mundo. Entendi que Bergoglio estava bastante ciente de estudar em uma "sementeira", onde era regado e fertilizado, como diz a metáfora, na preparação para servir ao povo de Deus sob os auspícios da Arquidiocese de Buenos Aires. Ele tinha uma ideia dessa fertilidade em desenvolvimento, embora fosse pouco tradicional aos olhos de muitos, que se manifestaria em sua capacidade gigante de propagar a fé por meio da consolação, da cura e da liderança dos fiéis.

Eu me lembro de algo que um padre missionário disse há muitos anos: "Meus paroquianos dão mais abraços que eu jamais poderia ter recebido de uma mulher durante um casamento. Esses abraços me dão uma consolação quase divina."

A decisão de Bergoglio de virar as costas para o amor romântico não deveria ser interpretada do jeito fácil como eu tinha visto, o jeito que a maioria dos não católicos e muitos católicos fazem. O celibato sacerdotal não significa renúncia à intimidade. Depende de como a pessoa define intimidade e o que se espera disso.

Quando andei pelas ruas de Buenos Aires procurando o passado do papa Francisco e buscando seus segredos espirituais, fiquei impressionado com tantos abraços e beijos acontecendo ao meu redor. Havia crianças nos braços dos pais e casais de namorados adolescentes, claro; eles estavam em toda parte nos dias de primavera. Vi homens e mulheres abraçando mães e pais idosos, além de crianças enroladas em cobertores nos braços dos pais. E tudo isso era muito estranho para este americano de ascendência irlandesa que cresceu em uma família amorosa, mas com poucas demonstrações públicas de afeto.

Quando observo o papa Francisco se iluminar quando abraça uma pessoa com déficit cognitivo ou uma criança, quando vejo a alegria em seu rosto quando celebra os casamentos de 20 casais na Basílica de São Pedro no Vaticano, incluindo alguns que viviam juntos antes do casamento e um que teve um filho fora do matrimônio, eu penso nas ruas de Buenos Aires e na decisão tomada por Bergoglio de renunciar à busca da garota bonita e inteligente no casamento e voltar para o seminário. Esse homem tem como base a intimidade, sua cultura argentina, seus amigos e, especialmente, sua espiritualidade, e ele sabia que teria o bastante disso, foi sábio o suficiente para saber disso já aos 20 anos. Ao renunciar à atividade sexual, ele foi capaz de aceitar uma intimidade mais ampla.

8 Doença

Em agosto de 1957, uma inflamação na mucosa dos pulmões de Bergoglio piorou mesmo após ter recebido uma grande dosagem de antibióticos. Ele foi levado às pressas para o Hospital Sírio-libanês perto de Villa Devoto, onde cirurgiões removeram três cistos pulmonares e parte superior do pulmão direito. Ele passou cinco dias em uma tenda de oxigênio e depois teve um mês brutal de dolorosa recuperação, durante o qual médicos bombeavam solução salina em seu peito para lavar os tecidos mortos da mucosa pulmonar.

É difícil imaginar o robusto papa Francisco de hoje em um estado angustiado e febril quando jovem, mas o Dr. Fabian Garcia, que se especializou em medicina interna em Buenos Aires, consegue descrever a cena:

A primeira coisa que você precisa saber é que o Hospital Sírio-libanês, originalmente, começou como centro de assistência, onde imigrantes sem dinheiro ou lugar para ir podiam encontrar abrigo. Ele foi transformado em hospital uns 30 anos antes de Bergoglio ir para lá. Era um hospital público de classe média na época, e continua sendo, então, ele não estava no melhor hospital de Buenos Aires. Vi muitos pacientes mais velhos hoje com a mesma radiologia do papa Francisco, e eles tinham tuberculose. O diagnóstico e o tratamento dessa doença eram comuns na época, mas vários médicos não chamavam de tuberculose. E o que ele teve, definitivamente, não era comum para um jovem saudável de 20 anos; ele foi informado de que estava perto da morte. Essa era uma causa comum de morte naquela época.

Eu perguntei se a doença era dolorosa.

Havia medicação, mas, naquela época, os pacientes que reclamavam eram tratados com desprezo pelos médicos. Foi só nos últimos dez a 15 anos que os médicos na Argentina se concentraram em gerenciar a dor. O gerenciamento da dor é uma abordagem nova em nosso país.

Os comentários de Garcia são particularmente reveladores quando se ouve o papa Francisco falar de sua doença. Segundo ele, uma enfermeira que triplicou sua dose de remédios salvou sua vida, pois "era corajosamente astuta. Ela sabia o que fazer porque estava com gente doente o dia inteiro". O médico, de acordo com o papa Francisco, "vivia no laboratório", enquanto a enfermeira "vivia no limiar da coisa e dialogava com isso todos os dias".

É notável que o papa Francisco tenha dito que a enfermeira "vivia no limiar". Esta é uma imagem usada pelos jesuítas para descrever o próprio trabalho. Aos 20 anos, ele conhecia bem os jesuítas, porque, mesmo que Villa Devoto fosse um seminário diocesano, os jesuítas o comandavam desde sua fundação, em 29 de março de 1623.

"Não é incomum que isso aconteça", explica o padre Hernán Paredes, jesuíta e ex-aluno do papa Francisco. "A maioria dos católicos sabe que os jesuítas se especializam em educação, e os administradores de Villa Devoto certamente queriam os jesuítas comandando o lugar devido a suas habilidades pedagógicas."

Os jesuítas gerenciaram Villa Devoto até 1960, a não ser pelo período em que foram suprimidos, no fim do século XVIII. Bergoglio entraria na Ordem dos Jesuítas em 1958. Deitado na cama do hospital dia após dia, talvez ele soubesse que estava imitando, pelos caprichos da vida, o fundador da ordem religiosa na qual estava prestes a entrar.

Enquanto Inácio se recuperava dos ferimentos de batalha, ele leu livros sobre a vida dos santos e de Cristo. De acordo com padre John O'Malley em seu livro *Os primeiros jesuítas*, ele foi atraído por *Imitação de Cristo* devido "ao chamado para dentro, para a reflexão e o autoconhecimento [...]. Imitação* tinha por objetivo falar ao coração e do coração".

A conversão de Inácio transformaria a Igreja Católica com a criação da Ordem dos Jesuítas e apresentaria ao mundo o que é comumente chamado de espiritualidade inaciana. A ideia de movimento em Inácio, de sentir todo o seu ser passando de um estado egoísta e sofredor para um estado novo e mais alegre, sempre me pareceu a parte mais notável da história quando a ouvia na escola jesuíta durante o ensino médio ou na faculdade jesuíta. A ideia de uma pessoa sentindo um movimento interno na direção de Deus, a sensação quase física dele, era do que eu mais gostava.

Minha primeira experiência com a espiritualidade inaciana aconteceu na Holy Cross, com um velho jesuíta chamado padre Joseph LaBran, cujo sotaque de Boston era o mais forte que eu tinha ouvido na vida. LaBran andava pelo campus com chapéu de caubói e um porrete nas mãos. À noite, ele ia ao salão dos estudantes, sentava-se perto dos alunos e falava. Quando me via, com seus olhos azuis cintilando, ele gritava: "Shriiiiver!"

LaBran arrastava certas vogais com o sotaque de Boston pelo que pareciam minutos. "Você vem para o reeetiiiro esse mês?"

Antes que eu pudesse responder, ele disparava: "Seeeem descuuuulpas desta vez, joooovem, você teeeem que vir!"

Eu finalmente atendi ao convite, durante a pausa de Natal no meu segundo ano, e foram os melhores cinco dias da minha experiência de faculdade. Ficamos em um maravilhoso centro de retiro em Narragansett, Rhode Island. Após dar as boas-vindas a todos, LaBran fez uma palestra de cinco minutos e depois nos mandou embora, em silêncio, para pensar no que ele havia falado.

Voltamos a nos reunir algumas horas depois.

Mais uma vez, LaBran falou por um curto período de tempo, depois pediu para que nos retirássemos e pensássemos em suas palavras. Essa rotina de uma palestra curta de LaBran, na qual ele recitava um poema, uma prece ou um pequeno texto, preencheu nossos dias e nossas noites. Não tínhamos permissão de falar durante o retiro, e o silêncio era observado também nas refeições, mas éramos estimulados a encontrar LaBran ou um dos outros padres no retiro, caso nos sentíssemos tocados.

Com dois dias de retiro, finalmente procurei LaBran. Eu me sentia em paz, mas confuso em relação ao futuro.

LaBran deu um sorriso largo, com os olhos brilhando ainda mais que o usual.

"*Yahweeeeh!*", gritou ele. A palavra do Velho Testamento para Deus ficava em seus lábios por uns bons dez segundos. "*Yahweh* está atuando em você!". Ele estava mais empolgado do que nunca.

"Volte e ouça *Yahweh*, tente ouvir o que Deus está dizendo, Mark. *Yahweh* está em tudo e em todos. Tente discernir a voz de Yahweh!"

Só isso? É tudo o que você vai me dizer, padre?

Ele levantou as mãos, agora com os punhos cerrados:

"Shriiiiverrrr", gritou ele, "você tem que discernir a voz de *Yahweh!*"

Ele sacudiu os punhos cerrados e sorriu. Eu me levantei e fui dar uma volta.

O que significa "Discernir a voz de Yahweh?". Como se faz isso?

Pensando em meu período com os jesuítas, imagino três conceitos fundamentais que melhor definem a maioria dos jesuítas que conheci e, tenho um palpite, também definem Francisco.

O primeiro é a ideia de formação, o longo período de estudo e treinamento que exige da maioria dos jesuítas um mínimo de 11 anos antes de serem finalmente ordenados. Para fins de comparação, um padre diocesano vai ao seminário por quatro anos após se formar na faculdade. Se tiver entrado assim que saiu do ensino médio, ele frequenta o seminário por oito anos, antes de se tornar padre.

O segundo é a ideia de comunidade, personificada nos pequenos vilarejos onde todos os jesuítas vivem lado a lado com outros colegas, seja em missões no Terceiro Mundo, em comunidades universitárias nos Estados Unidos ou em centros onde eles praticam o retiro espiritual de Inácio, os Exercícios Espirituais. Esses centros não são monastérios nem lares diocesanos, onde muitos padres moram sozinhos ou com um ou dois outros padres. As comunidades jesuítas são ativas, lugares frenéticos, onde ideias, discordâncias e conquistas são combinadas, medidas e refinadas.

Contudo, é a terceira principal característica dos jesuítas que mais se aplica à doença de Bergoglio e sua decisão de deixar o seminário diocesano para seguir o caminho jesuíta. É o discernimento que LaBran me implorava fazer quando eu tinha 21 anos. Nas palavras do padre jesuíta Mark Thibodeaux, discernimento é "a forma inaciana de descobrir a vontade de Deus". Isso significa que a melhor rota para determinar a vontade de Deus não é sair pelo mundo e procurar, e sim pesquisar profundamente em si mesmo e ouvir Deus lá dentro. Thibodeaux chama isso de "voz interior de Deus", e ouvi-la exige muita prática e paciência.

No livro *God's Voice Within*, Thibodeaux escreve:

Inácio era um entusiasmado estudante da natureza humana, um mestre espiritual querido e excelente tomador de decisões. Por meio da própria experiência (tanto na vida diária quanto nas preces), ele entendeu uma verdade importante: Deus deseja que tomemos boas decisões, e nos ajuda a fazer isso. Tudo o que precisamos fazer, além de ter boas intenções, é não confiar em nossa razão (literalmente), dada por Deus, e sim prestar atenção aos movimentos do nosso coração, que também foi dado por Deus.

Todos nós enfrentamos uma série de decisões críticas diariamente em nossa vida e de tempos em tempos, provavelmente, enfrentamos um desafio tão grande quanto o de Bergoglio durante a doença. Acredito que por meio da dor de sua doença, Bergoglio sentiu esse movimento do coração, e isso o levou a um caminho que parecia excluí-lo de ser papa, pois nenhum jesuíta tinha sido papa. A ironia é que o próprio processo utilizado para tomar a decisão de sair de Villa Devoto, renunciar à ideia de virar um padre diocesano e entrar na Ordem dos Jesuítas, esse discernimento inaciano, foi tanto causa quanto resultado da decisão. Durante sua busca da voz interior de Deus, Bergoglio, certamente, percebeu que estava passando pelo processo inaciano de discernimento. Ele trocou um pelo outro, porque a espiritualidade interior daquela nova vida o levou até lá.

O grande resultado dessa conversão de leito de hospital (não acho que a expressão seja um exagero, embora seja difícil comparar a experiência de alguém à de santo Inácio) se desenrolaria pelos próximos 50 anos ou mais. O relacionamento de Bergoglio com a Ordem dos Jesuítas teria muitos altos e baixos, mas a primeira etapa da jornada era uma viagem para o interior, tanto da Argentina quanto da própria alma.

9 O noviço

Quando eu tinha 21 anos e começava o segundo ano na College of the Holy Cross, morei com nove caras no que era chamado de "triplo deck", uma casa com três apartamentos separados, um em cima do outro. Um dos colegas com quem dividíamos a casa era um rapaz chamado Tim Royston, que eu conhecia desde o segundo ano do ensino médio.

Tim fazia parte programa do Corpo de Treinamento de Oficiais de Reserva da Marinha na Holy Cross. Após o segundo ano, ele optou ser fuzileiro, que envolvia treinamento extra e o preparava para virar segundo-tenente no Corpo dos Fuzileiros Navais após a formatura. Ele acabou virando piloto de caça F-18.

Quando morávamos com Tim, durante o segundo ano, a rotina dele surpreendeu a todos nós. O restante do grupo e eu costumávamos ficar acordados até tarde, levantar tarde e ser desorganizados. Mas Tim era diferente.

Os fuzileiros o treinaram para ser muito bem-organizado e extremamente disciplinado. Suas roupas estavam devidamente limpas e dobradas nas gavetas. Ele até colocava as iniciais nela, com medo de que nós "pegássemos emprestadas". E ele estava certo, nós fazíamos muito isso. A escrivaninha dele era impecável, os livros estavam sempre no lugar certo, assim como as canetas e o papel. E Tim fazia treinamento físico às 6h30 três vezes por semana, sem falta. Mês sim, mês não, ele fazia exercícios de campo por um dia e meio, o que o levava a acordar às 5h da manhã do sábado e só voltar no domingo à tarde. Quando eu acordava aos sábados, na maior parte das vezes à tarde, Tim já havia trabalhado arduamente o dia inteiro.

Levou algum tempo para eu perceber, mas os Fuzileiros estavam mudando a abordagem de Tim em relação à escola e ao trabalho (à vida, na verdade), e essa mudança foi fundamental. Tim não só estava cumprindo as etapas para conseguir a bolsa na faculdade. O corpo dele estava mudando, sua figura de 1,70m de altura estava ficando mais sólida, o cabelo, agora, era cortado "alto e curto", nunca passando da máquina dois no alto da cabeça. À medida que sua rotina mudava, o pensamento acompanhava. Ele ainda jogava rúgbi, ria e se divertia, mas estava virando um fuzileiro completo, e sabia que a guerra e a morte eram possibilidades reais.

Os jesuítas há muito tempo são chamados de exército de Deus ou soldados de Deus, por estarem dispostos a ir a qualquer lugar, a qualquer momento, pelo Senhor. Vários jesuítas me contaram que os integrantes da ordem são treinados para ter "um pé na rua e a mala pronta", ou seja, estar preparados para se mudar quando o chamado ocorrer. Essa disposição de ir "a qualquer fronteira" era a visão de santo Inácio, que fundou a Companhia de Jesus em 1540, uma época em que a imensidão e variedade do mundo estavam começando a ser percebidas. Navios cruzavam os mares, novas terras e povos eram descobertos, uma classe de mercadores estava crescendo e vivificando cidades, o Renascimento revigorava o aprendizado e os movimentos de reforma dentro da Igreja Católica se delineavam. Esses momentos exigiam um novo tipo de ordem religiosa, com maior mobilidade, e Inácio ofereceu ao povo de seu tempo uma espiritualidade prática, de pé no chão, que estava aberta a todos, encontrando as pessoas onde elas estavam e comprometendo-se a abordar necessidades inéditas. Inácio queria ver os jesuítas envolvidos nas atividades normais, não em um monastério, e sim nas estradas. Eles seriam "contemplativos em ação", como diziam os primeiros jesuítas, monges no meio do novo mundo que começou com Colombo e outros exploradores e seguiu pelo Renascimento.

"Acabei entrando na Companhia de Jesus", disse Bergoglio a seus biógrafos, "porque estava atraído pela posição deles na linha de frente da Igreja com base na obediência e na disciplina, para colocar em termos militares. Era também devido ao foco no trabalho missionário. Depois tive vontade de virar missionário no Japão, onde os jesuítas fizeram trabalhos importantes por muitos anos, mas, devido aos problemas graves de saúde que tive desde a juventude, não pude fazer isso."

O compromisso dos jesuítas com a obediência, a disciplina e o trabalho missionário atraiu Bergoglio, mas havia outro elemento: a comunidade. Embora a ordem também seja conhecida como Sociedade de Jesus, o nome original é Companhia de Jesus, onde o termo "companhia" significa companheiros. Para os jesuítas, essa "companhia" significa um grupo de amigos vivendo e trabalhando juntos, servindo a Cristo e seu povo. Esse sentido de união claramente atraía Bergoglio. Em uma entrevista dada em setembro de 2013 à revista *America*, ele explicou: "Eu sempre procurei uma comunidade, pois não me via como padre sozinho. Preciso de uma comunidade. E você pode dizer isso pelo fato de eu estar aqui em Santa Marta [a casa de hospedes do Vaticano]... Não consigo viver sem pessoas. Preciso viver minha vida com os outros."

Em 1958, quando Bergoglio e seus pais se aproximaram do imponente prédio jesuíta cercado de campos vazios na periferia de Córdoba, chamado Noviciado, eles certamente sabiam da reputação dos jesuítas. Como noviço jesuíta, Bergoglio estava se comprometendo com os primeiros dois anos de um processo de formação que duraria pelo menos mais uma década para moldar a mente e o espírito. Porém, a realidade mais profunda era que ele havia começado uma vida nova, juntando-se ao equivalente religioso dos fuzileiros e, ao fazer isso, terminou abruptamente sua juventude.

Noviços jesuítas sabiam que Inácio desejava que seus seguidores fossem disciplinados em termos mentais e espirituais. Eles precisavam se basear em suas tradições, ser capazes de pensar por conta própria e estar prontos para se adaptar a novas situações. Esse processo começava no noviciado, sob a tutela de um mestre de noviços. Em uma tradição de séculos, a rotina invariável composta por preces, estudos, tarefas de casa, ministério local e vida em comunidade era fundamental para a formação do noviço jesuíta.

Crucial para o noviciado é o retiro de 30 dias, quase todo feito em silêncio, com base nos Exercícios Espirituais de Santo Inácio, que acontece depois de seis meses. Os Exercícios Espirituais são exclusivos da Ordem dos Jesuítas e distinguem um jesuíta de um dominicano, franciscano ou de um padre diocesano. Guiado pelo mestre de noviços ou outro diretor espiritual, o noviço exercita a alma na forma de um campo de treinamento espiritual. Enquanto confronta a realidade de suas forças e limitações, ajusta contas com o passado e conecta-se com seus desejos para o futuro, o noviço jesuíta descobre como Deus o chama para viver a vida.

Se tudo desse certo, ao final de dois anos, Bergoglio faria os votos de pobreza, castidade e obediência e depois viraria um "escolástico" ou aluno e entrava na próxima fase da formação, o juniorado. Feito para jovens que entram para os jesuítas sem educação universitária, o juniorado geralmente é de dois ou três anos de estudos, concentrados na área de humanas.

Após o juniorado, o escolástico passa por três anos de estudos de filosofia e, depois, é mandado para trabalhar em um ministério jesuíta, geralmente em uma escola de ensino médio jesuíta, para aprender a equilibrar preces, estudo e trabalho, como qualquer jesuíta formado. Após esse período de ministério no "mundo real", o escolástico pede permissão para estudar teologia por mais três anos e se preparar para a ordenação. Durante os estudos de teologia, mais de sete anos após ter entrado no noviciado, Bergoglio pediria ao provincial jesuíta para ser ordenado padre. Embora o bispo local tome a decisão final sobre a ordenação, ele geralmente aceita o julgamento do provincial jesuíta. Se a resposta fosse sim, Bergoglio seria ordenado padre e depois mandado para algum lugar.

Talvez fosse para obter um título de Ph.D., dar aulas ou trabalhar em uma paróquia. Seja qual fosse a missão, após alguns anos como padre, Bergoglio entraria na terceira provação. A terceira provação é incrivelmente semelhante ao noviciado, pois o jesuíta, mais sábio e mais velho, estuda os documentos fundadores dos jesuítas, vive em comunidade, trabalha com os pobres e faz outros 30 dias de retiro quase totalmente silencioso.

No fim da terceira provação, que geralmente dura uns nove meses, o jesuíta faz os votos finais. Alguns, mas não todos, os jesuítas são chamados para fazer um quarto juramento adicional prescrito por Inácio, um voto de obediência ao papa no que diz respeito a missões. No tempo de Inácio, esse voto significava que o papa poderia, literalmente, mandar um jesuíta a outras terras como missionário. Hoje, o papa confia no quarto voto para "missões" dos jesuítas relacionadas a necessidades urgentes, como revitalizar a Igreja no Leste Europeu após a queda do Muro de Berlim ou liderar institutos de ensino superior pelo mundo. Seja qual for a necessidade, onde quer que seja, os jesuítas estarão presentes. O quarto voto, que também permite ao jesuíta assumir posições de liderança na ordem, é um lembrete da vocação da ordem para a disponibilidade, de ter um pé na rua, ou seja, estar pronto para ir à próxima fronteira onde for mais necessário.

Com um caminho tão rigoroso e prolongado pela frente para o filho, não surpreende que Regina tenha chorado incontrolavelmente quando se despediu dele no dia 28 de março de 1958. Claro que Bergoglio e seus pais sabiam que, dado o regime semelhante ao militar dos jesuítas, ele não estava apenas chegando à idade adulta, estava se inscrevendo em uma ordem para a qual se entregava por completo. Bergoglio estava entrando em outra família, e Regina, sem dúvida percebeu isso em seu cerne, e, consequentemente, chorou, como muitas mães ao verem o filho ultrapassar o limiar de uma nova fase da vida que revoga permanentemente a anterior.

Bergoglio e seus superiores diriam que ele estava se sujeitando à vontade de Deus pelo resto da vida. Sim, era verdade, mas a vontade de Deus seria vivida em uma comunidade de homens e mediada por homens. Isso é fundamental para os jesuítas; eles fazem os votos em uma comunidade, dividem bens, vivem e rezam juntos, além de trabalharem em um ministério comum. E uma vez feito o voto de obediência, Bergoglio teria que pedir permissão para tudo: continuar os estudos, tirar férias e viajar. Esses homens estavam prestes a treiná-lo, discipliná-lo, moldá-lo e enviá-lo a todos os cantos do continente ou do mundo.

Quando fui a Córdoba, para o "interior", como dizem os argentinos, eu tinha passado apenas algumas semanas em Buenos Aires, e foi uma mudança brusca, tanto geográfica quanto de estilo. Dadas as diferenças geográficas no clima operário de Córdoba, especialmente quando comparadas ao estilo cosmopolita de Buenos Aires, imaginei Bergoglio, que nunca tinha ido a Córdoba, tendo uma sensação igualmente chocante.

Mas Bergoglio também deve ter se sentido como se fizesse uma jornada a uma das capitais intelectuais da América Latina. Por séculos, Córdoba prosperou como centro de aprendizado, vida intelectual e acadêmica. A primeira universidade da Argentina e quarta mais antiga da América do Sul, a Universidade Nacional de Córdoba, foi fundada em 1613. Hoje, a cidade tem seis universidades e várias escolas pós-ensino médio na qual estudam alunos de toda a Argentina, além dos países vizinhos.

"Ao longo da história argentina, Córdoba sempre teve a reputação de lugar para pensadores e escritores", diz padre Miguel Petty, jesuíta e contemporâneo de Bergoglio que estudou na Inglaterra por três anos. Nascido na Argentina, Petty é um homem alto, com presença imponente, cabelo grisalho, sorriso acolhedor e forte sotaque britânico. Ele começou o noviciado jesuíta em Córdoba em 1951, quando tinha 18 anos.

"Não acho que a Ordem dos Jesuítas manteve seu noviciado lá por acaso. O local ficava afastado da agitação de Córdoba pela distância, mas não filosoficamente."

Petty descreveu vividamente o prédio e seu funcionamento interno:

O prédio do Noviciado Jesuíta era austero e desolador por fora, com muros de tijolos grossos que não tinham o típico gesso argentino. A casa era composta de dois claustros: na frente ficava o juniorado e, nos fundos, o noviciado. O noviciado tinha a forma de um claustro, com três garotos em cada quarto e cortinas separando cubículos para cada um. No jardim do claustro do noviciado havia quatro palmeiras adoráveis. Para tomar banho de manhã cedo eles tinham que percorrer 100 metros até a grande sala dos chuveiros e depois fazer o caminho de volta, independente do clima. Tínhamos que descer um andar para o imenso refeitório, onde os juniores sentavam-se de um lado e os noviços, do outro. No meio da sala havia um púlpito, onde eram feitas as leituras durante as refeições.

Além dessa formação de mente, coração e alma enraizados nos Exercícios Espirituais, Bergoglio teve uma vida que poucos, talvez apenas os militares, podem entender totalmente. O controle do seu tempo refletia a natureza marcial da ordem como um todo. Cada dia no noviciado era estruturado ao redor de períodos de prece, tanto sozinho quanto com os outros noviços. Quando não estava rezando, Bergoglio lia vários clássicos espirituais e ia a palestras sobre a história dos jesuítas, a base fundadora que prescreve seu modo de vida e seus ideais de pobreza, castidade e obediência.

Adicione a esse regime reuniões com o mestre de noviços para discutir a vida e o discernimento espiritual, trabalhos manuais na casa e visitas à comunidade ao redor para realizar trabalhos em hospitais, escolas e lares e temos dois anos de intenso teste da determinação espiritual de um jovem.

Uma análise do dia de Bergoglio pode ser útil para a imaginação. Conforme endossado por Javiér Cámara e Sebastián Pfaffen em seu belo livro sobre o papel que Córdoba teve na vida e na formação do papa Francisco, o dia dele era assim:

6h   Levantar ao som de um sino, ajoelhar-se à beira
da cama e rezar imediatamente o *Te Deum* (hino

tradicional católico de louvor) em latim. Lavar-se e vestir-se.

7h   Correr para a capela em silêncio e fazer a oração comunal.

7h30 Missa matinal em latim, com o padre celebrante de costas para os noviços, como era o costume antes das reformas do Concílio Vaticano II.

8h15 Café da manhã em silêncio, seguido por uma hora de trabalho manual. Bergoglio lia a tarefa que lhe era designada (limpar banheiros, lavar pratos etc.) em um quadro-negro no refeitório. O resto da manhã seria gasto em aulas de latim, grego e oratória.

12h   O primeiro Examen, uma prece de discernimento.

13h   Almoço. Bergoglio, ou um dos colegas, lia uma lição espiritual ou passagem da história dos jesuítas em voz alta enquanto o restante dos noviços e padres ouvia e comia em silêncio. Às segundas, quartas e sextas-feiras, para enfatizar ou inculcar o voto de pobreza, alguns noviços não eram servidos e precisavam implorar comida dos outros.

14h   Breve sessão de orações na capela, seguida por 15 minutos de recreação no jardim. Esses eram os únicos minutos do dia em que Bergoglio e os colegas tinham permissão para falar espanhol. Mesmo essa atividade era regulamentada: os jovens tinham que andar em grupos de três, com um grupo encarando o outro, de modo que um dos grupos sempre tinha que andar para trás!

14h30 Meia hora para um cochilo.

15h   Oração comunal seguida por duas horas de aula sobre a Ordem dos Jesuítas, além da história dos jesuítas e da Igreja.

17h   Lanche.

17h30 Futebol ou basquete duas ou três vezes por semana, seguido por um banho frio, uma hora de leitura espiritual, 30 minutos de preces e 15 minutos para encontros particulares com o mestre de noviços ou outros integrantes da equipe.

20h   Jantar, que sempre incluía uma sopa que os noviços ajudavam a servir. Bergoglio, ou um colega, praticava a habilidade retórica para o grupo, enquanto os outros comiam em silêncio. Após o jantar, vinha outro breve período de recreação, durante o qual os noviços conversavam nos corredores.

21h30 Segundo Examen e uma última visita à capela, para a prece final.

22h   Dormir.

Mais que um lugar, o noviciado é um estado mental, além de ser uma passagem espiritual e psicológica para se transformar em jesuíta. E o orquestrador disso tudo, um misto de sargento, professor, mentor e irmão, seria o mestre de noviços, um padre jesuíta chamado Francisco Zaragozí.

Petty entrou no noviciado nessa época e fica melancólico ao refletir sobre quem era Zaragozí e o que o mestre significou para ele:

Fisicamente, ele era baixo, com a saúde nem sempre boa. Ele media as palavras com muito cuidado. Quando tínhamos que nos reportar a ele, Zaragozí falava muito pouco, mas o que dizia era imensamente importante para nós, que o amávamos muito. Tínhamos grande confiança na avaliação que ele fazia de nós, e quando ele disse, ao fim do segundo ano, que podíamos fazer os primeiros votos, sentimos que nossa vocação estava garantida.

Ele era um homem muito austero. Precisava ter muito cuidado com a dieta, mas era divertido quando se sentava para conversar conosco. Ele nos levava até as colinas para cavar buracos no chão, às vezes até na rocha nua, para plantar pinheiros. Era um trabalho duro, nas manhãs frias, mas nós adorávamos. Eu lembro que Zaragozí me mandou trabalhar em uma cervejaria, e meu trabalho era colar os rótulos nas garrafas. Ninguém devia saber que éramos noviços, mas acho que a maioria das pessoas sabia. Ele tinha um bordão: *está claro*, que significava que tinha tudo sob controle.

Mas Zaragozí quase não foi o mestre de noviços de Bergoglio. É inquietante pensar como a trajetória de Bergoglio poderia ter sido diferente se isso não tivesse acontecido. Em uma rara admissão negativa do papa Francisco, sabemos que o mestre de noviços quando ele chegou, padre Cándido Gaviña, não era seu favorito:

> Gaviña era um homem muito reservado, sério, bom e diplomático, mas eu não me dei muito bem com ele. Além disso, em um momento posterior, ele até sugeriu que eu pensasse em abandonar o noviciado. Lembro que em uma ocasião eu disse que não podia tolerar o modo de ele ser. Gaviña era muito colombiano em seus hábitos, e eu, muito direto, é por isso que não nos entendíamos muito bem.

Petty explicou essa afirmação: "Para os argentinos, os colombianos parecem muito formais, quase pomposos. E essa natureza formal significa que Gaviña geralmente era evasivo."

A franqueza da afirmação de Bergoglio é chocante, assim como o fato de o mestre de noviços de Bergoglio ter sugerido que ele abrisse mão de suas aspirações jesuíticas.

Em julho de 1958, portanto, apenas quatro meses após ter começado o noviciado, Bergoglio teve o primeiro contato com a transferência súbita de cargo exigida pelos jesuítas, quando Gaviña passou a ser provincial da Argentina e foi substituído pelo mais afável e espiritual Zaragozí. Essa mudança, sem dúvida, afetou a vida de Bergoglio, como as outras ironias do destino que ele vivenciaria. Zaragozí seria responsável por lhe ensinar o modo de vida inaciano, direcionaria Bergoglio para os Exercícios Espirituais de Inácio e daria o treinamento e as informações espirituais que o futuro papa absorveu quando jovem e depois usou para transformar a si mesmo e, posteriormente, a sua Igreja.

"Bergoglio sempre falava sobre o impacto causado por Zaragozí", lembra o padre Paredes, ex-aluno de Bergoglio. "Ele nos contava histórias sobre o quanto Zaragozí era devoto e rezava com muita sinceridade e pureza. Nós sabíamos que Zaragozí tinha despertado em Bergoglio não só o hábito como a fúria pela oração que ele tem até hoje. Nunca encontrei um homem que rezasse tanto e tão profundamente quanto Bergoglio. Quando ele nos disse que nem chegava perto de Zaragozí, então eu só podia imaginar o quanto Zaragozí era pio e que exemplo ele deu para os noviços na época."

"Pio" é uma palavra complicada. Hoje, quando você ouve alguém ser chamado de pio, o adjetivo implica esnobismo, uma abordagem um tanto hipócrita. Mas a raiz está em *pietas*, palavra latina para obediência. Bergoglio aprendeu o ritual e a rotina de oração com a avó, alimentou a prática com os salesianos e, depois, Zaragozí e os jesuítas a refinaram. O "hábito" e a "fúria pela oração" indicam que tanto o mestre de noviços quanto o noviço viam a prece como um dever bem-vindo que dava sentido à vida cotidiana.

Meu amigo, padre Kevin O'Brien, reitor da Escola Jesuíta de Teologia na Universidade Santa Clara, explicou que comparar a relação entre um noviço e um mestre de noviços à que existe entre um paciente e um psicoterapeuta é uma analogia comum, porém falsa, para o diretor espiritual inaciano:

> Na terapia, o psicólogo ou psicoterapeuta, geralmente, tem uma abordagem ativa ao cuidar da saúde mental e emocional da pessoa. Na tradição jesuíta, o papel do diretor espiritual (não se usa mais o nome mestre de noviços hoje em dia e eles podem ser homens ou mulheres) é ajudá-la a ficar mais perto de Deus, tendo o cuidado para não interferir nesse relacionamento primário. O foco está na vida espiritual e religiosa da pessoa, mas, como a fé é afetada e vivida em todos os aspectos da vida, eles podem discutir como a vida sentimental, os relacionamentos, os compromissos no trabalho e na escola e os objetivos intelectuais ajudam ou atrapalham a vida espiritual. Todo bom diretor espiritual conhece seus limites e consulta outros profissionais

quando as questões entram profundamente na saúde mental e emocional.

"Todo bom diretor espiritual também sabe que a formação não é uma linha de montagem", continua O'Brien.

Claro que há uma moldagem, você deixa a antiga vida e é apresentado a uma nova, e isso exige receber a cultura de um novo modo de vida, com outros homens, em uma nova comunidade, com base em uma tradição de séculos. Você precisa aprender a estrutura, a rotina diária e a convivência em irmandade, mas a adaptação é fundamental na vida jesuíta. Tentando seguir a liderança de Deus, o diretor espiritual sabe quando se ater às regras e quando ser flexível, especialmente com um grupo de noviços de históricos e idades bem diferentes. Ele precisa ter boa intuição e julgamento ou, em linguagem jesuítica, precisa ter uma abordagem com muito discernimento.

Se Zaragozí fez a moldagem constante da mente e do espírito de Bergoglio em Córdoba, então a aparição de outro homem, ainda que breve, provocaria um choque de eletricidade divina em Bergoglio e seus colegas noviços. Em 1956, o ícone Pedro Arrupe, que viraria superior-geral da Ordem dos Jesuítas globalmente em 1965, visitou os noviciados em Córdoba.

Mesmo sem ter obtido a fama internacional que acumularia como superior-geral, Arrupe já desfrutara de uma reputação incrível na Ordem dos Jesuítas. Ele morava e trabalhava no Japão antes do ataque a Pearl Harbor, e tinha sido preso logo depois, mantido em solitária por 33 dias. Em 6 de agosto de 1945, ele estava em Nagatsuka, pouco depois de Hiroshima, onde era mestre de noviços, quando a bomba atômica foi detonada. Ele transformou o noviciado em hospital temporário, cuidando de mais de 150 vítimas. Em 1958, os jesuítas transformaram o Japão em paróquia e nomearam Arrupe como primeiro provincial. Sua coragem e devoção missionárias inspirariam milhões e fariam dele um dos mais famosos jesuítas na história.

Arrupe personificou o ideal jesuíta do padre como fronteiriço. Se, como alguns teólogos afirmam, Jesus Cristo foi o segundo Adão, então Arrupe foi o segundo Inácio, seguindo a visão do original e expandindo-a para o mundo moderno. Arrupe, que quase terminou a formação em medicina antes de entrar para os jesuítas, personificava o ideal de Inácio: era um "contemplativo em ação". Arrupe era cuidadoso e carismático, leal às suas origens bascas, mas global em suas convicções políticas e espirituais; um líder dedicado, além de padre e pastor inspirador.

Sabemos que Arrupe deu uma palestra para os noviços, e Bergoglio saiu daquela palestra com vontade de ir ao Japão para ser ministro. Tendo falado com muitos amigos de Bergoglio, acredito que Bergoglio viu claramente naquele dia em Córdoba não só a vida que queria ter como o homem em que desejava se transformar. Tenho a sensação que ele ouviu palavras como estas, uma prece atribuída a Arrupe, e as devorou com todo o coração, cabeça e alma:

> Nada é mais prático que encontrar Deus, isto é, se apaixonar de modo absoluto e definitivo. O que apaixona você e captura sua imaginação, afetará tudo. Decidirá o que vai tirá-lo da cama de manhã, o que você fará com suas noites, como passará seus fins de semana, o que lê, quem você conhece, o que parte seu coração e o que o impressiona com alegria e gratidão. Apaixone-se, continue apaixonado, e isso decidirá tudo.

Como jovem noviço, Jorge Mario Bergoglio estava dando os primeiros passos para entender a fé e o amor descritos na prece de Arrupe. Hoje, quando leio essa prece, ouço a voz de Bergoglio, mas, como veremos, levaria anos para que Bergoglio a encarnasse completamente. Ele subiria na hierarquia jesuíta com impressionante rapidez e teria vários encontros com Arrupe. Mas o próximo passo da jornada para o jovem noviço seria envolver sua alma na mais jesuíta das buscas, os Exercícios Espirituais.

10 Os Exercícios Espirituais

Seis meses depois de ter chegado a Córdoba e, agora, sob a tutela firme de Zaragozí, Bergoglio fez uma jornada interior de 30 dias em busca da voz de Deus: os Exercícios Espirituais.

Os Exercícios Espirituais não são como outros clássicos espirituais conhecidos que inspiram por meio da leitura. Na verdade, é uma espécie de livro de receitas ou manual de instruções para a alma. Uma coleção de preces e percepções, algumas baseadas nas Escrituras, outras, imaginadas por Inácio, os exercícios foram escritos em vários meses de preces intensivas e disciplina espiritual. O conteúdo não é totalmente novo, pois Inácio se baseia em tradições familiares de sua época. O singular é como ele junta tudo, trazendo essas tradições à vida de modo tão cativante que as pessoas ainda fazem os Exercícios Espirituais quase 500 anos após sua criação.

Os Exercícios devem ser vivenciados mais do que lidos, e eles mudaram a vida de muitos. Vários jesuítas me contaram que os Exercícios Espirituais não dizem respeito à modificação de comportamento, e sim ao desenvolvimento de um profundo e sincero compromisso com Deus. A melhor descrição dos Exercícios Espirituais vem do próprio Inácio, que definiu seu objetivo como "a conquista do eu e da regulação da vida de modo que nenhuma decisão seja tomada sob a influência de qualquer vínculo desmedido". Os Exercícios Espirituais fornecem uma estrutura que facilita uma conversa constante com Deus, de modo que a pessoa seja mais capaz de discernir a vontade Dele.

"Os Exercícios exigem que a pessoa se envolva totalmente. Eles se baseiam na memória e na imaginação, na mente e no coração. O jesuíta, ou qualquer pessoa que faça os Exercícios, deve pensar e sentir o caminho através deles", explicou o padre O'Brien. Esse equilíbrio entre intelecto e emoção talvez constitua o êxito definitivo de Inácio. Na visão dele, essas são as duas formas de abordar Deus, e ambas são aceitas pelos Exercícios. Além disso, se uma pessoa está pensando ou sentindo intensamente, o praticante do retiro vivencia o que Inácio chamava de movimentos da alma.

Inácio forneceu maneiras diferentes de fazer os Exercícios Espirituais. A forma mais tradicional é o que Bergoglio vivenciou como noviço: o retiro de 30 dias. Outras versões dos Exercícios Espirituais podem ser realizadas em um fim de semana ou em cinco dias, como eu vivenciei na Holy Cross, e também é possível fazer os Exercícios completos ao longo de oito meses, durante a vida diária de uma pessoa. Exige-se que os jesuítas façam um retiro silencioso de oito dias a cada ano.

A versão de 30 dias é dividida em quatro segmentos, que Inácio chama de semanas, embora, às vezes, sejam mais longos ou mais curtos que as semanas do calendário. Essas "semanas" começam com alguns importantes preparativos. O praticante do retiro deve se concentrar na bondade de Deus ao criar e manter o mundo e no amor incondicional Dele por todas as pessoas. Essa visão muito esperançosa do mundo marca a forma de Inácio se identificar com os outros: Deus atua em todas as pessoas, com toda a beleza e fragilidade existente nelas.

Mas Inácio não era ingênuo. Ele sabia que todos nós temos um lado sombrio. Apesar da bondade de Deus, geralmente escolhemos o egoísmo e a ingratidão. O praticante do retiro precisa lidar com esse conflito na "Primeira Semana" dos Exercícios. É o momento mais egocêntrico do retiro. Não falo isso de modo negativo. O praticante faz um verdadeiro exame de consciência, avaliando os padrões de pecados e egocentrismo, medos e falhas, alegrias e esperanças.

Como O'Brien me disse: "Entrar em contato com a vida interior é difícil, especialmente com tantas distrações e tentações que agem contra a solidão e o silêncio necessários para esse trabalho interior. É difícil encarar a verdade de quem somos: pecadores belos, porém frágeis. No entanto, essa análise leva a percepções ricas: com a percepção, vêm a independência e a libertação de toda a bagagem que nos impede de amar de modo mais generoso e atrapalha nosso objetivo de vida. Isso não é excesso de introspecção ou psicoterapia, é uma liberdade interna verdadeira, que vem porque o praticante do retiro vivencia o amor misericordioso de Deus.

Tentei discernir os movimentos interiores quando fiz o retiro de cinco dias, e acredito que consegui. Contudo, quase no fim do retiro, senti falta dos meus colegas e das festas da faculdade e levei 28 anos para fazer outro retiro. É um trabalho difícil e enervante.

A "Segunda Semana", ou segunda fase, passa da análise do eu para o estudo da vida e obra de Jesus Cristo. "O coração do retiro é encontrar Jesus, que convida cada pessoa a se juntar a ele em uma missão, como os discípulos. Energizados pelo amor misericordioso de Deus, a pessoa, naturalmente, quer estender essa misericórdia aos outros. Essa parte do retiro, a mais longa, nos desafia a ser como os discípulos de Cristo: curando, servindo, ensinando e ajudando os outros", diz O'Brien.

Nessa "semana", Inácio pega emprestada a prática medieval de usar a imaginação para se colocar em cena com Jesus. O praticante do retiro recebe até permissão para imaginar a cena além das palavras exatas do Evangelho.

Esse uso intenso da imaginação continua na "Terceira Semana", durante a qual os reflexos e as conversas com o diretor espiritual se concentram exclusivamente na Última Ceia, paixão e morte de Cristo. Nitidamente, esses não são assuntos pioneiros para reflexão, mas o que faz os Exercícios serem singulares é a insistência contínua no uso intenso da imaginação. Segundo jesuítas com quem conversei, o uso da imaginação é tão profundo a ponto de ser quase possível sentir o medo de Cristo no Jardim de Getsêmani, a dor com as chicotadas e a desolação na Cruz. Santo Inácio estava longe de ser o escritor ou poeta com os textos mais belos da história da religião, mas sua insistente confiança na imaginação ajudou incontáveis pessoas a ter uma vida de fé.

Durante a "Quarta Semana", o praticante do retiro medita sobre a ressurreição de Jesus e o encontro dele com os discípulos. Inácio até adiciona uma meditação sobre algo que não está na Bíblia: Jesus indo encontrar a mãe, Maria, após a ressurreição, para confortá-la. A palavra "consolação" é crucial para Inácio. Deus quer nos confortar e nos ajudar, e Jesus faz exatamente isso, tanto na vida terrena quanto na celestial.

O movimento do coração, aqui, de acordo com muitas pessoas que fizeram os Exercícios completos de 30 dias, replica a ideia de ressurreição, pois o praticante, em geral, se sente ascendendo, elevando-se acima das preocupações mundanas e ambições que nos castigam. Padre Petty descreveu o retiro de 30 dias como "viver nas nuvens, e como é estranho voltar para o mundo real após um mês de Exercícios".

A primeira lição permanente dos Exercícios Espirituais consiste em vivenciar o amor e a misericórdia incondicional de Deus e o desejo de compartilhar esse amor e essa misericórdia com os outros. Inácio conclui os Exercícios com uma observação simples, porém profunda: "O amor deve se mostrar mais por meio dos atos do que das palavras."

Essa primeira lição é crucial para entender o papa Francisco. Em uma de suas primeiras homilias como papa, ele disse: "Acho que nós também somos as pessoas que, por um lado, querem ouvir Jesus, mas por outro, às vezes, gostam de encontrar um cajado para bater nos outros e condená-los. E Jesus tinha esta mensagem para nós: misericórdia. Eu penso e digo com humildade que esta é a mensagem mais poderosa do Senhor: a misericórdia."

Quando li essas palavras pela primeira vez, vi "misericórdia" como um conceito intelectual e teológico e acreditei que o papa Francisco desejava que eu fosse mais gentil com as pessoas, mas o papa está falando de misericórdia em um nível totalmente diferente: ele a vê como uma experiência vivida profundamente pessoal que muda a essência de quem somos e a maneira como interagimos com os outros.

Os Exercícios Espirituais ensinaram Bergoglio a ter consciência dos próprios pecados e do próprio quebrantamento, e também que o amor misericordioso de Deus estava lá não apesar dos pecados e do quebrantamento, e sim por causa deles. Em outras palavras, a misericórdia e o amor de Deus são incondicionais, e duram para sempre.

O exemplo mais claro dessa lição para o futuro papa ocorreu na manhã de 21 de setembro de 1953, na Basílica de San José de Flores. No dia 21 de setembro ocorreu o banquete de São Mateus, que foi um odiado coletor de impostos antes de se tornar discípulo de Jesus. Segundo a história, Jesus viu Mateus no trabalho e disse: "Segue-me." Mateus levantou-se e seguiu Jesus. Mais tarde, quando Jesus foi criticado por se associar a pessoas como Mateus, ele retrucou: "Misericórdia quero, e não sacrifício. Porque eu não vim para chamar os justos, mas os pecadores, ao arrependimento." Muito foi escrito sobre o gesto de Jesus, mas as palavras de um monge inglês do século VIII, o Venerável Beda, repercutiram mais em Bergoglio. Beda escreveu que o chamado de Jesus a Mateus foi *"miserando atque eligendo"*, que significa "porque ele o viu através dos olhos da misericórdia e o escolheu".

Bergoglio sentiu que no dia 21 de setembro de 1953, quando estava confessando seus pecados, Cristo estendeu a misericórdia e o escolheu para ser padre, assim como estendeu a misericórdia a Mateus, um pecador, e o escolheu para ser um dos 12 discípulos.

Na entrevista à revista *America*, o papa Francisco disse que costumava visitar a Igreja de São Luís dos Franceses quando estava em Roma, onde "contemplava a pintura *Vocação de São Mateus*, de Caravaggio". Visitei a igreja em 2015, quando estava em Roma, e fiquei surpreso ao encontrar essa obra-prima em uma área pouco iluminada. Coloquei uns trocados na caixa para ligar a luz acima da pintura e olhei fixamente para a imagem de Jesus apontando para Mateus, que apontava para si mesmo como se dissesse: "Quem, eu?"

"Aquele dedo de Jesus apontando para Mateus sou eu", disse Bergoglio na entrevista. "Eu me sinto como ele. Como Mateus

[...] É o gesto de Mateus que me impressiona: ele segura o dinheiro como se dissesse 'Não, eu não! Não, este dinheiro é meu'. Esse sou eu, um pecador para quem o Senhor voltou seu olhar. E isso é o que digo quando me perguntaram se eu aceitaria minha eleição como pontífice [...] Eu sou um pecador, mas acredito na misericórdia e na paciência infinitas de nosso Senhor Jesus Cristo e aceito, em um espírito de penitência."

A misericórdia é revelada de formas pessoais, concretas e tangíveis por meio de ações, e para Bergoglio o chamado ao sacerdócio foi real. Era a misericórdia de Deus agindo, apesar de seus próprios pecados e hesitação. O mesmo vale para o chamado a ser papa, uma ação tangível e cheia de misericórdia de Deus direcionada a ele, um pecador.

Quando Bergoglio foi nomeado bispo auxiliar, ele escolheu as palavras de Beda, *miserando atque eligendo*, "porque ele o viu através dos olhos da misericórdia e o escolheu", como seu lema episcopal, para lembrar a si mesmo e a todos nós que a misericórdia amorosa de Deus dura para sempre. Ele manteve esse lema como papa.

E no início de abril de 2015 o papa Francisco anunciou oficialmente o Ano do Jubileu Extraordinário da Misericórdia, começando em 9 de dezembro de 2015. A princípio, isso não significou muito para mim, pois eu não fazia ideia do que era um "Ano do Jubileu", mas logo aprendi que os Anos do Jubileu costumam ser declarados pelo papa a cada 25 anos. Quando surge uma ocasião especial fora desse ciclo, o papa convoca um Jubileu Extraordinário. Como o jubileu de 2015 não estava no ciclo de 25 anos, o papa Francisco estava destacando algo, e ele o fez de modo bem simples: "A base que suporta a vida da Igreja é a misericórdia. A credibilidade da Igreja passa pela estrada do amor misericordioso e compassivo."

A data de 8 de dezembro de 2015 é altamente simbólica por ser o 15º aniversário do fim do Concílio Vaticano Segundo, conhecido como Vaticano II, momento crucial que trouxe a Igreja Católica ao mundo moderno. O papa João XXIII convocou o Vaticano II em 11 de outubro de 1962. No discurso de abertura ele falou que a Igreja lidou com erros de fé no passado "com a maior severidade. Agora, porém, a noiva de Cristo prefere usar mais o remédio da misericórdia do que o da severidade".

O papa Francisco, claramente, escolheu essa data para reforçar a importância da misericórdia.

Um Ano do Jubileu da Misericórdia pode parecer apenas um conceito teológico, muito distante dos "atos concretos". Para destacar seu verdadeiro propósito, com um mês do Ano da Misericórdia, o papa Francisco lançou um livro chamado *O nome de Deus é Misericórdia*, onde explica por que proclamou o Ano do Jubileu, e conta histórias. No livro, foram os exemplos de gestos aparentemente pequenos e insignificantes (isto é, atos) de misericórdia em relação aos outros que mais me impressionaram. Ele dá um exemplo da época que foi reitor do Colegio Máximo:

> Eu me lembro de uma mãe com filhos pequenos que havia sido abandonada pelo marido. Ela não tinha emprego fixo e só conseguia encontrar trabalhos temporários em alguns meses do ano. Quando não conseguia trabalho, ela tinha que se prostituir para sustentar as crianças. Ela era humilde, veio à igreja da paróquia e tentamos ajudá-la com a Cáritas (nossa instituição de caridade). Eu lembro que um dia, no feriado de Natal, ela veio com os filhos ao Colegio e perguntou por mim. Eles me chamaram e fui cumprimentá-la. Ela veio me agradecer. Pensei que era pelo pacote de alimentos da Cáritas que tínhamos mandado, então perguntei: "Você recebeu?" Ela respondeu: "Sim, sim, obrigada por isso, também. Mas eu vim aqui hoje para agradecer porque o senhor sempre me chamou de Señora."

Isso não era uma questão de ser gentil com a mulher ou mesmo de alimentá-la. Não, essa misericórdia era de outro nível: colocar-se na situação dela, no caos em que a mulher vivia, ler a necessidade mais profunda de seu coração e reagir de acordo com isso. Ao rezar e ponderar sobre a misericórdia infinita e carinhosa de Deus e o perdão, o praticante do retiro é impelido a estabelecer um relacionamento novo e mais profundo com Deus e com seus colegas humanos.

A segunda principal lição dos Exercícios consiste em equilibrar o coração e a cabeça. Os jesuítas são conhecidos por ser uma ordem de elite, em termos intelectuais, e eles realmente acumulam diplomas em algumas das melhores universidades e escolas de ensino médio do mundo. Porém, os Exercícios dizem respeito tanto a ouvir os movimentos do coração quanto a refinar o intelecto da pessoa. Inácio escreve sobre um tipo sincero de conhecimento, do tipo que vivenciamos em amizades. Nesse caso, ele pede para considerar o relacionamento com Deus como uma espécie de amizade. Vemos que, ao longo da vida, Bergoglio tinha profundo respeito pelo coração das pessoas. Sim, ele pode circular pelos mais altos círculos teológicos, mas há muito tempo dedica igual atenção aos movimentos do coração. Acredito que os Exercícios ensinaram esse equilíbrio a ele e o levaram a desenvolver forte conexão com o povo, *el pueblo*, que ele logo veria durante o trabalho no Colegio Máximo e ao longo da vida.

Em terceiro lugar, como Inácio insiste no desenvolvimento e no uso da imaginação ao abordar Cristo durante os Exercícios, acredito que Bergoglio percebeu o poder da imaginação na experiência religiosa e começou a afiá-lo para uso futuro em homilias e para fornecer orientação espiritual aos jovens jesuítas e na esfera pública. E, realmente, quando eu o vejo olhar para a multidão, que o adora, durante seus discursos, ele parece imaginar como o mundo poderia ser se todos nós tentássemos viver a mensagem do Evangelho de modo mais completo. Acredito que Francisco, além de insistir na misericórdia para o mundo como está hoje, também nos estimula a imaginar, junto com ele, como este mundo poderia ser.

Ron Hanser, romancista ganhador de prêmios e professor na Universidade Santa Clara, explica melhor quando discute o uso da imaginação nos Exercícios Espirituais:

O método para cada hora de meditação é geralmente o mesmo. Começamos com uma oração preparatória e depois, como prelúdio para a meditação, nós consideramos a história de alguém, como Jesus aparecendo para sete de seus discípulos enquanto pescavam (João 21:1-17), lendo a passagem do Evangelho várias vezes até conseguir desenvolver uma representação mental do local e das pessoas presentes. Então, pedimos uma graça, neste caso, ser confortado ao ver Cristo na margem e sentir a alegria e a consolação de sua ressurreição. Vemos os pescadores transportando suas redes no mar da Galileia, ouvimos o barulho das ondas batendo no casco do barco, sentimos o sol em nossa pele, o cheiro das algas e da maresia e o gosto da água que coletamos nas palmas das mãos. Com todos os cinco sentidos totalmente envolvidos, nós passamos a fazer parte da cena e podemos ficar tão chocados e felizes quanto Pedro ficou quando reconheceu o Cristo celestial assando um peixe no fogo do carvão na praia e lançou-se ao mar para nadar até ele. Ouvimos as instruções que Cristo deu a Pedro e também entramos na conversa ou, como define Inácio, no colóquio, talvez perguntando como podemos alimentar as ovelhas ou apenas dizendo, como Pedro: "Senhor, tu sabes que te amo."

Por fim, um ponto fundamental dos Exercícios consiste em aprender os movimentos de consolação e desolação. Essas são, talvez, as palavras mais repetidas durante o retiro. Padre Thibodeaux define esses dois conceitos de modo sucinto no livro *God's Voice Within*. Segundo ele, a desolação é "o estado de estar sob a influência do espírito falso [...] O espírito falso [é] o 'puxão interno' para longe do plano de Deus e da fé, da esperança e do amor. O espírito falso também é conhecido como 'espírito mau' ou 'o inimigo da natureza humana'". Em contraste, a consolação é "o estado de estar sob a influência do espírito verdadeiro [...] O espírito verdadeiro é o 'puxão interno' na direção do plano de Deus e da fé, da esperança e do amor. Também é conhecido como 'espírito bom'". Ao longo dos Exercícios, o praticante do retiro aprende regras muito práticas para perceber, com clareza, esses espíritos competitivos em ação na pessoa e em grupos de pessoas.

A ideia de movimento ou movimentação perpassa essas definições. Todos nós vivenciamos essas sensações se movendo em nós ao longo da vida, e não seria diferente com Bergoglio, como veremos. Na Exortação Apostólica de 2013 *Evangelii Gaudium* [*A alegria do Evangelho*], o papa Francisco escreveu: "É preciso esclarecer o que pode ser um fruto do Reino e também o que atenta contra o projeto de Deus. Isso implica não só reconhecer e interpretar as moções do espírito bom e do espírito mau, mas também — e aqui está o ponto decisivo — escolher as do espírito bom e rejeitar as do espírito mau."

Ele lutaria com os movimentos dos espíritos bom e mau ao longo dos anos seguintes. Mas a capacidade de reconhecê-los e as ferramentas para percebê-los e gerenciá-los foram desenvolvidas aqui em Córdoba, quando jovem. Como homem de meia-idade no exílio ele voltaria ao lugar onde fez seus primeiros Exercícios Espirituais para se reagrupar e tentar distinguir com clareza o puxão daquele espírito verdadeiro novamente.

Anos depois, em 2003, o então cardeal Bergoglio disse a um político: "Manuel, você precisa viver o próprio exílio. Eu fiz isso. Depois, você volta. E quando voltar, estará mais misericordioso, gentil, e vai querer servir mais o seu povo."

Os Exercícios são, afinal, uma espécie de exílio. Imposto pelo próprio praticante, sim, mas que acarretam uma separação radical do mundo, dos hábitos e da rotina. O praticante do retiro encontra o silêncio e a solidão. Sair deles, ou melhor, mover-se para longe deles, proporciona o tipo de riqueza e profundidade complexa a que Bergoglio se refere. E embora Inácio tenha prescrito que o jesuíta deve reservar tempo duas vezes ao dia para o discernimento em uma oração que chamou de Examen, acredito que a alegria mais profunda na vida de Bergoglio ocorreu quando ele percebeu que podia fazer uma versão dos Exercícios Espirituais de modo contínuo o dia inteiro, todos os dias de sua vida.

11 Colegio Máximo

Em 12 de março de 1960, Bergoglio fez os votos de pobreza, castidade e obediência. Depois, passou um ano no juniorado em Santiago, Chile, lendo textos jesuítas, estudando ciências humanas e expandindo o que aprendeu no noviciado. Em 1961, ele entrou no Colegio Máximo, na cidade de San Miguel.

A viagem de carro ao Colegio Máximo deveria levar entre 30 e 40 minutos, mas, como aconteceu com quase tudo que vivenciei em Buenos Aires, o horário não foi cumprido. Os 40 minutos viraram 50, que se transformaram em 60.

A viagem não foi particularmente bonita. As grandes avenidas arborizadas do centro de Buenos Aires deram lugar a uma via expressa genérica, seguida por estradas menores e mais estreitas repletas de restaurantes de fast-food e pequenos shopping centers. Enquanto o tempo se arrastava, eu via oficinas mecânicas e parques industriais.

"Falta muito?", perguntei a Miguel Calculli, o motorista.

"Não, vamos chegar logo", tranquilizou ele.

Gostei de Miguel. Ele sempre destacava os lugares em Buenos Aires: um prédio governamental aqui, o campo de polo ali, uma universidade acolá. Mas Miguel nunca chegava no horário marcado pela manhã e tinha um talento para encontrar todos os grandes engarrafamentos da cidade, ou, pelo menos, era o que parecia. E ele nunca estabelecia um horário certo para nossa chegada. No entanto, sempre sorria, e não reclamava quando o dia se arrastava e ele acabava trabalhando até mais tarde do que deveria.

As oficinas mecânicas e os parques industriais agora davam lugar a lojas de roupas, quinquilharias e à volta dos restaurantes de fast-food. Estávamos nos aproximando de uma cidade; talvez Miguel estivesse certo, no fim das contas.

"É isso ali à esquerda?", perguntei cheio de esperança. Uma cerca preta tinha aparecido, demarcando vários acres bem-ajardinados. Era possível ver alguns prédios no terreno.

Paramos em um sinal vermelho.

"Não."

A resposta de Miguel foi curta. Houve uma pausa.

"Não, aquele é o Campo de Mayo, onde o Exército treina. É um complexo militar enorme."

Ele fez outra pausa.

"Muitas pessoas ficaram presas ali na década de 1970, e algumas desapareceram. Outras bases também eram ruins, mas o Campo de Mayo não era um bom lugar. Não há boas lembranças relacionadas a ele."

No carro, ficamos em silêncio. Senti vergonha por ter feito a pergunta e Miguel, claramente, não estava tão falante quanto costumava ser. O sinal ficou verde. Nós seguimos caminho. Olhei pela janela e vi soldados marchando em sincronia, passando por jipes e alojamentos militares.

Se eu tivesse ficado de boca fechada por um minuto, teria evitado essa pergunta idiota.

O carro continuou pelo que pareceu ser mais uma hora, mas, provavelmente, foram apenas alguns minutos.

"Aqui está o Colegio Máximo", apontou Miguel. Ele virou em uma grande entrada de veículos e seguiu em direção a um prédio grande.

O Colegio Máximo de San José, o primeiro lugar que Jorge Mario Bergoglio chamaria de lar, em 1961, e que seria seu lar eventual pelos próximos 30 anos, ficava praticamente ao lado do infame Campo de Mayo.

Após estar na Argentina há poucos dias, passei a acreditar que o Colegio Máximo era o lugar que definia o papa Francisco mais do que todos os outros, mais até do que o bairro de Flores, onde ele cresceu. Mais do que o noviciado em Córdoba e mais do que a época em Buenos Aires quando foi bispo e, depois, cardeal, e ainda mais do que o posto de papa em Roma.

Como não poderia sê-lo? Aqui ele passou sete anos estudando e viveu por quatro anos quando foi provincial. Depois, seria reitor dessa instituição por seis anos, e voltaria, para dar aulas, mesmo quando não era mais reitor. Aliás, o período no qual Bergoglio deu aulas aqui, no fim dos anos 1980, quase 30 anos após ter entrado no prédio pela primeira vez, seria a gota d'água, provocando tanta agitação na comunidade jesuíta na Argentina que o levaria a ser banido para Córdoba.

Quando falei com os padres Petty, Paredes, Morello e outros jesuítas na Argentina sobre o Colegio Máximo, os olhos deles brilharam e as vozes se alternaram entre reverência e alegria quando pronunciavam estas cinco palavras: Colegio Máximo de San José.

Parecia que os antigos romanos haviam batizado o lugar, cujo nome soava grande, sofisticado, poderoso e misterioso. Imaginei o Seminário Santa Maria em Baltimore e pensei que este lugar teria pelo menos o dobro do tamanho e do mistério. Imaginei prédios grandiosos apinhados de gladiadores jesuítas sendo treinados para ir aos confins da Terra lutar em nome de Deus.

E, de certa forma, eu estava certo: o Colegio Máximo é um prédio imenso, com quatro andares, 100 metros de comprimento e 60 metros de largura. Tem formato retangular e 78 quartos, sendo 53 com banheiros privativos e 25 com banheiros compartilhados. Com 500 mil metros quadrados, pode acomodar quase 200 hóspedes. A construção, feita em etapas, começou em 1931, quando a terra era um viveiro de plantas e os arredores eram rurais. Como as estradas eram precárias, a maioria dos visitantes chegava de trem e andava cerca de 1,50 quilômetro até o Colegio para estudar. O último projeto do complexo foi uma biblioteca construída em 1982, sob a direção do reitor, padre Bergoglio.

Hoje, o Colegio Máximo está claramente em mau estado de conservação. A entrada para veículos tem vários buracos, a grama precisa ser cortada, o terreno exige cuidados e há limo crescendo no prédio, cujas paredes estão caindo aos pedaços.

As grandes portas que decoravam o imponente prédio se abriam para um saguão escuro e mofado. Logo em frente, uma escada impressionante levava ao segundo andar. Havia um bebedouro de um lado e uma pequena janela de segurança na frente de um pequeno escritório comum e vazio. Em uma estante de aparência simples e 1,80m de altura estavam alguns livros religiosos e terços para venda. No canto, via-se um grande cartaz com uma foto do papa Francisco, descrevendo a época que ele passou no Colegio Máximo como aluno, provincial e reitor. Não havia energia, cor ou ação. Parecia um museu antigo e raramente visitado.

Fui recebido no saguão pelo reitor do Colegio Máximo, padre Juan Berli. Enquanto ele me levava ao seu escritório, passamos por um lindo pátio iluminado pelo sol. O grande espaço estava bem-cuidado, com grama verde, árvores por toda parte e, no meio, um laguinho com peixes dourados. Ouvi um gongo e vozes sussurrando profundamente. Surpreso, olhei para Berli, que explicou a situação: estava acontecendo um retiro budista na escola aquele dia.

O Colegio Máximo de San José estava sediando um retiro budista?

Depois eu soube que, embora os escolásticos jesuítas ainda estudem filosofia e teologia no Colegio Máximo, eles agora moram em uma comunidade próxima chamada Casa Arrupe. Hoje, apenas 30 jesuítas vivem no Colegio Máximo, uma pequena fração dos que viviam lá quando Bergoglio era escolástico. Os vários quartos vazios são frequentemente usados por outros grupos, como os budistas que estavam lá naquele dia.

Quando chegamos ao escritório de Berli, ele me convidou a sentar e depois entrou em uma saleta lateral, reaparecendo logo depois com uma bandeja, duas cuias de madeira e uma garrafa térmica.

"Você aceitaria um mate?", perguntou.

Ah, o mate. Eu tinha ouvido falar muito sobre a bebida preferida do papa Francisco, mas ainda não a havia provado. Eu não bebo cafeína e temia que o mate, conhecido pelo efeito energético, fosse tão estimulante que me impedisse de dormir.

Mas não havia como evitá-lo aqui nesta salinha, a uma hora de Buenos Aires. O reitor havia feito o mate e estava servindo. Eu tinha que aceitar.

Berli abriu a garrafa térmica e despejou água quente nas cuias. Cada uma estava cheia até o topo com uma substância em pó. Depois eu aprendi que as folhas da erva-mate são secas, picadas e moídas até virarem a mistura em pó que estava na minha frente.

Enquanto a água se infiltrava na mistura, ele despejou mais. Depois, sorriu, provavelmente notando minha hesitação.

"Tome pelo menos um gole. Nós bebemos até o fim, pouco a pouco, lentamente. Mas você só precisa experimentar."

Ele pegou um pequeno canudo de prata chamado *bombilla* [bomba] e colocou-o em uma das cuias. O canudo tinha apenas uma pequena abertura, que permitia beber o mate sem ingerir o pó junto.

Havia uma cuia para mim e outra para Berli, mas apenas um canudo. A ideia era que compartilhássemos a bebida.

Como aprendi depois, o mate é uma bebida comunal. Geralmente, há apenas uma cuia e um canudo, independente da quantidade de pessoas no recinto.

Antes de tomar um gole, Berli despejou açúcar nas folhas.

"Deixe o açúcar penetrar antes de beber."

Eu esperei. Na verdade, não queria beber esse líquido desconhecido nem usar o mesmo canudo prateado de outra pessoa, mas não tinha escolha.

Bebi um gole.

"É meio amargo, mas consigo sentir o gosto do açúcar", comentei.

Berli explicou que os jesuítas descobriram o mate no interior do continente, na área que hoje seria o Brasil, ou Guaíra.

"Os jesuítas começaram a cultivar e produzir a erva-mate aqui porque acabava com as ressacas e dava energia para as pessoas trabalharem."

"É bom mesmo", elogiei.

"Tem muita vitamina B. É um energético."

A conversa mudou para a infância de Berli. Ele cresceu em Santa Fé, Argentina, a 4 horas e meia de carro de Buenos Aires. A mãe é italiana e ainda na cidade. Berli mencionou quase casualmente que ela havia tido um derrame no dia anterior. Fiquei surpreso por ele ter aceitado me encontrar mesmo assim. Minha mãe teve alguns derrames, e eu não conseguiria me imaginar marcando reuniões para o dia seguinte. Ele explicou que ela estava melhorando e que iria vê-la dentro de algumas horas. Agradeci por me receber. Houve uma pausa silenciosa enquanto o drama da mãe dele amadurecia em nossas mentes. Até que alguém bateu na porta.

"Juan?", disse uma voz.

"Pode entrar, Marito! Irmão Rausch!", Berli estava claramente feliz de ver o irmão Mario Rausch.

E eu também, pois queria encontrar Rausch. Petty e outros jesuítas argentinos tinham me falado dele, que havia trabalhado no Colegio Máximo por vários anos e tinha um relacionamento muito próximo com Bergoglio.

"Eu sou Mark Shriver."

"É um prazer", cumprimentou Rausch.

Ele tinha 1,70m de altura, era um varapau de tão magro, e usava óculos. Também vestia calça, casaco e sapatos pretos, seu sorriso era acolhedor e firme era seu aperto de mão. Ele parecia sinceramente feliz em me conhecer. Tinha um ar gentil e acolhedor. Gostei dele logo de cara.

Fizemos algumas brincadeiras antes de Berli contar que, quando conheceu Bergoglio, eles foram dar uma volta.

"No meio do passeio, ele colocou as roupas na máquina de lavar, e continuamos a caminhar. Em seguida, eu o ajudei a pendurar as roupas no varal. Isso era um comportamento muito natural para Bergoglio, até quando lavava a louça. Mas ele fazia isso naturalmente, não como se fosse um sacrifício lavar. Ele era um homem bastante prático."

Conversamos por mais alguns minutos antes de eu perguntar se eles tinham ouvido a expressão que dizia que os jesuítas precisam ter "a mala pronta" ou, em outras palavras, que um jesuíta devia estar sempre pronto para ser enviado em uma missão.

"Isso é verdade?", perguntei.

"Bergoglio dizia: 'Fique com a mala pronta.' E insistia nessa disponibilidade, no estilo: esteja pronto para ir ao Japão", respondeu Rausch.

Então Berli interrompeu:

"Ouvi Bergoglio falar de um jesuíta, padre Sojo, superior dele em Córdoba. Bergoglio foi visitá-lo e disse: 'O Equador está me pedindo um jesuíta para ajudar espiritualmente por lá.' Então o padre Sojo pegou a cruz, contou que tinha feito voto de obediência e disse: 'Estou ao seu dispor.' Bergoglio ficou surpreso com o fato de que, mesmo o padre Sojo sendo um superior, ele poderia mandá-lo para o Equador por um ou dois anos. Bergoglio nos contava essa história como exemplo da necessidade de estar sempre com a mala pronta."

Eu já me excedera na visita a Berli. Ele tinha muito a fazer, e iria visitar a mãe. Nós nos despedimos e eu saí para explorar o local com Rausch. A primeira parada foi o antigo quarto de Bergoglio.

Andamos alguns metros por um corredor antes de Rausch parar em frente a uma porta. Ele mexeu nos bolsos até encontrar a chave certa.

"Aqui foi onde morou o padre Bergoglio", explicou Rausch enquanto abria a porta e fazia um gesto para que eu entrasse.

Em um canto havia uma cama simples, de solteiro, em madeira. Ao lado da cama estava uma pequena mesa de cabeceira com três gavetas. Em cima da mesinha havia uma pequena luminária barata com um abajur de aparência ainda mais barata e uma foto emoldurada de Bergoglio fazendo uma refeição com a mãe.

Ao lado da mesinha de cabeceira estava um armário e, no outro canto, havia um lugar para se ajoelhar e rezar. Ao lado do genuflexório ficava uma cadeira marrom feia, com uma almofada de um vermelho berrante. Atrás da cadeira eu notei um buraco no piso de madeira. Olhei para o teto e vi uma infiltração de água em um canto.

Encostado na parede, um pequeno altar, coberto por um simples pano bordado, e com um crucifixo apoiado em uma base. Ao lado ficavam duas cadeiras.

A área do quarto se abria para uma saleta que Bergoglio usava como local de trabalho, com uma mesa de madeira simples, uma luminária e uma estante. Hoje a estante está praticamente vazia, exceto por alguns livros, umas quinquilharias e duas fotos emolduradas, uma de Bergoglio batizando um bebê e outra dele cercado de crianças. Uma janela deixava entrar a luz natural. Pendurada na parede, uma foto emoldurada em madeira que parecia cópia de uma água-forte de Inácio de Loyola. Inácio não estava sorrindo.

Fiquei ali olhando ao redor, em silêncio, por uns dois minutos.

"Obrigado por me mostrar o quarto."

Não consegui pensar em mais nada para dizer. Geralmente, quando me mostram um quarto, consigo iniciar uma conversa informal sobre a cabeceira da cama, que é singular, sobre o belo edredom, o espelho sofisticado no canto, a maravilhosa escrivaninha francesa do século XIX ou a vista para o mar da cama king-size.

Mas não neste quarto. Claramente, a decoração não era uma prioridade para Bergoglio.

Nós voltamos pelo corredor e olhamos para o pátio por um dos arcos. Pelo menos essa era uma bela visão.

"Venha por aqui. Quero lhe mostrar o restante do Colegio Máximo", convidou Rausch.

Em seguida, ele me levou para os fundos do prédio. Rausch apontou o varal mencionado na história contada por Berli, que ainda era utilizado. Alguns metros à frente ele mostrou um prédio isolado que era a antiga biblioteca, e mais ou menos uns 20 metros adiante havia uma decrépita quadra de basquete e duas de handebol, que já viram dias melhores. O ruído dos grilos e insetos era alto. O pátio tinha incontáveis árvores grandes que forneciam sombra para alguns cães sem dono.

Rausch apontou para além do Colegio Máximo e disse:

"Aqui é onde criamos vacas, galinhas e abelhas e plantamos alimentos. Nesses dois grandes campos."

Olhando para o lado, vi ferramentas agrícolas enferrujadas e desgastadas.

O que antes era uma "estrada" ladeada por árvores agora é um caminho coberto de grama passando pelo meio do campo.

"Meu irmão me ajudou a plantar aquelas árvores frutíferas ali na estrada. Ele é um irmão jesuíta, também. Mora em Córdoba e pode mostrar a comunidade jesuíta por lá se você quiser", disse Rausch.

Ele tinha tirado o casaco. A camisa azul-escuro era de mangas curtas, mas ele começava a transpirar. Estava quente. Apesar disso, ele foi extremamente paciente e agradável.

Uma cerca de arame farpado e um portão trancado separavam o terreno da escola das plantações.

"Os campos foram vendidos. Não somos mais os donos deles."

"O que é esse prédio?", perguntei, apontando para uma estrutura do outro lado da cerca.

"Aquele é o Observatório Astronômico San Miguel. Os jesuítas costumavam morar ali. Não faz parte do Colegio Máximo, embora alguns dos professores daqui tenham dado aulas lá. Os jesuítas o venderam para a Aeronáutica em 1976."

Os jesuítas venderam um prédio aos militares durante a Guerra Suja? Tão perto da sua sede espiritual e intelectual...

Voltamos para dentro e vimos a sala de jantar longa e retangular, que antigamente ficava lotada. Dúzias de mesas, cada uma com cinco lugares, estavam ao redor de outra mesa longa e estreita, onde ficavam os pratos. A cozinha industrial que preparava centenas de refeições todos os dias parecia algo que se veria no refeitório de uma escola de ensino médio nos EUA: completa e com direito a fornos, fogões, exaustores, geladeiras, pias e quadros de aviso.

"Bergoglio cozinhava aqui", contou Rausch.

Andamos pelo corredor do segundo andar até a "nova" biblioteca, construída em 1982. As pequenas e confortáveis salas de leitura tinham algumas cadeiras, mesas e volumes sobre filosofia e teologia, mas outras partes da biblioteca pareciam tristemente desgastadas: a luz era ruim, os livros estavam danificados pela água e havia poças ao redor. Era linda em algumas áreas e deprimente em outras.

O Colegio Máximo parecia a versão argentina de uma antiga plantação do Sul dos Estados Unidos que fora grandiosa, mas ainda possuía radiantes beleza e dignidade sob o véu empoeirado do tempo. Com essas salas de aula espaçosas, belos pátios e arcos de tijolos, o local poderia ser a versão religiosa de um grande espaço de aprendizado, uma versão um tanto apagada do Harvard Yard ou do Lawn, na Universidade de Virgínia. Tive a sensação, muito real, de estar em um lugar como poucos.

* * *

Bergoglio chegou a essa majestosa instituição situada em belos campos para cumprir a próxima etapa de sua formação jesuíta: três anos estudando filosofia. Ele deve ter sentido o encanto e a singularidade do lugar, assim como a ênfase continuada na disciplina e na estrutura. Além de todas as conversas serem em latim, ele lia santo Tomás de Aquino e filósofos como Kant e Heidegger, para desenvolver um modo sistemático de pensar sobre o mundo a partir de textos densos e rigorosos. Ele passava os dias discutindo e debatendo com professores jesuítas eruditos do mundo inteiro.

"Aqui você continua uma vida de estudo e oração. É o momento de estudar filosofia, metafísica, lógica e ética. E, claro, desenvolver a vida espiritual", explicou Petty.

Perguntei se todas as conversas na instituição eram mesmo em latim. Ele riu:

"Deveriam ser, mas era impossível. As aulas começavam em latim, mas geralmente continuávamos em espanhol."

Enquanto eu andava pelo terreno do Colegio Máximo e imaginava o jovem Bergoglio lá nos dias agitados da instituição, senti que ele havia vivido em uma pequena sociedade próspera, definida pela dedicação singular às exigências e à orientação de santo Inácio. Muros e cercas delimitavam a propriedade e cada parte tinha uma função definida (biblioteca, cozinha, jardim, capela), compondo um ecossistema religioso independente. O lugar passa a impressão de ser capaz de sobreviver muito bem sem o mundo lá de fora, mesmo treinando homens para viajar e servir o povo.

Foi aqui que Bergoglio começou a interagir com o padre Miguel Fiorito, o decano de filosofia, especialista mundial no princípio inaciano do discernimento, assunto notoriamente muito caro a Bergoglio, e padrinho intelectual de uma geração de jesuítas argentinos.

"Era um professor brilhante, que nos fazia amar as aulas dele. Escreveu em profusão sobre os Exercícios e foi considerado autoridade na questão do discernimento. Acho que Bergoglio, como muitos de nós, encontrou [nele] o modelo para sua vida intelectual e espiritual", contou Petty.

Já o teólogo argentino e um dos professores de Bergoglio, padre Scannone, comentou:

"O padre Fiorito era uma pessoa muito profunda, muito clara, um ótimo filósofo. Acima de tudo, porém, muito interessado na espiritualidade inaciana. Quando dirigia os Exercícios Espirituais (eu fiz os Exercícios Espirituais com o padre Fiorito várias vezes), ele também nos dava seus textos, às vezes páginas que havia acabado de escrever, sobre o discernimento espiritual ou a oração. Ele teve ótima influência em todos os alunos argentinos."

A proeza de Fiorito foi singular, pois ele pegou o material mais pesado e desafiador, em termos intelectuais, da história do pensamento humano, e o transformou em uma experiência tanto espiritual quanto intelectual para aqueles jovens jesuítas. Essa característica, penso eu, é muito clara em Bergoglio: a mente afiada, mas que preza o espírito acima de tudo.

Além de Fiorito, com sua inteligência poderosa e espiritualidade atemporal, o corpo docente do Colegio Máximo era composto principalmente de jesuítas mais velhos e estrangeiros, vistos por alguns alunos mais jovens como fora de sintonia com as ambições e necessidades da nova geração de jesuítas. O Vaticano II permeava o ar, a Igreja Católica estava prestes a sofrer uma imensa reestruturação filosófica e prática, como poucos fiéis imaginavam ser possível, e os padres estavam a ponto de deixar a profissão aos bandos, pelo mundo, devido à turbulência. Apesar disso, no Colegio Máximo, a abordagem do século XIX para a pedagogia e a vida ainda prevalecia, em tom desafiador.

"Definitivamente, estávamos aprendendo segundo o que poderia ser chamado de método pedagógico à moda antiga, e, sim, alguns jovens jesuítas que andavam bem cientes do que acontecia no mundo começaram a resistir a isso. Mas eu sempre gostei. Isso me mantinha em contato com nossas origens, com a forma pela qual Inácio queria que desenvolvêssemos a mente e o coração. Não se pode jogar tudo isso fora, sabe? Simplesmente não dá. Mudar apenas por mudar estava na ordem do dia, e isso nunca levava a algo produtivo", analisa Perry.

Bergoglio começou seus estudos em filosofia junto com outros 25 jovens jesuítas: seis do Uruguai, nove do Chile e outros dez da

Argentina. Olhando para aqueles campos, eu só podia imaginar que na época eles deveriam estar bem gastos de tanto serem percorridos pelos jovens perplexos tentando entender a crise que fermentava na Ordem dos Jesuítas e na Igreja Católica como um todo.

"A ação verdadeira no Máximo, naqueles anos, estava nos pequenos grupos que se formaram para discutir o que significava ser jesuíta naqueles novos tempos. Foi um processo de questionamento que levaria muitos a ir embora. Para Bergoglio, o processo moldou suas ideias sobre a renovação da Companhia", escreveu o escritor britânico Austen Ivereigh.

Apesar da sensação de que um tsunami cultural estava chegando, Bergoglio manteve o foco. Conheci um ex-jesuíta que havia estudado no Colegio Máximo e trabalhado como secretário da escola. Ele me disse que tinha acesso às notas secretas de todos os jesuítas que estudavam lá. Ninguém sabia as próprias notas, era a política da casa. Você avança, repete ou, se o talento não está lá, procura outra linha de trabalho. Apenas uma pessoa no Colegio Máximo tirou 10 em todas as cadeiras que frequentou: Bergoglio, claro.

A excelência acadêmica e a persistência nos estudos que Bergoglio demonstrou durante esses três anos confirmavam a amplitude do seu intelecto. Para um homem originalmente dedicado à ciência, ele, claramente, demonstrou um cérebro igualmente ágil no pensamento filosófico complexo.

"Ele é muito, muito inteligente, além de concentrado e disciplinado. Todos o conheciam e o admiravam imensamente", elogiou o homem, com grande admiração.

Essa época ilustra o desenvolvimento de um jovem que sempre conseguiria andar em dois mundos, devido à capacidade de misturar talentos prezados pelos jesuítas. Nas salas de aula de pé-direito alto do Colegio Máximo ele ganhava fama de pensador e escritor de primeira linha, até em âmbito mundial.

O outro talento, o carisma do sacerdote apaixonado com um toque comum, tem origem no bairro humilde e agitado de Flores, onde ele nasceu, mas seria testado e comprovado no local onde a maioria dos jovens jesuítas passa pelo menos três anos da vida: na frente de uma sala de aula de ensino médio.

12 Ensinar Borges

Bergoglio saiu do Colegio Máximo para dar aulas na escola de ensino médio mais antiga e conceituada da Argentina, o Colegio de la Inmaculada Concepción, em Santa Fé, que fica quatro horas e meia a noroeste de Buenos Aires. Ali, Bergoglio atuaria no papel que unifica os "produtos jesuítas" (como nos chamamos e somos chamados pelos antigos professores), como eu, pelo mundo. Nosso primeiro contato com os jesuítas geralmente acontece nas escolas de ensino médio, nas quais eles ensinam disciplinas tão diversas como cálculo, latim, religião e literatura. Esta última era o domínio de Bergoglio, apesar de sua experiência científica. O período em Santa Fé enfatizou duas características que agora vinham à tona em sua personalidade: o carisma e a intelectualidade. Os dois não necessariamente andam juntos, como todos sabemos, mas os melhores professores jesuítas (e há incontáveis que são lendários em escolas de ensino médio e universidades pelo mundo, homens de quem milhares de alunos se lembram com estima e gratidão) combinam essas duas qualidades.

No caso de Bergoglio, ele fez algo serenamente radical para levar seus alunos a apreciar os clássicos de sua preferência literária pessoal. No primeiro ano lá, 1964, ele ensinou literatura espanhola, e começou pelo poeta espanhol do século XX, Federico García Lorca. Os temas sensuais e violentos de García Lorca, aliados a um estilo poético original e inovador, fizeram dele o produto literário de exportação mais conhecido da Espanha, depois de Cervantes. Lorca foi assassinado por forças pró-Franco em 1936, no início da Guerra Civil espanhola. Os escritos dele, sem dúvida, chamariam a atenção de um grupo de adolescentes que estavam descobrindo a vasta gama de emoções, impulsos e desejos humanos.

"Assim que ele chegou, nós percebemos que nunca tinha dado aula em uma escola", conta Yayo Grassi, ex-aluno de Bergoglio, enquanto tomamos café da manhã em Washington, D.C.

"Quando ele começou a aula com os autores modernos, foi algo inédito na época", Grassi sorriu e sacudiu a cabeça, ainda parecendo surpreso com a atitude do professor. "Lembre-se que estamos em 1964-1965 na Argentina. De alguma forma, ele sabia que queríamos começar pelos autores modernos. Eles eram mais acessíveis e o que gostaríamos de ler. Ele estava muito sintonizado conosco."

Contudo, desrespeitar o plano de estudos cronológico que tradicionalmente começava pelo clássico espanhol *El Cid* ou pelo *Dom Quixote* de Cervantes não foi a parte mais radical da decisão pedagógica tomada por Bergoglio. Na verdade, foi mais o simbolismo de García Lorca do que o conteúdo que fez das primeiras semanas de Bergoglio naquele colégio rígido e de elite em Santa Fé tão reveladoras: era um autor abertamente homossexual, no governo do general Franco, em uma Espanha intensamente conservadora. A Argentina logo mergulharia em uma guerra civil, e os críticos de Bergoglio durante essa batalha pela alma do país, em geral, o tachariam de "conservador" e cauteloso. Simultaneamente, uma batalha pela alma da Ordem dos Jesuítas aconteceria na Argentina, e muitos dos assim chamados jesuítas progressistas considerariam Bergoglio retrógrado e inflexível, pela insistência na devoção a um dos princípios inacianos originais de formação.

Mas naquela sala de aula do ensino médio em Santa Fé, entre os filhos da elite argentina, Bergoglio estava mostrando quem realmente era: um homem de mente curiosa e aberta, que tentava misturar o antigo com o novo, adaptar o melhor do passado intelectual e político à necessidade e ao estilo do presente e que, acima de tudo, prezava mais a excelência e a qualidade do que características pessoais ou culturais, como sexualidade ou classe social. Na verdade, acho que suas palavras mais famosas como papa, "Quem sou eu para julgar?", têm origem nessa sala de aula em Santa Fé.

Basta ver algumas linhas do poema de García Lorca "A cidade que não dorme" para entender o quanto a decisão do jovem Bergoglio foi radical:

Mas não há esquecimento e nem sonho;
a carne viva. Os beijos prendem as bocas
em um emaranhado de veias recentes,
e a quem a dor lhe dói doerá sem descanso
e quem tem medo da morte a levará nos ombros.

García Lorca escreveu de modo visceral sobre a morte, a perda e o amor. É impressionante que o futuro padre Bergoglio discutisse essas ideias e expressões com os filhos adolescentes da elite rica do país, especialmente em um país católico e conservador, em 1964.

Depois, Bergoglio voltou no tempo para a base da literatura espanhola, Cervantes e Quevedo, e mostrou aos alunos como e por que García Lorca os admirava. As raízes artísticas da poesia vanguardista de Lorca remetiam naturalmente à história da literatura espanhola clássica.

"Estudamos os clássicos logo depois com muita avidez e felicidade", contou Grassi.

O truque pedagógico de Bergoglio cativou os alunos. Um professor novato, inteligente e carismático usou uma artimanha inovadora para fazer os alunos entenderem e se divertirem com livros antigos. As primeiras semanas naquela sala de aula do ensino médio entre garotos de paletó e gravata podem ter sido a melhor reação a quem criticaria Bergoglio uma década depois: ali estava um homem aberto ao radicalismo, à expressão pessoal e ao pensamento liberal, ao mesmo tempo que era dedicado aos fundamentos, ao pensamento moral rigoroso e a Deus.

Grassi e outro ex-aluno, Jorge Milia, descreveram Bergoglio da mesma forma:

"Era um professor rígido, mas tinha ótimo temperamento. Ele nos estimulava a ler o que nos interessava mais para que amássemos a literatura. E também era muito organizado", contou Milia.

Grassi concordou:

"Todos nós temos uma lembrança maravilhosa dele. E não é porque ele virou papa. Nós o amávamos mesmo, embora as aulas fossem, definitivamente, puxadas."

Contudo, foi um projeto específico feito em agosto de 1965 (o segundo ano dele como professor, dedicado à extensão da literatura argentina) que levou a fama de Bergoglio em Santa Fé ao nível de lenda local. Como muitos argentinos, ele adorava os contos do residente em Buenos Aires, Jorge Luis Borges, escritor a quem muitos especialistas e leitores comuns colocam no panteão dos grandes autores da literatura mundial. Em outro gesto que uniu intelectualismo e carisma, Bergoglio fez um pequeno milagre ao convencer o mundialmente famoso Borges a ir até sua sala de aula por alguns dias ensinar não só a própria obra como também o popular gênero chamado literatura gauchesca.

Quase toda conversa que tive na Argentina mencionava a literatura gauchesca, os poemas e a prosa escritos sobre a vida e a luta dos caubóis argentinos nos séculos XVIII e XIX. Eu pedi a Grassi para explicar a influência dessa literatura na Argentina.

"Todos nós amamos a literatura gauchesca. Os gaúchos eram seres humanos reais, gente humilde, em quem acreditávamos. Eles trabalhavam no campo e ganhavam pouco. Em alguns casos, eram analfabetos, não tinham recursos, mas lutavam mesmo assim. Alguns sofriam com a estrutura de poder, e quando continuavam lutando, isso fazia com que os admirássemos ainda mais."

"A obra mais famosa da literatura gauchesca era (e ainda é) o longo poema chamado "Martín Fierro", escrito por José Hernández. É a história de um gaúcho que narra a própria vida e as dificuldades que enfrentou. Todos na Argentina leram "Martín Fierro", sabem sobre sua vida azarada e, também, sobre como ele trabalhou arduamente e perseverou. Fazer Borges vir falar sobre os próprios textos, que tínhamos dificuldade de entender, e sobre os gaúchos, foi incrível. Realmente incrível. Não faço ideia de como Bergoglio convenceu Borges a vir a Santa Fé. Ele era um dos maiores escritores do mundo na época." Grassi sorri e sacode a cabeça. "Bergoglio tinha essa capacidade incrível de unir as pessoas. Ele as convence de que está falando sério e se dedica tanto que as pessoas simplesmente querem segui-lo."

A secretária de Borges, María Esther Vázquez, ensinou piano às crianças da família Bergoglio, e Milia acredita que essa conexão "pode ter sido crucial para estabelecer contato direto com o escritor". Independente de como isso aconteceu, a visita de Borges foi uma proeza. "Milhares de professores de literatura em universidades conceituadas, não apenas de escolas de ensino médio, teriam dado tudo para estar no lugar de Bergoglio", escreveu Milia em um artigo para a *La Stampa* de 2013.

Milia conta também que "Bergoglio foi pegar [Borges] na antiga estação de Via Mendoza, em frente ao correio. Não teve avião para ele. A viagem de trem, de seis horas, saindo de Buenos Aires deve ter sido cansativa. Fiquei um tanto surpreso, pois pensei que um homem da idade dele preferiria viajar de avião. O que estou dizendo? Esqueça a idade, eu simplesmente pensei que o trem não era o meio de transporte apropriado para um indicado ao Prêmio Nobel".

Milia continua:

"O zelo [de Bergoglio] não veio de um êxtase repentino e sim de uma preparação metódica característica dele. Nós, seus alunos conformados, lutávamos para entender os contos e poemas de Borges. Talvez isso tenha conquistado o autor. Ele realmente disse em várias ocasiões, até para mim, que havia se surpreendido e ficado quase fascinado por adolescentes como nós terem lido tantas de suas obras. Borges deve ter se dado conta de que um grupo de jovens só conseguiria entender esse material de leitura com uma orientação metódica e bem-planejada. Ele deve ter ficado muito alegre ao saber que alguns alunos de ensino médio (e não estudantes de um ambiente acadêmico, como era de se esperar) tinham sido apresentados àquele mundo e estavam lendo, estudando e discutindo suas obras.

Isso mostrava que havia algo profundamente místico na educação que estavam recebendo."

Grassi me contou:

"Um pequeno grupo de alunos conseguiu ler as próprias histórias para Borges. Ele estava quase cego, então, nós lemos para ele. Eu li para Borges!" Grassi não levantou a voz, mas ela revelava empolgação, quase 50 anos depois desse evento. "E Borges disse: 'São histórias muito boas.' Depois ele prometeu a Bergoglio: 'Se você as publicar, eu escrevo o prefácio.'"

Bergoglio aproveitou a oportunidade única e compilou os oito melhores textos em um livro encadernado chamado *Cuentos originales* [Contos originais]. Borges escreveu o que Milia definiu como "provavelmente o prefácio mais generoso de todos os tempos: 'Este não é apenas o prefácio do livro e sim do número infinito de obras que cada um dos alunos aqui presentes vai escrever no futuro'"

A aventura de Borges também indicava uma sensibilidade e estilo que Bergoglio queria imitar já naquela época. Em 2010, ele disse que "Borges tinha um talento genial para falar de qualquer assunto sem se gabar". Não consigo pensar em uma descrição melhor para o jeito de ser do papa Francisco do que essa. Borges era um gênio humilde, um homem dos calçadões e cafés de Buenos Aires, que evitava a fama e os microfones.

Em uma série de entrevistas altamente divulgada que Borges deu ao escritor argentino Fernando Sorrentino, em 1974, Borges, entre várias outras frases memoráveis, disse: "Antes mesmo de escrever uma só linha eu sabia, de alguma forma misteriosa, e, portanto, inequívoca, que eu estava destinado à literatura. O que não percebi logo de cara é que, além de estar destinado a ser leitor, eu também estava destinado a ser escritor, e não acho que um seja menos importante que o outro."

Borges virou uma celebridade, mas era tímido. Ele escrevia para si e seus leitores como se eles fossem amigos ou parceiros, até colegas de conspiração na jornada intelectual que constituía cada uma de suas histórias. Não consigo evitar, e aplico essa citação ao homem em que Bergoglio se transformaria: mestre de noviços, provincial, bispo e, depois, papa, pois, de acordo com muitas pessoas, Bergoglio raramente distinguia entre ovelha e pastor, entre padre e paroquiano. Ele se declarou pecador e se disse falho, além de apelar a Deus para que o ajudasse com a mesma autenticidade, amor e desespero de qualquer integrante da Igreja que agora lidera ou qualquer pessoa que busque verdadeiramente a fé, não importa qual seja. Predisposto a imitar Borges em estilo, temperamento e intelecto, Bergoglio, certamente, foi um aluno entre seus alunos durante esses poucos dias gloriosos em que digeriu os paradoxos vividos por Borges: o gênio com o toque de homem comum, o humilde astro da literatura, o amigo aparentemente distante, porém incrivelmente próximo.

13 Vaticano II

Bergoglio passaria um ano dando aulas em outra conceituada escola de ensino médio em Buenos Aires, o Colegio Del Salvador, antes de voltar ao Colegio Máximo em 1967 para estudar teologia por mais três anos.

O período entre março de 1958, quando entrou para a Ordem dos Jesuítas, até o retorno ao Colegio Máximo, em 1967, aos vinte e poucos anos, foi incrivelmente tumultuado em vários aspectos.

"A década de 1950 e a de 1960 foi uma época de grande mudança para a Igreja Católica, mas é preciso olhar o Vaticano I para entender verdadeiramente o que aconteceu no Vaticano II", explicou o Dr. Massimo Faggioli, diretor do Instituto para o Catolicismo e Cidadania na Universidade de St. Thomas, em Minnesota.

"Em 1864, Pio IX emitiu um documento chamado Syllabus, uma lista de 80 erros da cultura moderna. Entre outras coisas, a Igreja declarava que a separação entre Igreja e Estado era um erro, assim como a ideia de que o papa não era mais um rei. A liberdade de consciência e de religião também foi considerada um erro."

"Convocado pelo papa Pio IX, o Concílio Vaticano Primeiro foi realizado entre 1869 a 1870 e é mais lembrado por declarar a infalibilidade do papa. O Vaticano I mostrou uma Igreja Católica em desacordo com a modernidade. Por exemplo, a

Igreja era contra a liberdade religiosa para quem não era católico. Se uma pessoa não fosse católica e vivesse em um país católico, poderia ser tolerada, mas não tinha liberdade para praticar sua religião. Por outro lado, se um católico vivesse em um país não católico, ele precisaria ter o direito de praticar o catolicismo, de acordo com a Igreja Católica, porque apenas a Igreja Católica era "a verdadeira Igreja". E a Igreja acreditava que apenas os católicos iriam para o céu. Protestantes, judeus e integrantes de todas as outras religiões só poderiam ir para o céu se fizessem a conversão ao catolicismo. E como apenas a nova aliança era considerada válida, os judeus não faziam parte do povo da aliança. Isso significava que os judeus tinham sido proscritos.

Um amigo padre disse uma vez: "A Igreja Católica se entrincheirou após a Reforma."

Eu ri e argumentei: "A Reforma aconteceu no início do século XIV. Isso é impossível."

"Estou falando sério. A Igreja, essencialmente, se trancou atrás de portas fechadas por todos esses anos", defendeu ele.

Faggioli disse o mesmo, de modo mais sucinto: "A Reforma fez a Igreja Católica se voltar para dentro, de modo defensivo. O período de Contrarreforma durou mais de três séculos e o ataque de Pio IX à modernidade faz parte da reação católica à Reforma e ao Iluminismo."

"Porém, no meio dos anos 1950, havia tantas linhas de pensamento e experiências que a fachada da Igreja estava quebrando. Bispos e teólogos viveram e alguns até lutaram na Primeira e na Segunda Guerra Mundial. Todos agora sabiam do Holocausto. Havia a ascensão da União Soviética e a Revolução Cubana. Havia, também, debates sobre guerra nuclear e sobre a teoria da guerra justa não ser mais válida.

"Quando Pio XII morreu, em 1958, os cardeais elegeram Angelo Giuseppe Roncalli como tutor da Igreja de modo a estabilizá-la para a próxima etapa. Roncalli, que virou João XXIII, tinha 76 anos quando foi eleito papa. É a mesma idade de Jorge Mario Bergoglio quando foi eleito para o cargo. João XXIII começou a planejar o Concílio Vaticano Segundo quase imediatamente. Levou três anos, de 1959 a 1962, para decidir o que seria discutido. O Vaticano II, em si, começaria em 11 de outubro de 1962 e terminaria em 8 de dezembro de 1965."

Os 16 documentos oficiais publicados como resultado do Vaticano II foram aprovados pelos bispos com maiorias girando em torno de 99% dos votos.

"Eles não queriam maioria simples. Era, basicamente, unanimidade", explica Faggioli, rindo. "Isso é incrível, especialmente quando sabemos que o Vaticano II foi a maior reunião de bispos na história registrada da Igreja. Foram mais de 26 mil bispos."

Mesmo antes de Roma ser tomada pelo Vaticano II, a Argentina vivia uma efervescência dramática em termos políticos e sociais. Explica o padre Morello, do Boston College:

"Em 1954, quando o Congresso argentino aprovou a lei do divórcio, os congressistas católicos que não votaram contra foram excomungados. Isso provocou alvoroço, e em 1955 Perón foi derrubado por um golpe. Ele tinha virado um valentão, que perseguia seus opositores. Os militares o queriam longe do poder. Na verdade, eles baniram o peronismo, e era contra a lei até mesmo *dizer* a palavra 'peronismo'."

"Em 1957, os militares convocaram uma eleição, mas os peronistas não puderam ter candidato. O presidente Arturo Frondizi foi eleito, em uma votação que teve entre 25 e 30% de participação. Não havia legitimidade no sistema político. Em 1962, houve uma espécie de golpe."

"Uma espécie de golpe?", perguntei a Morello.

"Bom, Frondizi percebeu que a situação era insustentável, então, tentou afrouxar a proibição do peronismo. Os militares se opuseram a isso, tiraram Frondizi e seu vice-presidente do poder, e assumiu o terceiro oficial de patente mais alta, José María Guido. Mas essa situação também não durou muito. Dentro de um ano Guido convocou eleições, e Arturo Illia foi eleito. Illia logo tentou afrouxar a proibição ao peronismo. Novamente, os militares desaprovaram, e em 1966 houve outro golpe, e o general Juan Carlos Onganía chegou à presidência."

"Então, houve um golpe em 1955, uma eleição ilegítima em 1957, outra 'espécie de' golpe em 1962 e um golpe de fato em 1966?", perguntei.

"Sim", e Morello continuou suavemente, como se tamanha confusão não fosse assim tão incomum:

"Onganía tinha muito apoio dos católicos nacionalistas e conservadores. Eles achavam que ele seria uma versão argentina do general espanhol Franco, o líder que restauraria os valores católicos. Onganía proibiu todo tipo de atividade política, não apenas partidos, como associações estudantis. O único lugar em que as pessoas tinham permissão para se reunir era na igreja. Ele achava que a igreja estava totalmente ao seu lado e o apoiaria. A ironia é que isso acontece ao mesmo tempo em que o Vaticano II exige abertura para que os católicos se envolvam na determinação do seu futuro mais do que nunca. O Vaticano II desejava que os católicos estendessem a mão para o mundo."

Eu sabia que o Vaticano II era famoso por abrir as janelas do Vaticano para deixar entrar uma lufada de ar fresco. Também sabia que tinham sido feitas alterações fundamentais na missa: ela não era mais rezada em latim, e sim no idioma local, e o padre não a celebrava mais de costas para os paroquianos. Mas eu sabia que Morello estava falando do impacto do Vaticano II em um nível muito mais profundo, que eu jamais tinha entendido.

"O Vaticano II revelou dois problemas básicos da Argentina: um político, um religioso. O presidente Onganía desejava que o povo ficasse em casa para que o país pudesse ser governado pelos bispos e pelos militares. Os bispos achavam que podiam controlar o povo, mas isso estava mudando dramaticamente. Os bispos não sabiam o que estava realmente acontecendo em suas paróquias. Os padres locais, em sua maioria, queriam mais abertura e, não apoiavam os bispos. E o povo, estimulado pelo Vaticano II e pelos padres, queria ter mais controle sobre a própria vida. Eles queriam eleger quem desejassem, incluindo Perón. Esse foi um problema político imenso para o general Onganía, até porque Perón estava exilado na Espanha. Somou-se a isso o fato de Onganía pensar que os padres estavam fomentando o problema. Ele logo começou a se afastar da hierarquia católica."

Morello fez uma pausa, dizendo: "É muita informação, eu sei. A Argentina é complicada, e esse é um período muito complicado", riu ele.

"E qual era o problema religioso?", perguntei.

"Isso aconteceu em vários níveis. O Vaticano II realizou muitas mudanças, mas talvez a mais importante tenha sido a relação entre a laicidade e os que estavam na vida religiosa. Antes do Vaticano II, era preciso ser padre, freira ou irmão para assumir um papel de liderança em qualquer parte da Igreja Católica. Os diretores de escolas católicas eram todos padres, freiras ou irmãos, por exemplo, mas isso mudou. Os leigos ganharam muito mais poder. Alguns diriam que ganharam poder à custa do clero. Essa mudança gerou confusão.

"Na Ordem dos Jesuítas, os conservadores queriam se concentrar na vida interior e religiosa, além de educar os filhos da elite como haviam feito no passado. Os progressistas, por sua vez, queriam trabalhar com os pobres nas *villas*."

Com toda essa mudança política e social, houve enorme queda no número de jesuítas. A Argentina teve 25 noviços em 1961, mas apenas 12 anos depois eram somente dois. Em 1965, a Ordem dos Jesuítas tinha 36 mil integrantes pelo mundo, enquanto em meados da década de 1970 esse número tinha diminuído vertiginosamente para 25 mil.

"Acho que muitos jesuítas saíram da ordem porque, antes, era considerado pecado mortal fazer isso e, agora, não era mais. Ao mesmo tempo, enquanto o Vaticano II valorizava e aumentava a importância do trabalho dos leigos, esses homens ainda podiam servir à Igreja e à fé sem terem que entrar para a Ordem dos Jesuítas. Isso foi positivo para os jesuítas: em minha opinião, nós deixamos de ser uma 'elite' na 'sociedade perfeita' e passamos a ser os 'escolhidos para servir' o 'povo de Deus' entre eles. Nesse sentido, a mensagem do Vaticano II foi bem-entendida: nós, jesuítas, e todo o restante deveríamos servir o povo, e não o contrário. Mas isso abria tantas possibilidades que muitos perderam a cabeça. Na América Latina, as várias teologias da libertação saíram dessa nova liberdade, prosperaram e acho que acabaram se afastando da mensagem do Vaticano II ao liderar junto com as elites [políticas] e sacerdotais em vez de deixar o povo liderar", explicou o padre Petty.

O Vaticano II parecia sancionar um grau de criatividade e pensamento livre que jamais havia sido imaginado. Isso aconteceu na América Latina, com o surgimento de um novo movimento, chamado Teologia da Libertação, que enfatizou um compromisso com os pobres e exigia mudanças sociais. Alguns críticos, incluindo o Vaticano, viam a Teologia da Libertação como abertamente marxista.

O tumulto estava em seus primeiros dias e começava a se manifestar em cismas políticos na sociedade argentina. Outros dois eventos seminais ajudariam a moldar o rumo teológico e social que Bergoglio conduziria de modo firme e estável pelos próximos 40 anos.

O primeiro foi a Conferência Geral do Episcopado Latino-americano em Medellín, Colômbia, em 1968, que reuniu bispos católicos da região, incluindo todos os países ao Sul dos Estados Unidos, do México e do Caribe, bem como as Américas Central e do Sul.

Após o Vaticano II, cada igreja deveria aplicar em âmbito local os decretos do concílio. A conferência de Medellín foi a única que tentou aplicar os princípios do Vaticano II a toda uma região.

A conferência teve três grandes consequências. Pela primeira vez, a Igreja na América Latina declarou que a opressão do povo naquela região era um pecado institucional. Os líderes da Igreja também disseram entender por que as pessoas recorriam à violência, embora eles não a tolerassem. E, por fim, os bispos afirmaram que a Igreja deveria se alinhar com os pobres.

Embora o documento de Medellín alertasse de modo firme contra os impulsos políticos e a sedução do marxismo, esta citação de Bergoglio demonstra a inevitável confusão gerada pela nova ênfase da Igreja na justiça social, com movimentos sociais poderosos surgindo pelo continente naquela época: "A opção pelos pobres vem dos primeiros séculos do cristianismo e está no Evangelho. Se eu hoje fosse ler como sermão alguns dos sermões dados pelos primeiros padres da Igreja, do século II ou III, sobre como tratar os pobres, as pessoas diriam que é algo maoísta ou trotskista."

Alguns meses desses, em 1960, os bispos argentinos se reuniram em San Miguel, Argentina.

"A reunião de San Miguel tinha a intenção de aplicar Medellín à realidade argentina. San Miguel disse que o catolicismo e a religiosidade popular eram muito importantes para o futuro da Igreja. O catolicismo popular de celebrar dias de jejum, acender velas, rezar novenas, fazer peregrinações, colocar flores e tocar as imagens de santos não era mais um catolicismo de segunda classe. Esse foi um grande passo na evolução da *Teologia del Pueblo*, a Teologia do Povo."

Morello riu: "Você entendeu tudo isso?"

Antes que eu pudesse responder, ele continuou: "Os dois documentos enfatizavam a fé acima de tudo, mas também diziam que a Igreja deveria construir uma sociedade mais justa. A esquerda, particularmente na América Central daquela época, tendia a pensar que os pobres eram alienados da sociedade. Eles eram vistos como pessoas que precisavam de algum tipo de elite, sejam eruditos, padres ou intelectuais, que os liderasse rumo à libertação. A Teologia da Libertação enfatizava o que lhes faltava: poder, liderança, justiça econômica, iluminação. A *Teología del Pueblo*, por sua vez, baseava-se no peronismo. É o peronismo teológico, se quiser chamar assim: o povo já tem o poder, que está em sua fé e em suas obras, e pode ser canalizado sem a violência estrutural marxista. É um fenômeno teológico unicamente argentino. E para quem cresceu no início da era de Perón, como Bergoglio, priorizar a classe trabalhadora e a fé nessa classe sem dúvida era atraente."

Então, para Bergoglio, suas raízes em Flores e a fé de vovó Rosa encontraram a apoteose intelectual. A fé era crucial para melhorar a vida dos pobres, do povo. Mas o povo não precisava que a Igreja lhe ensinasse a fé, pois já a possuía. O povo era o repositório dessa fé, que não era uma fé de credos, profissões e livros, era a fé de Rosa nos santos, nas relíquias e nas orações. Era uma fé visceral e fundamental, que podia salvar a sociedade, melhorar a vida dos pobres e das classes mais baixas, além de ajudar a alcançar o reino de Deus aqui na Terra.

Essa visão, fundamentalmente argentina, sobre a mudança e o poder, enfrentaria problemas para criar raízes durante a guerra civil que se desenrolava no país. A Teologia do Povo seria refinada nos anos seguintes. E como principal defensor dela, Bergoglio seria colocado à prova, exilado, e enfrentaria dramáticas mudanças. Mas, décadas depois, a Teologia do Povo formaria o ponto crucial da mensagem de mudança, esperança e fé que ele traria ao mundo como papa Francisco.

14 Padre Bergoglio

Em 13 de dezembro de 1969, com quase 33 anos, Bergoglio foi ordenado padre na capela do Colegio Máximo. Ele se formaria em teologia no fim de 1970, mas a estrada longa e por vezes cansativa dos jesuítas, que incluía 12 anos de transferências, leituras e discussões intensas, treinamento no pensamento inaciano, o ato de dar aulas e a solidão, tinha que passar mais uma vez por onde havia começado: os Exercícios Espirituais.

Bergoglio foi enviado à Espanha, para uma cidadezinha a leste de Madri chamada Alcalá de Henares, para a terceira provação, a última etapa da formação antes dos votos finais. O próprio santo Inácio estudou e ministrou os Exercícios Espirituais ali, na década de 1520, então, é adequado que seja o local onde Bergoglio faria os exercícios completos de 30 dias pela segunda vez. Ele iria refazer os passos do homem que viveu há mais de quatro séculos, mas Bergoglio deve ter se sentido tão próximo dele quanto da camisa que vestia.

Na segunda vez, após mais de uma década, vários livros e cursos, bem como incontáveis horas de oração e discernimento, os exercícios são profundamente diferentes do primeiro retiro de 30 dias, feito lá no noviciado em Córdoba. Embora o retiro siga o mesmo padrão, a pessoa havia mudado. O padre Morello disse: "Estava bem mais ciente das minhas limitações. Tinha uma noção muito maior da minha vocação do que na juventude. Ainda lembro vividamente de várias preces e percepções que tive naquele segundo retiro e reflito sobre elas até hoje."

"Você chegou a fazer um terceiro retiro silencioso de 30 dias?", perguntei.

"Não. E, se quiser, terei que pedir permissão para isso. Nós ouvimos: 'Você é um jesuíta, não um monge. O retiro anual de oito dias é suficiente. Vá para o mundo e viva.'"

Ele riu e repetiu: "Você é um jesuíta, não um monge."

Eu também ri: "Isso é engraçado."

"É ótimo, é ótimo. Nós, jesuítas, somos contemplativos em ação."

Contudo, talvez a parte mais importante dessa etapa final tenha sido uma viagem paralela que Bergoglio fez a um vilarejo do Norte da Espanha chamado Loyola, onde nasceu santo Inácio.

Quando foi até a casa onde Inácio cresceu, agora um pequeno museu, e rezou na igreja em que Inácio ia à missa com a família muito antes da conversão, durante a convalescência, Bergoglio certamente deve ter ouvido com mais clareza do que nunca a voz do homem que, depois do próprio Jesus Cristo, mais o ajudou em termos de direção, orientação, consolação e coragem.

Porém, aquela voz mais suave e feminina também continuava em sua cabeça, a voz que ouvira pela primeira vez quando criança, em Flores. A avó Rosa, agora com 85 anos, conseguira reunir forças para ir à missa de ordenação no ano anterior no Colegio Máximo e deu a ele uma carta sincera e profunda (descrita anteriormente), que Francisco carrega todos os dias. Um dos principais parágrafos diz:

> Que meus netos, a quem dei o melhor do meu coração, tenham uma vida longa e feliz. Mas se um dia a dor, a doença ou a perda de um ente querido os afligir, que eles se lembrem de que um suspiro diante do Tabernáculo, onde os maiores e mais veneráveis mártires são mantidos, e um vislumbre de Maria aos pés da Cruz, vai fazer com que uma gota de bálsamo caia sobre as feridas mais profundas e dolorosas.

* * *

O pessoal e o profissional, enfim, se fundiram, e o garoto de Flores agora era padre e homem do mundo. A voz do famoso santo Inácio ocuparia sua cabeça para sempre, bem como as palavras de sua avó Rosa, sempre fiéis e carregadas de Deus. O restante da vida de Bergoglio seria, em vários aspectos, uma dança com esses dois parceiros: um homem profundo, ambicioso e disciplinado, que moldou a história intelectual do nosso mundo, e uma avó italiana humilde e amorosa, que para sempre sustentaria e moldaria Bergoglio com igual força.

Em um documento escrito por Bergoglio pouco antes da ordenação, que ele chamou de seu credo, vemos a influência de Inácio e de Rosa brilharem.

Quero crer em Deus, o Pai que me ama como a um filho, e em Jesus, o Senhor, que infunde minha vida com Seu Espírito para me fazer sorrir, e ao fazê-lo me leva ao eterno Reino da vida.

Creio na Igreja.

Creio na história que foi perfurada pelo olhar do amor de Deus que, no dia de primavera de 21 de setembro, veio me encontrar e me convidar a segui-Lo.

Creio em minha dor, que foi feita estéril pelo egoísmo no qual busco refúgio.

Creio na mesquinharia da minha alma, que busca receber sem dar.

Creio que os outros são bons e devo amá-los sem medo e sem traí-los, jamais procurando a minha própria segurança.

Creio na vida religiosa.

Creio que eu quero amar muito.

Creio na morte diária pelas chamas da qual fujo, mas que sorri e me convida a aceitá-la.

Creio na paciência de Deus, acolhedora e boa como uma noite de verão.

Creio que meu pai está no Céu, ao lado do Senhor.

Creio que o padre Duarte também está lá, intercedendo pelo meu sacerdócio.

Creio em Maria, minha Mãe, que me ama e nunca me deixará sozinho.

E busco a surpresa de cada dia no qual o amor, a força, a traição e o pecado vão sempre me acompanhar, até o encontro final com o rosto maravilhoso, cujo semblante eu não conheço, um rosto do qual escapo continuamente, mas que anseio conhecer e amar. Amém.

Quando li este credo pela primeira vez, ele me confundiu, pois me senti muito acolhido, confortado e esperançoso, mas ao mesmo tempo, triste e confuso.

Estou acostumado com preces cheias de louvores, pedidos ou ambos. Fui criado para louvar a Deus, Jesus e o Espírito Santo, rezando diariamente Pai-nossos e Ave-Marias. A Ave-Maria, por exemplo, é uma prece de veneração à mãe de Jesus, cheia de frases reconfortantes, como Maria sendo "cheia de graça" e "o senhor é" com ela, e "o fruto" do "ventre" dela sendo abençoado e ela, "santa" e a "mãe de Deus". E, sim, há um pedido: "rogai por nós pecadores, agora e na hora de nossa morte." Mas essa iniquidade é um conceito geral, não um reconhecimento pessoal de ofensas específicas.

No credo de Bergoglio, eu sou confortado pela visão de ser amado por Deus como uma criança e pela ideia de que o Espírito Santo injeta a vida da pessoa de sorrisos e, no fim das contas, fornece a vida eterna. Até que vem a realidade desagradável: existe dor na vida. Bergoglio confessa o próprio egoísmo, a mesquinharia e a tendência a receber sem dar antes de voltar ao amor e à fé. Então, de modo mais espantoso e poético, Bergoglio escreve sobre a "morte diária pelas chamas da qual fujo, mas que sorri e me convida a aceitá-la".

Ao ler e reler esse documento eu me senti como em uma montanha-russa. E, apesar de as últimas linhas do credo terem me deixado esperançoso e positivo, eu precisava de mais apoio e confiança.

Fui ao porão da minha casa, peguei o arquivo sobre o funeral do meu pai e li a contracapa do livreto da missa celebrada no funeral. Era o credo do meu pai:

Sou um homem que nasceu e tentou viver o compromisso de ser aberto a todas as pessoas, independentemente das diferenças de nacionalidade, raça, religião ou geografia.

Sou um homem cheio de energia e saúde.

Sou um homem que leva suas responsabilidades a sério. Estou comprometido a fazer tudo o que puder para ser bem-sucedido.

Sou um homem original e criativo.

Sou um homem que não sente o peso do passado e das hierarquias existentes.

Sinto-me livre para inventar.

Creio que o mundo foi e é criado por Deus. Acredito que o mundo é bom, além das descrições.

Creio que nós, seres humanos que buscamos a vida, a liberdade e a felicidade, assim o fazemos porque Deus nos deu tudo isso, que é um presente.

Creio que temos uma responsabilidade com Deus de modo a fazer o que pudermos para levar o bem às pessoas, especialmente aos pobres.

Creio em ideais. Acredito que o mundo pode ser melhor se pudermos nos concentrar em alcançar nossos ideais.

Creio que qualquer fracasso em alcançar nossos ideais deva resultar apenas em uma nova dedicação a eles.

Creio na fé, na esperança e no amor. Acredito que eles têm poder.

Eu amo a perspectiva positiva que meu pai tinha sobre a vida, bem como sua fé na humanidade e em Deus. O credo de Bergoglio também era positivo e esperançoso, mas destacava a dor e seus pecados específicos. Ele não usou termos genéricos como "iniquidade". Ao contrário, ele usou palavras claras e descritivas: mesquinharia, egoísmo, receber sem dar.

Logo comecei a perceber que as palavras honestíssimas de Bergoglio e o reconhecimento da própria humanidade falível não deveriam ser surpreendentes, pois ele se vê, antes de tudo, como um pecador chamado pela misericórdia de Deus. O reconhecimento dos seus pecados faz dele completamente humano e mais acessível do que algum santo idealizado. Ou mesmo até que meu próprio pai.

Para Bergoglio, graças a Rosa e Inácio, a fé em Deus era o amor que consumia toda a sua vida. Seu carisma e intelecto rapidamente o colocariam em postos de liderança, mas sua fé total e absoluta o destacaria tanto quanto esses dois talentos mundanos.

Ele iria precisar de cada gota dessa fé, pois logo seria jogado em uma tempestade de problemas políticos, culturais e religiosos que ameaçavam dividir a nação argentina, a Igreja Católica argentina, os jesuítas argentinos e muitos de seus amigos.

15 Mestre de noviços

Bergoglio voltou à Argentina em abril de 1971, para fazer os votos "solenes" finais, incluindo o quarto voto de "obediência ao Supremo Pontífice [papa] para as missões". No mesmo dia, ele também fez os cinco votos "simples" em particular, prometendo não mudar as constituições jesuítas a respeito da pobreza (exceto para deixá-las mais rígidas), não procurar cargos superiores na Ordem dos Jesuítas, não procurar cargos superiores na Igreja Católica, em geral, e denunciar quem pareça alimentar essas ambições. Como quinto voto simples, Bergoglio também se comprometeu a continuar a receber o aconselhamento do superior-geral caso fosse nomeado bispo.

O chamado para fazer o quarto voto solene de obediência ao papa foi um sinal do talento de Bergoglio para servir de várias formas e também de seu potencial de liderança, visto que apenas os selecionados para fazer esse voto poderiam ter posições importantes de autoridade na hierarquia jesuíta. E a ordem não perdeu tempo em indicá-lo para o primeiro cargo importante na província: mestre de noviços.

A posição de mestre de noviços pode parecer algo de menor importância e poder quando comparada aos cargos de provincial ou reitor. Os mestres de noviços são responsáveis pelos homens que acabaram de se registrar para serem jesuítas; o reitor do Colegio Máximo é responsável por todos os jesuítas que estudam naquela casa de formação (muito mais do que apenas os noviços); já o provincial é responsável por todos os jesuítas da província. Contudo, o trabalho de mestre de noviços é reservado estrategicamente para alguns dos homens mais talentosos, experientes e intelectualmente astutos da ordem.

"O provincial envia os nomes de três candidatos ao posto de mestre de noviços em ordem de preferência para o superior-geral, que toma a decisão. Foi um grande passo indicar alguém tão jovem. Bergoglio tinha apenas 34 anos quando virou mestre de noviços, em 1971. Havia muita esperança nele. Trinta e quatro é muito, muito incomum", conta o padre Morello, do Boston College.

Colocar um homem tão jovem e inexperiente em uma posição de tamanha influência certamente foi um tributo ao talento de Bergoglio, além de um comentário sobre o estado débil da Ordem dos Jesuítas na Argentina de então. No geral, os números eram espantosos. Desde o início da década de 1960, até 1973, a quantidade de jesuítas na província Argentina caiu de mais de 400 para apenas 243. Naquele mesmo período, a quantidade de jovens no processo de formação caiu de mais de 100 para apenas nove. Da mesma forma, a quantidade de noviços diminuiu de 25 para dois. Os números caíam no mundo inteiro, mas a Argentina foi um dos casos mais alarmantes.

"Muitos padres saíram da ordem naquela época, e não havia tantos homens para escolher. Bergoglio era da nova geração e tinha muito potencial, então, a decisão fez sentido", explica Morello.

Na época em que Bergoglio virou mestre de noviços, a Argentina estava tempestuosa. Morello explica o contexto:

"Alguns dizem que a Guerra Suja ocorreu entre 1976 e 1983, quando muitas pessoas começaram a desaparecer, até as eleições abertas de 1983, mas muitos argentinos alegam que a Guerra Suja começou em 1969. Havia um grupo chamado Montoneros, que se formou naquela época para derrubar o governo militar do general Onganía. Eles também queriam trazer Perón para casa. Houve vários atentados a bomba, protestos e assassinatos no início da década de 1970."

Bergoglio era defensor ativo do movimento que desejava o retorno de Perón. Em 1971, ele começou a servir como uma espécie de conselheiro espiritual para os líderes de um grupo peronista na Universidad de Salvador, a universidade jesuíta de Buenos Aires. O princípio básico do grupo, a preservação da plataforma original "peronista, baseada nos trabalhadores e na justiça social de 1940" não deveria surpreender, considerando as inclinações peronistas de Bergoglio na juventude no bairro de classe média chamado Flores. Contudo, o peronismo tinha virado uma mistura de ambições e manipulações, algumas de direita, outras quase chegando ao marxismo e outras ainda, como a de Bergoglio, leais à visão original centrada na classe trabalhadora.

A Ordem dos Jesuítas também estava se estilhaçando. O provincial era o padre Ricardo O'Farrell, que presidia numa situação comparável à da sociedade argentina como um todo. O'Farrell iniciou duas reformas que logo envolveriam e afetariam dramaticamente não só a ordem como o próprio Bergoglio. A primeira foi alterar os cursos de formação jesuíta. Segundo Morello, havia muita experimentação naquela época. Santo Tomás de Aquino e a doutrina católica tradicional não eram mais a prioridade. Novas tendências teológicas surgiram, incluindo a sociologia e pensamentos políticos modernos, como os de Marx e Sartre. As coisas estavam evoluindo e o resultado era que havia muita incerteza.

O'Farrell, certamente, via a necessidade de se adaptar, deixando a formação mais contemporânea e acessível, mas o corpo docente do Colegio Máximo não sabia o que fazer. E muitos não gostavam das reformas.

A segunda reforma feita por O'Farrell, em 1970, foi a polêmica decisão de permitir que o mesmo homem que liderou a reforma curricular, padre Orlando Yorio, saísse da comunidade jesuíta onde morava para formar uma presença jesuíta satélite no bairro pobre de Ituzaingó, em Buenos Aires. A vida em comunidade é premissa fundamental da Ordem dos Jesuítas. Santo Inácio viu todos os jesuítas vivendo com outros jesuítas, compartilhando refeições, preces e diversões. Romper com este modelo de comunidade significava romper com um princípio básico da vida jesuíta. Nativo de Buenos Aires e quatro anos mais velho que Bergoglio, Yorio tinha persuadido

O'Farrell da necessidade do envolvimento político, da ação social e de um movimento agressivo, até radical, por mudanças estruturais e econômicas. A fé, que era a base de Bergoglio, estava sendo relegada a segundo plano.

Assim, estava montado o palco para uma guerra civil na Argentina também na Ordem dos Jesuítas. O'Farrell rapidamente virou uma das baixas quando foi destituído do cargo de provincial em 1973, após servir por apenas quatro anos de seu mandato de seis. Como o seu provável sucessor, padre Luis Escribano, tinha morrido em um acidente de carro, não havia um plano definido para preencher o cargo.

Os nomes dos três provinciais em potencial foram enviados ao Superior-geral Pedro Arrupe, que escolheu o homem que conheceu em Córdoba, 14 anos antes, a estrela em ascensão da nova geração, Jorge Mario Bergoglio.

16 Provincial

Mesmo após visitar a Argentina, ler incontáveis páginas sobre o que aconteceu no país na década de 1970 e conversar com muitas pessoas que viveram aquela época, ainda considero a história do país muito confusa.

Uma noite em Buenos Aires, enquanto comíamos presuntos e queijos espanhóis, um antigo funcionário de alto escalão do governo disse: "Era o caos total. Havia muitos grupos fazendo muitas coisas diferentes: o Exército não sabia o que, raios a Marinha estava fazendo e a Marinha não sabia o que, raios, o Exército estava fazendo. As pessoas estavam andando pela rua, eram capturadas, jogadas em um carro e desapareciam. Sumiam! De vez! Nunca mais eram vistas. Alguns eram supostamente comunistas que queriam derrubar o governo. Quem eram essas pessoas e no que acreditavam jamais ficou claro, elas simplesmente sumiram. E padres e freiras foram mortos. Por quê?"

Ele fez uma pausa. Eu podia dizer pela voz e pela expressão no rosto dele que a lembrança ainda o atormentava.

"Por quê?", repetiu ele. "Por viver com os pobres? Por serem guerrilheiros comunistas? Por serem marxistas? Por não serem leais ao governo? Por serem leais demais ao Exército? Ou à Marinha, quem sabe? Era o caos completo."

"O que a polícia fez? Não havia alguma autoridade atuando?", perguntei.

"Eles também não sabiam o que, raios, estava acontecendo. Era um caos total", respondeu ele.

Eu simplesmente não conseguia compreender o nível da confusão. Claro que devia haver uma série clara de eventos explicando os cenários, como nos livros de história dos meus tempos de escola. Causa e efeito, falta de comunicação, causas lógicas para o comportamento humano. Então, voltei ao padre Petty, contemporâneo de Bergoglio, padre jesuíta exatamente como ele e que também viveu aquela época, para obter clareza.

"Ninguém sabe o que estava realmente acontecendo nos anos 1970, Mark. Ninguém. E se algum historiador alegar que sabe, com certeza estará errado.", conta Petty.

"Perón voltou à Argentina em junho de 1973 e foi eleito para o terceiro mandato como presidente alguns meses depois. Ele tomou posse em outubro de 1973, tendo a terceira esposa, Isabel, como vice-presidente, mas morreu menos de um ano depois, em julho de 1974. Isabel virou presidente e foi uma calamidade absoluta. Após quase dois anos de mandato, nós demos boas-vindas aos militares que a depuseram. Todos nós pensamos que pelo menos os militares trariam lei e ordem, mas eles perderam a cabeça e viraram os piores ditadores da história da Argentina."

Ele sacudiu a cabeça negativamente. "Foi um tempo terrivelmente complexo. O Centro Jesuíta de Estudos e Ação Social publicou um artigo contra a tortura. Pouco tempo depois, bombas colocadas em nossa casa explodiram todas as janelas do primeiro andar."

Ele fez uma pausa. Eu não disse nada.

Petty quebrou o silêncio com uma risada, mas não foi um riso de alegria. "Deixe-me contar o que aconteceu quando Bergoglio foi meu provincial. Eu tinha ido à Universidade de Chicago estudar pedagogia. Quando voltei, fui morar em Buenos Aires e dirigir o Centro de Pesquisa Educacional Belgrano. Estávamos fazendo um trabalho maravilhoso de pesquisa sobre as escolas de ensino fundamental na Argentina. Estudávamos o êxodo escolar e também as escolas técnicas. Queríamos descobrir como melhorar o sistema educacional. Tivemos o apoio da Fundação Ford, que estava muito feliz com o nosso trabalho. Definitivamente, não éramos uma ameaça para os militares.

"Um dia, Bergoglio nos visitou e me disse: 'Você tem que sair daqui e ir para Córdoba. A universidade precisa da sua ajuda. Há um padre que vai morrer logo e você precisa substituí-lo.' Eu quase morri ali mesmo! Estava gostando muito do meu trabalho, que estava indo bem, e não queria ir a Córdoba. E eu sabia que o padre estava bem; ele ainda viveria mais dez anos!

"Depois descobri que duas garotas que trabalhavam para mim haviam desaparecido, nunca mais foram vistas. E um homem que trabalhava lá, um ex-jesuíta que virou guerrilheiro, foi morto. Outra jovem tinha um namorado lá que era suspeito de ser guerrilheiro. Eu não sabia nada disso. Só sabia que Bergoglio estava me trocando de posto e senti muita raiva dele na época. Muita mesmo. Hoje, tenho certeza que ele fez isso para salvar minha vida, mas eu não fazia ideia na época. Não fazia a menor ideia."

Alguns dias depois eu jantei em Buenos Aires com Miguel Mom Debussy, que entrou para os jesuítas em 1973 e foi ordenado em 1984. Ele atuou algumas vezes como motorista de Bergoglio em seu período como provincial, enfrentou uma separação dolorosa da ordem em 1986 e hoje é um crítico muito eloquente de Bergoglio. Quando lhe pediram para descrever a situação da Argentina e da Ordem dos Jesuítas durante o mandato de Bergoglio na década de 1970, ele disse quase imediatamente: "Naquela época, questões políticas tinham vital importância. Vou falar algo que não disse a Bergoglio. Nem minha família sabe disso. Fiz parte de organizações armadas e fui dos Montoneros antes de entrar para os jesuítas. Em meados de 1972 e 1973, quando a ditadura já estava acabando e Perón voltava para a Argentina, dentro dos Montoneros havia uma grande discussão se a guerra armada deveria continuar ou não. A maioria de nós discordou da continuação da guerrilha armada, porque não fazia mais sentido, mas houve quem apoiasse a necessidade da luta armada. Então, foram esses que continuaram [a lutar] e foram aniquilados pela ditadura."

Um dos colegas mais próximos de Bergoglio fez parte dos Montoneros? E Bergoglio não sabia disso? A confusão e os enganos são inconcebíveis para qualquer pessoa que não vivia lá na época, e até para quem vivia.

"Bergoglio nos proibiu de falar de política com os jesuítas mais velhos. Seguimos a ordem dele. Mas ele também tinha proibido que falássemos sobre política nos bairros pobres, nas *villas*. Contudo, eu falava de política fora da escola e tinha contato com os líderes de sindicatos ou sindicalistas e em outras esferas, em San Miguel e outras áreas próximas. Eu não ficava satisfeito com essa restrição. No entanto, olhando em perspectiva, sabendo o quanto a ditadura foi cruel, brutal e terrível e considerando que entre os jesuítas mais velhos havia vários capelães militares sintonizados com a ditadura e que nos bairros pobres havia muitas pessoas infiltradas [informantes], posso ver que Bergoglio estava nos protegendo. Isso é algo que preciso dizer. Eu percebi isso depois", explica Mom Debussy.

Até Mom Debussy, o homem que provavelmente passou mais tempo com Bergoglio, não sabia como as decisões eram tomadas e por quê!

As palavras de Petty ecoaram em minha cabeça de novo: *Ninguém sabia ao certo o que estava acontecendo.*

Bergoglio virou provincial em 31 de julho de 1973, com apenas 36 anos. Ele queria se manter fiel aos primeiros princípios inacianos de formação e desejava que os jovens jesuítas lessem os documentos fundamentais da fé católica, enquanto reformadores como padre Orlando Yorio queriam mudar parte do currículo para acrescentar sociologia, Teologia da Libertação e teólogos mais contemporâneos, incluindo alguns de tendência marxista. Para Bergoglio, a fé não era histórica, como os grandes textos e os princípios inacianos que permeavam o pensamento dele.

Houve também uma divisão em outro nível. Yorio e os outros acreditavam que a obrigação deles era libertar os pobres dos grilhões econômicos e sociais. Eles aceitaram a mudança social como complemento à fé, talvez até mais urgente. Para eles, essa abordagem ainda significava viver o Evangelho no sentido teológico, mas, no sentido cultural, significava uma revolução em potencial e até a priorização da política em detrimento da fé, se necessário fosse. Bergoglio, por outro lado, acreditava que a fé era primordial, e chegou a ser caracterizado como conservador, dogmático e inflexível. Este era um grande ponto de discordância em relação ao futuro da Ordem dos Jesuítas na Argentina.

Tais conflitos aconteciam no mundo inteiro. Em um esforço para abordar esse cisma, os líderes da ordem (237 jesuítas de todo o mundo, incluindo Bergoglio) se reuniram em Roma entre dezembro de 1974 e março de 1975 para a 32ª Congregação Geral, geralmente chamada de CG32. Uma Congregação Geral costuma ser convocada para eleger um novo superior-geral da Companhia de Jesus, mas GC32 foi convocada pelo Superior-Geral Pedro Arrupe para chegar a um acordo quanto ao futuro direcionamento da ordem.

Antes de começar a reunião, contudo, uma questão imediata precisava ser resolvida. Um grupo de jesuítas da Espanha queria que a ordem voltasse a ser como no século XVII e mandou um abaixo--assinado para o papa Paulo VI de modo a ter permissão de se separar da ordem e se reportar diretamente ao papa. O abaixo-assinado foi rejeitado, mas o grupo de dissidentes foi a Roma insistir em seus pontos de vista.

Arrupe mandou Bergoglio interceptar o grupo na estação de trem Termini, em Roma. Bergoglio ordenou ao líder deles, o padre espanhol Nicolás Puyadas, que se juntou à província argentina, que deixassem Roma ou saíssem da ordem. Puyadas cumpriu a determinação, e deixou Roma, levando os dissidentes restantes a fazerem o mesmo.

A CG32 é mais lembrada pelo Decreto Quatro, que foi bem-definido pelo escritor Austen Ivereigh: "O Decreto Quatro incorporou a busca da justiça social como parte fundamental de tudo o que os jesuítas faziam. O objetivo original da Companhia de Jesus no século XVI tinha sido 'a defesa e propagação da fé'. Agora, na CG32, virou 'o serviço da fé, para o qual a promoção da justiça é um requisito absoluto'."

O apelo por justiça resultante disso "parecia ter poucas salvaguardas contra ser transformado em ideologia". Sem direção clara e salvaguardas adequadas, os jesuítas estavam livres para interpretar o decreto como desejassem. Embora a CG32 e o Decreto Quatro tivessem a intenção de definir o caminho para a Ordem dos Jesuítas, o resultado foi uma forte diferença de opinião sobre a forma pela qual os jesuítas deveriam cumprir o novo decreto.

Yorio, que havia se mudado para o bairro Ituzaingó em 1970, fora obrigado a voltar para a comunidade jesuíta. No fim de 1972, o padre O'Farrell, mais uma vez, deu permissão para ele sair da comunidade. Junto com alguns colegas jesuítas, Yorio criou outra comunidade satélite, em um apartamento da Calle Rondeau. No início de 1975, Yorio se mudou novamente, agora para Villa 1-11-14, em Bajo Flores. A ele se juntaram os padres jesuítas Franz Jalics e Luis Dourrón. A mudança levou a "uma situação muito perigosa", de acordo com Petty.

"Os militares se perguntaram: 'O que um teólogo está fazendo morando nas favelas?' A resposta é: 'Procurando problema.'", explica Petty.

Em um momento tão caótico, esse tipo de comportamento foi percebido como radicalmente diferente da forma pela qual os padres viveram e ensinaram os paroquianos por milhares de anos. A doutrina católica tinha sido ensinada por teólogos a padres, que por sua vez a passavam adiante ao povo. Agora, contudo, os padres estavam vivendo com gente comum que assumia um papel mais ativo na Igreja, opinando sobre seus ensinamentos, as Escrituras e as questões sociais. Essa era a teologia de baixo para cima, uma abordagem muito nova e diferente na década de 1970.

A ditadura argentina considerava essas atividades uma ameaça. Quando perguntaram a Bergoglio, em 2010, sobre a visão que a ditadura tinha em relação à Teologia da Libertação, ele disse: "Houve pontos de referência latino-americanos que o povo da ditadura considerava demoníacos [...] Eles tendiam a vê-la apenas como algo revolucionário, marxista, esquerdista e uma renúncia ao Evangelho [...] Houve alguns [padres] que se envolveram na teologia com uma hermenêutica marxista, algo considerado inaceitável pela Santa Sé. Outros buscam ter uma presença pastoral entre os pobres de acordo com o Evangelho. Os altos escalões da ditadura demonizaram toda a

Teologia da Libertação, tanto os padres com hermenêutica marxista (que na Argentina foram poucos em comparação a outros países latino-americanos) quanto os padres que simplesmente escolheram viver entre os pobres como vocação sacerdotal. Eles colocaram todos no mesmo saco."

Quando perguntaram a Bergoglio sobre a postura de Jalics e Yorio a respeito da Teologia da Libertação, ele respondeu: "Eles tinham uma visão equilibrada e ortodoxa." Contudo, Jalics, Yorio e Dourrón queriam seguir uma direção diferente. Após terem tentado sem sucesso formar a própria congregação religiosa, eles receberam um ultimato de Arrupe: "Voltem à comunidade jesuíta ou saiam da ordem." Eles decidiram ir embora. Como Jalics fizera o voto solene de obediência ao papa, apenas o papa poderia atender ao pedido dele, mas os desligamentos de Dourrón e Yorio foram aceitos, em 19 de março de 1976.

Na época havia amplos rumores de um golpe de Estado. Em sua biografia oficial, Bergoglio contou: "Tendo em vista os rumores [...] Eu disse a eles para tomarem muito cuidado. Eu me lembro de ter lhes oferecido a oportunidade de morar na casa provincial da Companhia em nome da segurança." Mas Dourrón, Jalics e Yorio escolheram continuar morando em Bajo Flores, e cinco dias depois, em 24 de março de 1976, no dia em que Bergoglio moveu a Cúria jesuíta do número 300, na rua Bogotá, em Buenos Aires, para o Colegio Máximo, em San Miguel, houve um golpe militar e Isabel Perón foi deposta. A situação mortal e caótica ficou ainda mais perigosa, especialmente para os sacerdotes que viviam entre os pobres. Dois meses depois, no dia 23 de maio de 1976, Jalics e Yorio foram sequestrados por um esquadrão militar. Dourrón estava andando de bicicleta na hora e fugiu quando viu a ação militar.

Alegou-se que Bergoglio teria avisado às autoridades militares que os três padres não estavam mais em boas graças, o que os teria deixado muito vulneráveis. Não há provas concretas que Bergoglio tenha feito isso, mas Yorio sustentou a alegação até sua morte, em 2000, dizendo a um jornalista: "Tenho certeza que ele deu a lista com nossos nomes aos fuzileiros." Jalics, contudo, emitiu uma declaração logo após Bergoglio ter sido eleito papa em 2013: "Eu mesmo já estive inclinado a acreditar que fomos vítimas de uma denúncia. Mas no fim dos anos 1990, após várias conversas, ficou claro para mim que a suspeita era infundada. Portanto, é errado afirmar que nossa captura se deu por iniciativa do padre Bergoglio."

A Guerra Suja estava no ápice: assassinatos e desaparecimentos eram constantes, o caos e a confusão abundavam. Estima-se que 15 mil pessoas desapareceram ou morreram nesse período. Muitas foram assassinadas em suas casas e comunidades, incluindo os três padres e dois seminaristas da Ordem dos Palotinos, encontrados mortos na Igreja Católica de São Patrício, no bairro Belgrano, em Buenos Aires, apenas seis semanas depois de Jalics e Yorio terem sido sequestrados.

Não está claro por que Yorio e Jalics acabaram sendo libertados em 23 de outubro de 1976. Yorio alega que "não tinha motivo para pensar que Bergoglio tenha feito algo para nos libertar". Mas Bergoglio depois contou que eles foram libertados, "primeiramente porque não podiam ser acusados de coisa alguma e depois porque não perdemos tempo. Na mesma noite em que soube do sequestro, comecei a agir".

Ele também alegou:

Fiz o que podia, com a minha idade e os poucos contatos que tinha, para interceder pelos que foram sequestrados. Cheguei a encontrar o General Jorge Videla e o Almirante Emilie Massera [responsáveis pelo Exército e pela Marinha, respectivamente] duas vezes. Em uma das minhas tentativas de falar com Videla, consegui descobrir o capelão militar que celebrava a missa e o convenci a dizer que estava doente e me mandar em seu lugar. Eu me lembro de ter celebrado a missa na casa do comandante em chefe do Exército diante de toda a família Videla, um sábado à tarde. Depois, perguntei a Videla se poderia conversar com ele, com intenção de descobrir onde os padres estavam sendo mantidos.

Mas uma questão irritante persiste: será que Bergoglio poderia ter feito mais do que fez naquela década? Suas ações preventivas com

Petty e Miguel Mom Debussy certamente salvaram a vida deles. Também li vários relatos sobre outras formas de ajuda dele a padres e leigos, incluindo esconder homens e mulheres no Colegio Máximo e auxiliar outras pessoas a fugirem do país.

E é fato que nenhum jesuíta foi morto enquanto Bergoglio era provincial.

Ainda assim, a pergunta permanece: será que ele poderia ter feito mais? Especialmente depois de ter lido Bergoglio dizendo ao rabino Skorka: "Somos todos Animais Políticos, com letras maiúsculas. Somos chamados à atividade política construtiva entre nosso povo. Pregar os valores humanos e religiosos tem uma consequência política. Gostando ou não, está lá. O desafio de pregar é propor esses valores sem interferir naquela coisinha chamada política partidária."

Aqui está um homem que entende a política e que, embora alegue não ter muita influência devido à idade, claramente teve contatos e foi político o suficiente para se encontrar duas vezes com os chefes do Exército e da Marinha e celebrar a missa para o General Videla, que de alguma forma teve influência para livrar Petty e tantos outros de possíveis problemas. O homem que uma década antes persuadiu o mundialmente renomado e quase cego Jorge Luis Borges a fazer uma viagem de seis horas a Santa Fé para ensinar literatura a uma turma de adolescentes.

"O que fez a Igreja nesses anos?", disse Bergoglio a Skorka. "O que qualquer organização composta tanto por santos quanto por pecadores faria. Também havia homens que são uma mistura dos dois [...] Alguns católicos cometeram erros, outros seguiram adiante corretamente. Houve católicos que justificaram seus atos com o argumento de que estavam lutando contra o comunismo [...] Na Igreja, houve cristãos de diferentes grupos, cristãos mortos em guerrilhas, cristãos que ajudaram a salvar pessoas e cristãos repressores que acreditavam estar salvando o país."

Será que Bergoglio poderia ter feito mais pelos outros, considerando sua inteligência, seus contatos e instinto político?

Quem sou eu para julgar?

* * *

Contudo, está claro para mim que nessa época, quando Bergoglio teve fortes discordâncias com os colegas jesuítas em relação ao processo adequado de formação dos jesuítas mais jovens e à interação entre fé e ação política, essas divergências surgiram a partir de algumas características de Bergoglio: autoconfiança, disciplina e impaciência. A forma pela qual ele tomava decisões e tratava as pessoas causou profunda divisão na Ordem dos Jesuítas na Argentina.

Bergoglio falou muito em sua entrevista de 2013 para a revista *America*:

> Em minha experiência como superior, para ser sincero [...] eu nem sempre fiz as consultas necessárias. E isso não foi bom. Meu estilo de governo como jesuíta teve muitas falhas, no começo. Foi um momento difícil para a Companhia: toda uma geração de jesuítas desapareceu. Graças a isso, eu me vi provincial quando ainda muito jovem. Tinha apenas 36 anos. Isso foi uma loucura. Tive que enfrentar situações difíceis e tomei minhas decisões abruptamente e sozinho. Sim, mas devo acrescentar: quando confio algo a alguém, confio totalmente naquela pessoa. Ele, ou ela, deve cometer um erro realmente enorme para que eu a repreenda. Apesar disso, as pessoas acabam se cansando do autoritarismo.
>
> Minha maneira rápida e autoritária de tomar decisões gerou sérios problemas e acusações de ser ultraconservador. Vivi em uma época de grande crise interior quando estava em Córdoba. Certamente, nunca fui como a beata Imelda [em superioridade moral], mas nunca fui de direita. Minha forma autoritária de tomar decisões causou problemas.
>
> Digo isso por experiência própria e para deixar claro quais são os perigos envolvidos. Ao longo do tempo, aprendi muito. O Senhor me permitiu esse crescimento em relação a governar por meio das minhas falhas e dos meus pecados.

* * *

Essas falhas e pecados acompanhariam Bergoglio pelos próximos dois cargos, como reitor do Colegio Máximo e confessor da comunidade jesuíta em Buenos Aires. Elas o definiriam tanto quanto sua inteligência e carisma. E sua "crise interior" em Córdoba, naquela pequena sala diante de uma rua repleta de estudantes bêbados, ainda levaria mais de dez anos para acontecer.

17 Reitor

Tive a sensação mais profunda do poder e da eficácia de Bergoglio como mentor em uma churrascaria argentina perto do cemitério da Recoleta, onde Evita está enterrada. Como estava almoçando com três argentinos joviais e tranquilos, em alguns momentos eu me sentia mais como um habitante local do que um turista americano. Eu havia conhecido o padre Petty alguns dias antes e no fim da nossa primeira refeição juntos ele disse: "Meu joelho vai ser operado amanhã e depois preciso de um dia para me recuperar. Você gostaria de almoçar comigo e com os padres Gauffin e Nardin depois? Eles vão me buscar e me levar de volta a Santa Fé. Ambos foram escolásticos no Colegio Máximo quando Bergoglio era reitor. São homens bons, inteligentes e divertidos. Você vai apreciar a companhia deles."

Petty descreveu seus dois colegas perfeitamente. O padre Leonardo Nardin, com trinta e poucos anos e cabelo cortado bem rente, era nascido e criado em Santa Fé. Artista e músico, era graduado em liturgia sagrada pelo Pontifício Ateneu de São Anselmo, em Roma. Nardin foi diretor do coral quando Bergoglio era reitor do Colegio Máximo. Já o padre Alejandro Gauffin está na casa dos 60 anos, tem cabelo grisalho e é de Salta, nas montanhas do Noroeste da Argentina, perto da fronteira com a Bolívia. Ele tem diploma em teologia pela Universidad del Salvador. Os dois estudaram no Colegio Máximo no fim da década de 1970 e início de 1980, sob o comando de Bergoglio, que virou reitor do Colegio Máximo em 1979, após o fim de seu tumultuado mandato de seis anos como provincial chegar ao fim. "O reitor do Colegio Máximo gerencia a instituição. É o superior da comunidade jesuíta lá, e havia muitos jesuítas no Colegio Máximo naquela época. Era um cargo muito, muito importante", explicou depois o padre Morello, do Boston College.

Nós nos sentamos e pedimos carne e vinho tinto. Não precisei insistir muito para que Nardin começasse a falar:

"Uma das primeiras decisões tomadas por Bergoglio foi que o bairro de San Miguel precisava de uma igreja. Então, em 19 de março de 1980, a paróquia de San José Patriarca foi inaugurada. Ele quis dar esse nome ao local, um galpão onde se guardavam vegetais que tinha sido transformado em igreja."

"Um dia Bergoglio perguntou: 'Quem quer cuidar da administração?' Levantei a mão e ele me nomeou secretário da paróquia. Minha função era atender às necessidades do povo. Eu tinha 24, 25 anos", acrescentou Gauffin, que ainda não era padre quando Bergoglio o colocou na função.

"Havia uns 15 ou 20 jovens jesuítas e ele me disse: 'Arranje trabalho para todos.' Então, eu fiz um mapa do bairro, coloquei um número em cada quarteirão e disse: 'Leonardo, 34 e 35, Juan, 27 e 28' e assim por diante. Designei quarteirões para que cada um deles comandasse."

"Como em suas campanhas", emendou Petty, e os três riram.

"Você tem razão, parece uma operação política", comentei.

"Bergoglio também me disse: 'Dê a cada um deles uma imagem da Virgem.' Então, eles chegavam, eu lhes dava uma imagem da Virgem, e Bergoglio dizia: 'Vão até as casas, visitem todas as casas.'"

"Exceto as dos evangélicos", interrompeu Nardin.

"Ele disse isso? Para não ir às casas dos evangélicos?", perguntei a Petty. Fiquei surpreso por ele não conhecer aquela parte da história.

"Sim. Ele falou: 'Não vá para não entrar em discussões com pessoas de outras religiões.', respondeu Nardin.

"Muito parecido com Inácio, que dizia para não entrarmos em brigas. As pessoas adoram uma briga, especialmente contra um jovem padre", observou Petty.

Houve uma pausa na conversa quando o vinho chegou e foi servido.

"Alejandro é um organizador muito capaz", elogiou Nardin, voltando à indicação de Gauffin como secretário da paróquia. "Então, sim, ele foi colocado nessa posição, claro, sob a tutela de Bergoglio."

"Sob a tutela?", retrucou Gauffin, rindo. Eles se olharam e sorriram. "Mais ou menos, porque ele não me deixava sair! Eu precisava garantir que tudo estava funcionando, mas ele também estava lá. Eu era o organizador, mas ele dirigia tudo."

"Quando se fala de Bergoglio, você pode dizer que mesmo quando não está presente, ele está lá. Então, você pode imaginar como é a situação quando ele realmente está presente!", explicou Nardin, e os três padres riram de novo.

A carne chegou e o garçom encheu todas as taças de vinho. Nardin falou algo que meu tradutor não entendeu, mas Petty ouviu e sorriu com os olhos. Ele tossiu e não consegui saber se estava prestes a contar uma história ou uma piada.

"Havia um irmão leigo na Espanha, ranzinza, e quando alguém ligava para falar com o provincial, o irmão leigo dizia: 'Ele não está.' A outra pessoa respondia: 'Mas ele deve estar aí.' Então, o irmão leigo retrucava: 'Olha, quando ele está aqui, ele não está aqui. Mas quando ele não está aqui, ele não está aqui!'"

Todos riram de novo. Quando os risos acabaram, Gauffin comentou: "Bergoglio é o oposto."

"Bergoglio é o oposto. Quando ele está lá, está lá. E quando não está, está sempre lá, porque está envolvido em tudo", concordou Petty.

O rosto de Gauffin ficou muito sério: "Jorge estava ciente de tudo, não perdia nenhum detalhe. Ele sempre..."

Petty o interrompeu: "Ele não perdia nenhum detalhe, tinha uma visão muito ampla e sabia exatamente o que estava acontecendo em toda parte."

Eles estavam falando rápido. Ninguém ainda havia tocado na comida.

"Lembro de uma vez, quando os jesuítas voltaram do bairro", começou Gauffin, antes que Nardin interrompesse para dizer: "Forneça algum contexto." Eles eram bons contadores de história, mas se interrompiam para ser ainda melhores.

Sem esperar pelo amigo, Nardin continuou: "O contexto era que todos os jesuítas saíam aos sábados à tarde e domingos de manhã para trabalhar no bairro, fazendo de tudo. Nós tínhamos uma programação e havia um horário para voltar. Tínhamos que voltar para o jantar às 20h30, mas não podíamos chegar antes das 20h20 e, muito menos, nos atrasar para o jantar. Havia uma janela de dez minutos."

"Bergoglio estava lá, e nos recebia com muito carinho", contou Gauffin. "Mas ele olhava para os sapatos de alguns padres e dizia: 'Hoje você não fez nada.' Tinha chovido e as ruas estavam enlameadas, mas os sapatos deles estavam brilhando."

"Ele dizia que eles haviam voltado sem o cheiro das ovelhas", acrescentou Nardin.

Petty explicou: "Ele queria que os padres fossem como pastores cuidando de suas ovelhas, de seus paroquianos. Se eles tinham os sapatos enlameados, ele usava essa expressão 'cheiro de ovelha', *olor a oveja*. Porém, isso me parece errado, porque as pobres ovelhas não têm cheiro de nada. É a lã que tem cheiro!"

Todos nós rimos. Eles começaram a comer, mas eu rabiscava anotações com medo de perder alguma informação ou perspectiva.

"No Colegio Máximo a vida era muito intensa", contou Gauffin enquanto mastigava a carne. "Para alguns, a disciplina era muito normal. Para ele, era", disse, apontando para Nardin. "Mas para outros, era um inferno."

"Sim, mas Bergoglio explicou o motivo. Ele definia cronogramas porque defendia a existência de tempo para o estudo e para a oração, além de viver e trabalhar na comunidade. Sim, todos nós tínhamos tarefas a cumprir. Eu trabalhei na cozinha por muito tempo. Nas manhãs de sábado, nós trabalhávamos por horas na cozinha, preparando o almoço e o jantar, e depois trabalhávamos no bairro, em nosso apostolado. Nós voltávamos às 20h para esquentar a comida e prepará-la para o jantar, às 20h30", explicou Nardin.

"Nós vivíamos com grande austeridade. Então, por não termos muitos recursos, dava mais trabalho preparar as refeições. Nos sábados à noite, dois ou três de nós voluntários ficávamos acordados para preparar o almoço de domingo. Às vezes, ficávamos acordados até 1, 2ou 3 da manhã. Em várias dessas ocasiões, Jorge aparecia por volta de 1 hora da manhã para oferecer uma cerveja, que para nós era um elixir, um grande presente. Era um gesto de sensibilidade dele, dividir um momento conosco. Mas como ainda estávamos trabalhando, ele também não ia dormir."

Sem querer ficar para trás, Gauffin conta: "Tive que trabalhar por muito tempo com os porcos. Era um trabalho para muitos, esse de lidar com os porcos, porque tínhamos cinquenta, sessenta, ou setenta animais. Então, precisávamos ir ao chiqueiro em determinado horário nos sábados para limpar tudo, lavar os porcos. Nós acabávamos com um fedor horrível, que persistia mesmo depois de tomar banho."

"Em nosso dia de descanso, Bergoglio ia alimentá-los de manhã. Ele ia até lá com todas as panelas e as esvaziava no chiqueiro. Bergoglio arregaçava as mangas e revirava o lixo, procurando coisas especiais para os leitões. Ele não tinha problema com isso. Ele conhecia todos os porcos e contava história sobre, digamos, Francisco, ou algum outro. Cada porco tinha um nome, dado por Bergoglio. Havia pessoas que vinham de Buenos Aires e consideravam aquilo uma punição. Elas diziam que não era digno e achavam humilhante trabalhar no chiqueiro, mas Jorge acreditava ser preciso experimentar todas as tarefas, até a mais humilde. Ele dizia que deveríamos viver como os pobres. Se eles trabalham oito horas por dia, por que não podemos trabalhar algumas horas para garantir o pão de cada dia? Ele era assim. E isso era bom", explica Gauffin.

A conversa então se voltou para os Estados Unidos, para a política local e internacional e, depois, para a nossa refeição de carne e vinho tinto. Eles se lembravam de Bergoglio como um ótimo cozinheiro.

"Ele fazia comentários enquanto estávamos trabalhando. Recomenda fazer assim ou assado, ou colocar determinado recheio. Ele olhava na geladeira para escolher. Nós reciclávamos muita comida, porque não tínhamos recursos", descreve Nardin.

"Foram tempos de pobreza", conta Gauffin. "Não havia recursos para comida, como..." Nardin interrompe: "Se ele quisesse, poderia ter conseguido recursos, porque era muito bom nisso, mas acredito que não queria. Acho que a austeridade dele era intencional. Ele vivia assim."

Gauffin concordou: "Ah, sim, sim. E ele sempre fazia questão de que sobrasse algo para ser dado aos pobres, sempre. Tanto que ele me disse: 'Quero montar um sopão em tal lugar ou para as crianças do bairro.' Então nós trazíamos comida, os necessitados vinham com suas vasilhas, nós as enchíamos e eles saíam com as vasilhas cheias..."

A voz dele ficou embargada. Todos se calaram por um momento.

Esses homens conheciam Bergoglio muito antes de a vida ter mostrado qualquer indicação de seu poder e fama mundiais. Eles o conheciam de modo autêntico e íntimo, do jeito que apenas pessoas que vivem juntas conseguem. E a energia e admiração de todos eram sinceras. Eles falam de Bergoglio do mesmo jeito que Yayo Grassi e Jorge Milia falavam dele.

"Posso contar uma história?", perguntou Nardin, quebrando o silêncio.

"Um dia Jorge me chamou e disse: 'Olha', porque ele falava assim, 'Gostaria que os garotos da paróquia passassem as férias em Mar del Plata, no litoral.' Respondi: 'Tudo bem, parece ótimo', e ele retrucou: 'Sim, mas tem duas coisas: quero que você leve 200 garotos ou mais, e não tenho dinheiro.' Então ele perguntou: 'Você acha que consegue fazer isso?' Olhei para Bergoglio como se fosse dizer 'Impossível'. Até que ele falou: 'Bom, se você não quiser tentar, não vamos fazer isso.' Então eu decidi: 'Tudo bem, vamos tentar.

"Depois disso, tivemos muita sorte, porque tínhamos conhecido os donos de uma grande empresa de ônibus quando João Paulo II veio à Argentina. Fomos procurá-los e dissemos: 'Olha, precisamos levar 200 crianças a Mar del Plata, que fica a uns 500 quilômetros daqui', e eles responderam: 'Tudo bem, isso não é problema.' Então, completamos: "Bom, não temos dinheiro. 'Eles perguntaram por que estávamos ali e explicamos: 'Padre Jorge pediu para que conseguíssemos o transporte.'"

Todos riram e Nardin continuou: "Eles não faziam ideia de quem éramos. Não sabiam nada a nosso respeito! Mas falamos que eram crianças pobres, o que era verdade, então, eles disseram: 'Vamos pensar. Esperem aqui.' Em seguida, eles entraram, conversaram entre si e voltaram com a resposta: 'Sim, tudo bem. Se é para os pobres, vamos ceder os ônibus.'"

"Pouco depois disso fizemos o primeiro passeio, com 300 crianças. Quase todas nunca tinham visto o mar. Ficamos lá por duas semanas. Nós levamos muita comida daqui, mas em Mar del Plata pedimos doações de carne, peixe, tudo que era necessário. Foram muitas doações. Nós celebrávamos a missa na praia, com os ricos, levávamos nossos garotos e falamos para eles: 'Muito bem, agora peçam a Deus para nos dar comida.' Em uma das missas, um dos garotos fez um pedido de pão durante as preces dos fiéis e emocionou a congregação."

"E isso foi ideia de Bergoglio?", perguntei.

"Sim, ele queria que os garotos aproveitassem o passeio e se divertissem nas férias, mas, por outro lado, era impossível não pensar que isso também nos fazia bem."

Enquanto refletia sobre a conversa, pensei que Bergoglio estava, de certa forma, recriando sua experiência como aluno de sexta série no Colegio Wilfrid Barón de los Santos Ángeles. Como os padres salesianos fizeram, Bergoglio estruturou para os escolásticos no Colegio Máximo um dia cheio de estudos, trabalho árduo e disciplina, mas também havia atividades divertidas e um ar de empolgação. Agora, contudo, ele era professor e mentor em vez de aluno.

Perguntei aos padres se eles sabiam de onde viera esse impulso de ajudar os pobres, os necessitados, essas crianças. Era da infância dele? Do bairro onde morou? Do tempo que passou estudando para ser padre diocesano? Os jesuítas, tradicionalmente, ensinavam alunos ricos, enquanto padres diocesanos gerenciam paróquias pobres.

Petty respondeu primeiro: "Os Conselhos de Medellín e San Miguel."

"Acho que ele traz isso da família. Essa sensibilidade especial em relação aos pobres. Quando ele era escolástico, no Colegio em Santa Fé, soube que todo dia ele passava por um lugar onde os funcionários se reuniam no intervalo para tomar mate, e bebia com eles", conta Nardin.

Petty explicou:

"O que Leonardo está dizendo é que, em vez de diocesano versus jesuíta, era mais uma questão de família. Porque os diocesanos gostavam muito do trabalho paroquial, mas não necessariamente nas paróquias pobres. Eles ficavam felizes de ir para as paróquias ricas, que são muitas."

O padre James Kelly, jesuíta irlandês que lecionou e morou no Colegio Máximo por quatro anos, enquanto Bergoglio era reitor, tem sua opinião sobre Bergoglio:

"Ele recebeu sua fé muito, muito profunda da família. Foi lá onde aprendeu a fé. Os jesuítas em Roma estavam concentrados tanto na fé quanto na justiça, mas Bergoglio nunca aceitou que fé e justiça fossem iguais. Ele estava sempre interessado, primeiramente, na fé. Também estava interessado na justiça, mas nunca a igualava à fé. E isso veio da família."

Então Bergoglio era um homem criado com base na Teologia do Povo, a teologia discutida e refinada em 1968 em Medellín e em 1969 em San Miguel. E também era um homem criado com base na visão terrena do catolicismo da avó Rosa. Ele fez um caminho católico cheio de disciplina, sacrifício pessoal e fé, mas com uma devoção ao *pueblo*. Ele estava criando um mundo no Colegio Máximo que refletia sua própria formação e esses paradoxos.

Nardon me olhou bem sério: "Gostaria de acrescentar algo. Minha época de noviciado no Colegio Máximo, quando Bergoglio estava lá, foi o momento mais feliz da minha vida. Não conheci outro período tão bom, tão pleno."

"E por quê?", perguntei.

"Porque ele amava porcos!", exclamou Petty, alfinetando seu compatriota.

Após outro surto de risos, Nardin me olhou: "Porque vivíamos a mesma consolação que a Igreja está vivendo agora. Ele é uma pessoa que faz você trabalhar arduamente, é muito rígido, define metas e estimula. Havia um horizonte amplo, onde podíamos ser muito criativos. Não estávamos presos ao controle. Ele era muito aberto em seu modo de pensar, mas exigia autoanálise e crescimento. Acho que ele fez com que todos nós católicos questionássemos atitudes pessoais, certo?"

Quando perguntei se os outros teriam preferido um estilo mais intelectual, Nardin respondeu: "Não diria mais intelectual, e sim menos rigoroso. Éramos muito felizes, mas ele era exigente. Seus gestos nos faziam questionar nossas atitudes, então, se alguém não gosta de ser questionado, claramente vai se sentir incomodado. Para mim, contudo, o Máximo é o meu lar paterno."

Será que essa forte disciplina era parte do autoritarismo ao qual o próprio Bergoglio aludiu? Seria um dos pecados do seu passado? Lembrei que Miguel Mom Debussy, ex-jesuíta que foi motorista de Bergoglio por algum tempo e agora é um crítico declarado dele, contou o quanto Bergoglio tinha sido rígido com ele e com os outros, citando o caso de um escolástico que foi repreendido tão duramente por Bergoglio que desmaiou no banheiro. Mom Debussy contou outra história para ilustrar sua ideia.

"Uma das coisas que Bergoglio gostava era de retomar antigos elementos da liturgia anterior ao Concílio Vaticano. Ele voltou a usar muito incenso, antigos ornamentos de igreja e rituais que tinham sido extintos. Uma das discussões que tive com ele foi a respeito disso. Eu dizia: 'Por que você dá tanta importância à liturgia? É uma questão de formalidade. Aqui, temos que lutar pelos pobres, mudar as estruturas que levaram à pobreza. Não se trata de ser caridoso e dar um pouco de pão a eles, e sim mudar a estrutura.'"

"Como Bergoglio sabia que isso me enfurecia, o que ele fazia?", perguntou Mom Debussy, e ele mesmo respondeu, com um sorriso sardônico: "Ele me nomeou mestre de cerimônias. Todos os dias, às 7 horas da manhã, os alunos e muito frequentemente Bergoglio celebravam a missa, e eu tinha que preparar os ornamentos para ele, que escolhia uma vestimenta gótica ou mandava buscar o que se chama de vestimenta violão, que é um modelo antigo com veludo e ouro bordado, um tanto extravagante. Ele fazia isso de propósito, e também me insultava, dizendo que eu era um tolo inútil, diante de pessoas que nem jesuítas eram. Não fui o único, eu me lembro de pelo menos outros dois casos. Todos que de uma forma ou de outra se opuseram a Bergoglio acabaram fora da Companhia."

Padre Rafael Velasco, jesuíta que agora é pastor da igreja San José Patriarca, construída por Bergoglio em um galpão de vegetais, estudou no Colegio Máximo quando Bergoglio era reitor. Ele me contou, em uma tarde ensolarada, na igreja: "Bergoglio era muito rígido. Ele, às vezes, ficava com raiva dos alunos. Gritou com um escolástico uma vez porque ele não tinha preparado a mesa com o número correto de pratos. Todos o temiam um pouco, mas, ao mesmo tempo, ele podia ser muito íntimo dos escolásticos. Ele ia dormir cedo, mas acordava cedo. Isso fazia parte de sua mística. Ele estava em tudo. Estava sempre presente."

Os dois cachorros de Velasco andavam por ali enquanto conversávamos, sentados nos bancos da igreja. Uma poça de água havia se formado na frente do altar, consequência de um vazamento no teto. Um dos cachorros deu uma corridinha e começou a lamber a água. No canto, duas senhoras varriam o chão com vassouras de palha feitas à mão.

Esta não se parece com a Igreja Católica que frequentei em Potmac, Maryland. Na verdade, não se parece com o interior de qualquer Igreja Católica em que estive nos Estados Unidos. Não consigo decidir se a cena é linda ou aterradora, mas é, definitivamente, uma igreja do tipo de Bergoglio: terrena, colorida, ativa.

Após tomar sorvete de limão com Nardin, Gauffin e Petty, fiz a pergunta que estava me afligindo. Tinha começado a questionar se Bergoglio era apenas um grande político, então, quis saber: "Você acha que isso era atuação ou ele é verdadeiro?"

Nardin respondeu na mesma hora: "Totalmente autêntico."

"Sim, totalmente autêntico", concordou Gauffin. "Quando ele ficava com raiva, contudo, era melhor se afastar. Ele era forte, muito forte."

"Mas nunca o vimos ficar com raiva por capricho", acrescentou Nardin.

"Ele podia mandar alguém para o inferno, facilmente", lembrou Petty.

"Sim, facilmente. Mas nunca o vi fazer isso", conta Nardin.

"Leonardo nunca o viu fazer isso porque era muito favorável a Bergoglio", observou Petty.

"O quê?", perguntou Nardin.

"Você tinha uma visão muito favorável de Bergoglio. Há outras pessoas com outras visões", respondeu Petty.

"Sim, claro que sim. Existem várias", reconheceu Nardin.

"Porque havia um bando de indisciplinados e Bergoglio impôs disciplina", continuou Petty.

"Bom, é o que eles dizem", respondeu Nardin. "Mas vou contar algo que me aconteceu. Em um dos passeios, um garoto ficou doente, teve apendicite. Vieram me acordar e eu disse: 'Ele vai melhorar.' Eles me chamaram de novo e mais uma vez eu disse: 'Ele vai melhorar.' Eu estava muito cansado. Quando acordei, às 8 ou 9 horas da manhã, o garoto tinha sido internado. Então eu liguei para Bergoglio, dizendo: 'Jorge, você não sabe o que aconteceu, tem um menino no hospital com apendicite aguda. Ele está gravemente doente. Eu não percebi. Voltei a dormir e, bom...'"

"Ele respondeu: 'Tudo bem, você não vai sair de Mal del Plata enquanto o menino não estiver totalmente recuperado.' Então, eu fiquei em Mar del Plata por 20 dias, até a mãe do garoto chegar. Esse era Jorge. Ele confiava muito em você, mas se você fizesse besteira, ele o corrigia."

Nardin começou a rir.

"Por que você está rindo?", perguntei.

"Estou rindo porque Jorge tinha muitas formas de demonstrar mesquinharia. Eu me lembro de quando ele recebeu jesuítas peruanos e equatorianos para a formação. Nós, argentinos, costumávamos nos vestir de modo um pouco mais conservador na época. E esse colega, Tarcisio Vallejo, do Equador, veio com um suéter cheio de cores, estampas, sei lá mais o quê. Então eu ri dele. No dia seguinte, tive que usar o suéter o dia inteiro."

"Bergoglio fez você usar o suéter?", perguntei.

"Sim. Só não lembro se foi do lado avesso ou não, mas usei", contou Nardin, virando para Gauffin: "Você se lembra?"

Os dois riram.

"O que isso ensinou a você?", perguntei.

"A não rir dos outros. Foi uma bênção, na verdade. Nunca me senti humilhado ou algo assim, mas Bergoglio colocava você em situações que diminuíam o seu orgulho."

Alguns dias depois, eu encontrei Maria del Carmen, que foi voluntária na Igreja de São José Patriarca quando Bergoglio era padre da paróquia. Padre Paredes, que havia estudado no Colegio Máximo quando Bergoglio era reitor, tinha me dado o telefone de Maria e recomendado que eu ligasse para ela quando chegasse a Buenos Aires.

"Maria conhece Bergoglio muito bem, pois foi voluntária na paróquia dele. É uma mulher maravilhosa."

Maria não me ofereceu mate naquela manhã, e sim um copo bem morno de Coca-Cola e um sorriso largo e feliz. Nascida em 1947 e criada na província argentina do Chaco, perto da fronteira com o Paraguai, ela se mudou para Buenos Aires quando tinha 19 anos e para San Miguel 12 anos depois, em 1978.

Ela se envolveu na criação da Paróquia de São José Patriarca desde o início: "As ruas na época eram cheias de buracos. Quando chovia, andávamos na lama. Bergoglio poderia muito bem aparecer usando bota em um dos pés e tênis no outro, porque não se preocupava com os sapatos. O que o preocupava era o povo, acima de tudo: as crianças, os velhos, os pobres. Ele era um pastor. Pode se dizer que vivíamos uma era de ouro, porque na época havia muitos seminaristas e noviços que saíam nos sábados e domingos para trabalhar no bairro visitando casas e ministrando para os necessitados."

Os olhos dela se encheram de lágrimas com a lembrança. Maria os enxugou e voltou a falar: "Fazíamos empanadas e vendíamos. Padre Bergoglio misturava e assava *pastafrola* [torta típica geralmente feita com marmelada]. Como a paróquia progredia, outras capelas foram construídas. Padre Bergoglio tinha uma visão muito ampla e amorosa. Ele tentou atender todas as necessidades das famílias. A Cáritas [organização católica que auxilia os pobres e vulneráveis pelo mundo] trouxe roupas, remédios, suprimentos, comida. Ele tinha as necessidades do povo como principal preocupação."

Acho que eu não conseguiria interrompê-la, nem se quisesse.

"Ele estava envolvido em tudo, era um homem místico e um grande patriarca, com olhos de águia. Ele cobria tudo com seu olhar."

Maria apontou o chão e disse: "Ele ficava em pé aqui, mas via o que acontecia lá longe. Estava sempre olhando. Digo que ele tinha olhos em toda parte!"

Ela continuou: "Ele era sério, pensativo, mas sempre surpreendia alguém com um cumprimento ou uma piada. Ele me chamava de velha rechonchuda e eu respondia: 'Sim, é bom ficar velha, porque deixamos um rastro atrás de nós.' E ele ria.

"Às vezes, ele me dizia que estava um pouco preocupado porque eu tinha outro emprego, cuidava dos meus filhos, da casa e nos fins de semana ia ajudar na paróquia e, algumas vezes, visitar doentes. Ele dizia: 'Sim, mas sempre temos força. A força está sempre lá, certo?' Ele era discreto, nunca atraía atenção para si. Quando eu estava limpando ou consertando algo, ele me abordava e dizia: 'Não atraia atenção para você. Quanto menos eles notarem, melhor. O trabalho é para Deus.' Ele sempre nos ensinava a ficar quietos e trabalhar para Deus."

O silêncio tomou conta da sala. Os olhos de Maria se encheram de lágrimas novamente.

"Em 1983 meu filho ficou doente e precisou ficar internado na capital. Às 7 horas da manhã, Bergoglio foi ao hospital visitá-lo. Quando cheguei, ele já havia saído. A enfermeira falou: 'Um padre veio visitá-lo.' Perguntei: 'Quem?' E ela respondeu: 'Não sei, ainda estou transtornada. Ele me deu um olhar tão profundo que senti um arrepio. Quem é esse padre?'

"Eu entrei no quarto e meu filho contou que o padre Jorge tinha aparecido para visitá-lo. Naquela noite, Bergoglio mandou um seminarista até minha casa (porque na época não havia telefone aqui) para dizer que eu não deveria me preocupar, pois ele tinha feito uma visita a meu filho, que voltaria para casa em mais dois ou três dias. Bergoglio o tocou e o abençoou, dizendo: 'Agora o pior já passou. Você vai para casa.' Ele sempre nos surpreendia com esses gestos."

Em seguida, Maria contou uma história que ilustrava o compromisso com a religiosidade popular que Bergoglio certamente vivenciou e apreciou pela primeira vez ao lado da avó Rosa.

"O filho de uma das pessoas que conheci viajou a Jerusalém e me trouxe uma bolsinha com um pouco de terra de lá, o que me deixou muito feliz. No sábado eu levei a bolsinha para Bergoglio e disse: 'Padre Jorge, olha, eu tenho isto aqui. Você gostaria de abençoá-la para mim?' Ele pegou a bolsinha e respondeu: 'Eu não posso abençoar a terra desse solo, pois ele já está abençoado. Essa é a terra onde nosso mestre andou, onde Jesus andou.'"

A bolsinha está em uma mesa no canto da pequena e arrumada sala de estar.

"Bergoglio sempre deu preferência aos mais necessitados, ao povo que tinha menos, e se os seminaristas precisassem se privar de comer um dia para dar o alimento a quem precisasse, eles fariam isso. Os alunos e seminaristas diziam ter ficado sem comer mais de uma vez porque a refeição tinha sido dada a outra pessoa, que precisava. Bergoglio dizia: 'Vocês têm tudo aqui, estão confortáveis, e essa pessoa não tem nada. Temos que dar a ela nossa comida ou dinheiro. O dinheiro que temos para comprar comida, nós precisamos usar para comprar remédios para tal pessoa, porque ela precisa.'

"Você não sabe qual surpresa ele vai fazer. Você o trata seriamente e ele vem com algo que te faz rir. Alguns meses antes de Bergoglio ser nomeado papa, estava um dia terrivelmente quente. Eu tinha ido a Buenos Aires pegar um documento do qual precisava. Ele não estava no escritório, então, deixei um bilhete: 'Padre Bergoglio, meus melhores votos, tchau.'

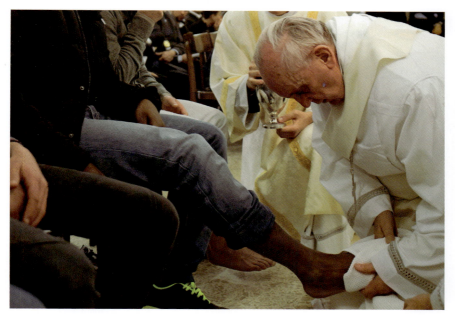

Na Quinta-feira Santa de 2013, pouco mais de duas semanas depois de sua nomeação, o papa Francisco visita a prisão juvenil de Casal de Marmo, em Roma, onde lava e beija os pés de menores infratores.
REUTEURS / OBSERVATÓRIO ROMANO

Em novembro de 2013, durante uma audiência geral na Praça de São Pedro, o papa Francisco abraça Vinicio Riva, portador de uma doença genética não-infecciosa que o deixou coberto de feridas.
EPA / CLAUDIO PERI

Jorge Mario Bergoglio em sua juventude.
CORTESIA DA CÚRIA GERAL DA COMPANHIA DE JESUS

Bergoglio foi criado nesta modesta casa no bairro Flores, em Buenos Aires. Hoje, a casa tem uma placa que diz: "Nesta casa viveu o papa Francisco."
LEGISLATURA DA CIDADE AUTÔNOMA DE BUENOS AIRES, MARÇO DE 2013

Bergoglio (segunda fileira de cima, sexto à esquerda) passou um ano no internato, onde os padres salesianos inculcaram dentro dele uma "cultura católica". CORTESIA DA CÚRIA GERAL DA COMPANHIA DE JESUS

Retrato da família Bergoglio. Da esquerda para a direta, em pé: Alberto, Jorge, Oscar, Marta. Sentados: Maria Elena, Regina, Giovanni, Rosa, Mario, e o marido de Marta, Enrique. CORTESIA DA CÚRIA GERAL DA COMPANHIA DE JESUS

A Basílica São José de Flores, na qual Bergoglio, um jovem cientista em ascensão, parou para se confessar e tomou uma decisão que mudou sua vida. MARK K. SHRIVER

Confessionário da Basílica São José de Flores, onde Bergoglio teve certeza de que se tornaria padre. MARK K. SHRIVER

A vocação de São Mateus, de Caravaggio. Bergoglio comparou seu próprio chamado ao sacerdócio ao chamado de Mateus para se tornar um dos discípulos de Jesus.
COMMONS.WIKIMEDIA.ORG/W/INDEX.PHP?CURID=15219497

Bergoglio em sua juventude como padre.
CORTESIA DA CÚRIA GERAL DA COMPANHIA DE JESUS

Bergoglio celebra missa com o Reverendo Pedro Arrupe, que serviu como Superior Geral da Ordem dos Jesuítas durante 18 anos.
CORTESIA DA CÚRIA GERAL DA COMPANHIA DE JESUS

Colegio Máximo de San José, em San Miguel, lugar que Bergoglio chamou de casa por, aproximadamente, trinta anos.
CORTESIA DO COLEGIO MÁXIMO DE SAN JOSÉ

O modesto quarto de Bergoglio no Colegio Máximo de San José contava com uma cama de solteiro...

... um pequeno genuflexório para rezar...

... e um altar com duas cadeiras.

MARK K. SHRIVER

Bergoglio batizando Ariel Leal, de 5 anos, no dia 19 de março de 1980, na paróquia de São José Patriarca, em San Miguel. Bergoglio pediu ao padre Alejandro Gauffin que servisse como padrinho da criança.
CORTESIA DE ALEJANDRO GAUFFIN, S.J.

Bergoglio distribuindo a primeira comunhão para um grupo de meninas em São José Patriarca, em 1986. CORTESIA DE ALEJANDRO GAUFFIN, S.J.

O austero quarto de Bergoglio em Córdoba, onde passou dois anos em exílio.
MARK K. SHRIVER

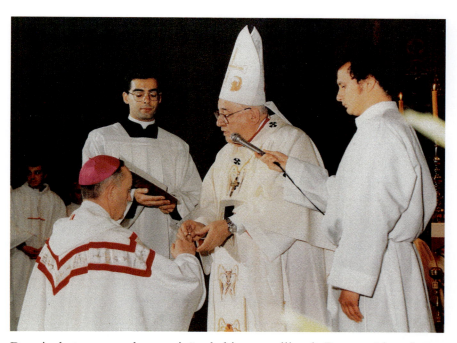

Depois de ter recusado a posição de bispo auxiliar de Buenos Aires duas vezes, Bergoglio finalmente aceitou. Na foto, ele aparece em sua ordenação episcopal, no dia 27 de junho de 1992, ajoelhando-se na frente do cardeal Quarracino enquanto recebe seu anel. CORTESIA DE MARIO RAUSCH, S.J.

Bergoglio homenageia o rabino Abraham Skorka com um diploma honorário da Pontifícia Universidade Católica da Argentina. Skorka chamou o ato – a primeira vez que a universidade dava um diploma honorário a um judeu – de "revolucionário". Cortesia de León Muicey

Bergoglio assina o Manifesto pedindo o fim do bombardeamento na Associação Mutual Israelita Argentina. Fernando Massobrio / La Nación

Com o padre Pepe segurando a Bíblia, Bergoglio discursa na inauguração da Villa 21-24, em 13 de setembro de 1997. Pepe construiu uma série de pequenas capelas para alcançar as pessoas da *villa* que não podiam ir até a igreja principal.
CORTESIA DA FAMÍLIA DI PAOLA

Bergoglio, de púrpura e mitra de bispo, observa enquanto Pepe fala durante uma missa e procissão na *villa*, no dia 21 de fevereiro de 1999. A missa e a procissão, realizadas nas ruas da *villa*, pediram paz e amor em resposta a várias mortes violentas. CORTESIA DA FAMÍLIA DI PAOLA

Bergoglio e Pepe em uma reunião do grupo de jovens, no dia 2 de abril de 2005, em uma escola técnica na Villa 21-24. Lá, ele recebeu a notícia de que João Paulo II tinha morrido, e celebrou uma missa em sua memória. (A foto abaixo foi tirada no mesmo dia e local.)
CORTESIA DA FAMÍLIA DI PAOLA

Bergoglio celebra missa em memória de João Paulo II, na escola técnica da Villa 21-24.
CORTESIA DA FAMÍLIA DI PAOLA

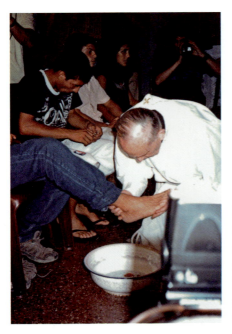

Bergoglio lava os pés de dependentes químicos na Quinta-feira Santa de 2008. No mesmo dia, Pepe criou o *Hogar de Cristo*, instituição beneficente que visa cuidar dos dependentes que vivem nas *villas*.
CORTESIA DA FAMÍLIA DI PAOLA

A igreja multifuncional de Pepe, em Villa La Cárcova. Ela é parte santuário, parte sala de jantar e parte sala de estudos.
MARK K. SHRIVER

Magui Alonso, à esquerda, e Paz Alonso, à direita com o padre Toto, na Igreja de Nossa Senhora de Caacupé, na Villa 21-24. CORTESIA DE MAGUI ALONSO E PAZ ALONSO

O simples, porém, colorido interior da Igreja de Nossa Senhora de Caacupé, na Villa 21-24. CORTESIA DE MAGUI ALONSO E PAZ ALONSO

O cardeal Bergoglio muitas vezes ria e brincava em particular, mas, em público, ele aparecia solene e sério. STR / Stringer

Bergoglio negou um carro com motorista e, em vez disso, preferiu pegar um metrô. Nesta fotografia, ele está a caminho de celebrar a missa do "Te Deum" na catedral, no dia 25 de maio de 2008. Emiliano Lasalvia / STR / Contributor

Nilda Gomez na frente das ruínas da boate da República Cromañón.
MARK K. SHRIVER

Um memorial para as vítimas do incêndio na boate da República Cromañón. MARK K. SHRIVER

Nossa Senhora dos Cartoneros vigia os trabalhadores da fábrica do Centro Verde de Barracas, em Buenos Aires.
MARK K. SHRIVER

Sergio Sanchez no meio de materiais recicláveis e outros materiais na fábrica do Centro Verde de Barracas, em Buenos Aires.
MARK K. SHRIVER

Minha filha Molly estava entre os estudantes que cumprimentaram o papa Francisco quando ele chegou à base da força aérea de Andrews, perto de Washington, D.C., no dia 22 de setembro de 2015. Ela tirou esta fotografia do papa caminhando com o presidente Obama e sua família.
MOLLY SHRIVER

Minha família e eu em frente à Basílica do Santuário Nacional da Imaculada Conceição, no dia 23 de setembro de 2015, onde o papa Francisco celebrou uma missa diante de 25 mil pessoas. Tommy e eu estamos atrás; Emma, Molly e Jeanne estão na frente (E-D). MARK K. SHRIVER

"Quando voltei para casa, uns cinco ou dez minutos depois de ter chegado, o telefone tocou. Não sei por quê, mas Bergoglio me veio à mente. Peguei o telefone, disse alô e ouvi: 'Senhora Maria del Carmen.' Então perguntei: 'Padre Bergoglio, por que o senhor está me ligando?' Ele respondeu: 'Estou ligando para dar um oi, saber notícias das crianças.' Porque, para ele, meus filhos ainda são as crianças. Então eu contei o que o preguiçoso estava fazendo. Era assim que ele chamava meu filho mais novo. Bergoglio dizia: 'Que preguiçoso', pois ele fugia do trabalho. Então falei: 'Ele está na Espanha, em Madri.' E conversamos. Foi quando ele disse: 'Quero que você reze por mim.' Eu respondi: 'Tudo bem, padre, mas o senhor reze por mim também.' Ele riu e retrucou: 'Você acha que eu parei de fazer isso em algum momento?' Então eu completei: 'Está certo, padre, Está certo.'"

Ela deu um dos maiores sorrisos que já vi e sacudiu a cabeça.

Maria mostrou alguns bilhetes assinados por Bergoglio. Ela os exibiu orgulhosamente na pequena mesa da cozinha. Alguns eram agradecimentos a comerciantes que doaram comida ou outras mercadorias para a Igreja de São José Patriarca nos "anos dourados". Maria disse: "Não tínhamos cadeiras na paróquia. Tínhamos uma cadeira pequena, antiga e quebrada. Alguém deve tê-la esquecido. Bergoglio dizia: 'Não se preocupe. Vai chegar o dia em que teremos cadeiras. Esse dia vai chegar.'

"Então, um dia, a caminho do trabalho, encontrei o dono de uma importante loja de móveis na cidade, que se ofereceu: 'Posso doar alguns bancos. Posso doar tudo.' E voltei feliz para contar ao padre Bergoglio que tínhamos bancos. Depois apareceu a doação do piso de cerâmica e, bem devagarzinho, a igreja foi terminada, sem dinheiro algum, porque as pessoas dali eram pobres e só podiam deixar algumas moedas.

"Bergoglio sempre sorria quando recebia algo. Ele só estava preocupado em seguir em frente e dizia que eu sempre deveria lembrar que a melhor arma, o melhor canhão, ao qual ninguém pode opor resistência, são 50 Ave-Marias! Sim, as balas contra as quais não há proteção são 50 Ave-Marias. Ele dizia: 'Lembre-se: 50 Ave-Marias, 50 Ave-Marias. Lembre-se do canhão!'"

Maria insistiu para que eu conhecesse alguns jovens que haviam se envolvido com as atividades organizadas por Bergoglio e seus alunos. Assim, voltei ao Colegio Máximo poucos depois. Encontrei Mario Maidana, 43 anos, e Daniel Lemos, 44, em frente ao Colegio. Eles sugeriram que fôssemos até alguns bancos na sombra atrás do imenso prédio. Os dois, claramente, conheciam bem a região, pois ainda moram no bairro e agora são pais e maridos. Mario conheceu a esposa em um dos grupos jovens de Bergoglio.

Passamos uma hora falando dos mesmos assuntos que tratei com Gauffin, Nardin e Petty. Os dois homens falavam da época com a mesma dose de melancolia e gratidão dos dois jovens jesuítas que trocaram reminiscências comigo em uma churrascaria de Buenos Aires.

"Ele era como um dos nossos pais, mas era sempre chamado de Jorge, Jorge, Jorge. Todos os meninos o chamavam assim, e ele preferia ser chamado apenas pelo nome em vez de padre Jorge. Ele sempre queria todos no mesmo nível, era isso", conta Mario.

Eles falaram sobre noites de exibição de filmes tão lotadas de crianças que se alguém precisasse ir ao banheiro era preciso sair pela janela. Também mencionaram as festas do santo padroeiro da paróquia, cheias de comida e diversão, e falaram do piquenique anual, onde centenas de crianças, católicas ou não, reuniam-se no Colegio Máximo para um dia de brincadeiras.

Daniel descreveu Bergoglio: "Eu não me lembro dele sendo rígido. Pelo contrário, ele era muito suave, calmo. Eu me lembro da semana da Páscoa, a cerimônia de lavar os pés. Bom, ele lavava os pés do povo, das crianças que estavam na região."

A voz dele ficou embargada.

Conheço pessoas que tiveram os pés lavados na Quinta-feira Santa. Eles foram escolhidos com antecedência e lavaram bem os pés em casa, antes de permitir que o padre "os lavasse" durante a missa.

Precisei perguntar: "Vocês lavavam os pés antes de ir para a missa?"

"Isso não era algo preparado. As pessoas vinham à igreja e havia um irmão na porta que perguntava: 'Gostaria que o padre lavasse os seus pés?' Se a pessoa dissesse sim, tudo bem. Se não aceitasse, tudo bem também. Era uma decisão tomada no momento. Nada era feito com antecedência."

E, então, os pensamentos dele se voltaram para o mar.

"Apenas imagine. Nossos pais davam a autorização para ir aos passeios. Tínhamos 5 ou 6 anos, talvez 9. E estávamos a 300 quilômetros de distância, sem pai ou mãe, apenas com os padres. Essa foi a primeira vez que vimos o mar!", relembra Mario.

Daniel continua: "Nós saíamos daqui e, como havia muitos garotos, levávamos apenas o essencial: água, arroz e macarrão instantâneo, que podia ser preparado com facilidade. Quando chegávamos lá, os padres iam às grandes empresas, matadouros e supermercados, pedindo doações para complementar o que precisávamos. Nunca sentimos falta de nada, e jamais passamos fome. Pelo contrário, tínhamos tudo. A generosidade do povo daquela cidade litorânea era incrível."

Perguntei se Bergoglio ia nesses passeios.

"Sim, acho que ele foi duas vezes. Porém, estava sempre em contato com a gente, então, sabia como tudo estava indo. Ele estava sempre informado de tudo", explica Mario.

Lembrei a descrição de Bergoglio feita por Petty: o homem que estava sempre presente, mesmo quando não estava. Contei essa história aos dois homens, e eles concordaram. Daniel olhou para o campo, para o lugar onde ficavam os chiqueiros.

"Eu me lembro de sempre vê-lo andar no parque, tanto lá dentro quanto na calçada, lá fora. Ele sempre estava andando. Meditando, eu acho. Estava sozinho, pensando", diz Daniel.

Mario complementa: "Ele andava muito pelo bairro. Sempre sabia o que estava acontecendo com as famílias. Se ele celebrava a missa das 9 para os adultos, ia andar pelo bairro depois. De algum modo, ele sempre sabia quem estava doente, e levava a comunhão para a pessoa. Bergoglio estava sempre em toda parte."

* * *

As divisões mencionadas por Mom Debussy e confirmadas por Nardin e Gauffin continuavam a se aprofundar. O homem que sabia tudo, que estava presente mesmo quando não estava, foi reitor do Colegio Máximo até 1986. Ele, depois, seria enviado para terminar o doutorado na Alemanha, mas logo voltaria. Bergoglio sentia falta de sua querida Buenos Aires, e não terminou o doutorado.

De volta à Argentina, Bergoglio foi enviado para um emprego em horário parcial, dando aulas no Colegio del Salvador, em Buenos Aires, e foi nomeado confessor da comunidade jesuíta. O homem que estava responsável por algo desde quando terminou o treinamento agora, certamente, não tinha tanto poder assim.

Ele pegava o trem para o Colegio Máximo aos domingos, jantava com os escolásticos e dava aulas às segundas-feiras.

"O reitor pediu que lecionasse, mas ele queria manter controle sobre os alunos e o treinamento deles. Isso foi no fim da década de 1980. Bergoglio ainda estava muito concentrado em um currículo rígido. Ele não queria que lêssemos nada da Teologia da Libertação."

Tomei café com Leandro Manuel Calle, que entrou para os jesuítas em 1987, foi ordenado em 1999 e deixou o sacerdócio em 2007. Ele estudou no Colegio Máximo no final da década de 1980. Quando perguntei sobre as experiências lá, ele me respondeu pensativamente: "Quando entrei no Colegio Máximo, Bergoglio ia lá apenas para ensinar. Mas eu lembro muito bem, pois ele tinha um quarto lá."

Calle fez uma pausa.

"Posso falar com você sobre o período pós-Bergoglio, o que ele criou." E fez outra pausa. "Eu conheci todos os caras que passaram por lá e o que se pode ver é algo muito complexo. Muito complexo mesmo."

Eu me lembrei da hesitação nas vozes de Gauffin e Nardin quando surgia esse período de tempo, o fim da década de 1970 e o início da década de 1980. Nardin me disse: "Quando Jorge parou de ser reitor do Máximo, houve uma divisão na província, uma luta, uma crise interna. É muito complicado de explicar e muito complicado de entender."

Gauffin tinha me falado: "Havia uma crise na ordem dos jesuítas quando ele parou de ser reitor que é muito difícil de explicar. Você precisaria ter vivido."

Calle completou: "Há uma expressão usada aqui na Argentina: 'Roupa suja se lava em casa.' Em outras palavras, os problemas familiares se resolvem na família."

Este era, obviamente, um período doloroso para todos os envolvidos. Uma época sobre a qual ninguém quer se referir, por ser cheia de mágoas e ambiguidades. Hesitei até em pedir a Calle para reviver aquele passado, mas ele se ofereceu para isso: "Quando falamos de esquerda e direita, não é um problema de esquerda e direita. Na Argentina, tendemos a colocar Bergoglio na esquerda ou na direita. É muito mais complexo que isso, muito mesmo. Entra em um contexto de nível espiritual, emocional, de dominação e poder. Em minha opinião, o maior tema para Bergoglio é a questão do poder. Porque, nesses anos, para mim, a questão era de paternidade. Paternidade espiritual. E eu acho que exercer a paternidade espiritual, sendo filhos e pais, é um grande erro (para todos), pois o Evangelho fala em sermos irmãos. Bergoglio não gosta muito disso, porque o conceito de irmão gera uma linha horizontal, não vertical."

Paternidade espiritual? Eu me lembro de Nardin ter se referido ao período com Bergoglio tão afetuosamente que chamou o Colegio Máximo de "lar paterno". Mario e Daniel o consideravam um pai e Maria usou uma frase inesquecível para descrever Bergoglio: "Ele era um grande patriarca, com olhos de águia."

"Você entende?", perguntou Calle. "O relacionamento é sempre do tipo 'estou acima de alguém ou alguém está acima de mim', mas nunca é assim." Ele faz um gesto horizontal com as mãos. "E se você lê o Evangelho, o que um homem da Igreja deve fazer, Jesus enfatiza a fraternidade."

Calle estava descontente por reviver o passado, mas ainda não tinha terminado.

163

"Nos anos de 1989 e 1990, a Companhia estava se dividindo em duas, bem ali no Colegio Máximo. Em outras palavras, o problema dos que estavam lá no alto chegavam até nós, e havia uma crise. É uma crise que todos os jesuítas vão negar, sejam a favor ou contra Bergoglio. Eu, claramente, estava no lado contra Bergoglio."

Quando perguntei se todos os jovens jesuítas estavam desse lado, ele respondeu: "Não, não, não. Como eu disse, não é uma questão de certo ou errado, jovem ou velho. É uma questão espiritual, emocional e ideológica na qual a esquerda e a direita caíram. [...] É complexo, muito complexo. O assunto do poder é complexo. Porque, quando você busca o poder, não está muito preocupado com ideologia. Essa é a minha visão, mas vou insistir mais uma vez que é complexo."

Antes que eu pudesse fazer mais uma pergunta, Calle falou: "Não dá para colocar rótulos em Bergoglio. Rótulos não servem para ele. É muito complexo. Porque, quando se trata dos pobres, por exemplo, ele é uma pessoa extremamente sensível. Sensível e austera."

"É muito complexo." Quantas vezes eu já ouvi isso até agora?

As acusações giravam na minha cabeça. Autoritarismo, pecados, erros, disciplina excessiva.

E as opiniões diferentes: o que alguns chamam de época de paternalismo ditatorial eram os dias mais felizes da vida de outros. O que alguns viam como orientação, outros consideravam manipulação e jogo de poder. Havia as cenas idílicas de crianças brincando e aprendendo a fé, além dos padres trabalhando 24 horas por dia, mas amando a rotina. Contudo, havia um reconhecimento aparentemente geral de que existia uma divisão, uma tensão. Uma roupa suja, se quiser chamar assim, que deve ser lavada apenas em casa.

O que eu, um norte-americano de 52 anos, acho de Bergoglio aos 53? Um homem que há 25 anos, interagindo com esses homens e mulheres, fez alguns chorarem de admiração e outros sacudirem a cabeça, incrédulos, e ainda deixou adultos visivelmente perturbados?

Seria possível descrever Bergoglio, com certo exagero, parafraseando as palavras dele ao falar da Igreja Católica durante a Guerra Suja: meio pecadora, meio santa. Particularmente, prefiro a imagem definida pelo padre Scannone, teólogo jesuíta argentino e um dos professores de Bergoglio:

"Eu o vi crescer em todas as etapas da vida. Ele era como uma flor que crescia, crescia e agora está desabrochando."

Mas para que a flor pudesse desabrochar seria preciso replantá-la. Não em Buenos Aires e sim no interior da Argentina, em Córdoba.

O que aconteceu em Córdoba — e depois — que fez antigos amigos e aliados sacudirem a cabeça, surpresos? Por que e como esse patriarca pio, disciplinado e concentrado desabrochou em um pastor gregário, de coração grande e sorridente?

18 Córdoba

Você já se sentiu tão para baixo e derrotado que chegou a questionar o motivo pelo qual estava aqui? Eu já. Foi em setembro de 2002, quando tinha perdido a corrida pela indicação democrata para ser candidato ao Congresso pelo 8º distrito de Maryland. Eu havia me candidatado ao posto em abril de 2001 e passei meses me preparando para a campanha antes disso. Tinha contratado os conselheiros políticos mais bem-pagos do país. Passei pelo menos dois anos trabalhando para isso, e perdi, por menos de 2.500 votos.

Contudo, eu podia dizer que estava concorrendo ao posto há muito mais tempo. Eu tinha sido representante do estado (em Maryland nós os chamamos de delegados) por oito anos, mas era mais do que isso. Ter um mandato eleito fora assunto de inúmeras conversas de jantar em minha juventude. Não, nunca fomos obrigados a concorrer a um cargo político, mas eu, definitivamente, tinha a sensação que era a profissão mais honrada que existia. E essa sensação teve uma profunda influência em mim quando criança.

O *Washington Post* definiu minha corrida para as primárias como o evento político do ano. Dois outros fortes candidatos estavam competindo para desafiar a popular, ainda que vulnerável, candidata à reeleição Connie Morella, no pleito geral de novembro.

A pressão estava no ar, e a imprensa cobria tudo.

As pesquisas internas mostravam que minha liderança diminuía a cada semana. A poucas semanas da eleição, fiquei para trás. Tinha arrecadado muito dinheiro e também entrado com dinheiro do próprio bolso na reta final. Minha mãe, com 81 anos, e meu pai, perto dos 87 e já sofrendo com o início do mal de Alzheimer, fizeram até campanha de porta em porta para mim, tanto nos dias chuvosos quanto nos calorentos.

Os resultados vieram na mesma noite da eleição. Foi por pouco, muito pouco mesmo. Estive na disputa boa parte da noite. Uma multidão me apoiava no hotel. Fui até lá e agradeci. Todos bateram palmas, mas a eleição ainda estava para ser decidida.

A noite se arrastou. As câmeras de TV saíram porque os noticiários noturnos já tinham acabado. Minha esposa, Jeanne, e eu decidimos ir embora, pensando que o resultado oficial só sairia no dia seguinte, mas, no caminho para casa, o gerente de campanha me ligou com o resultado oficial.

Eu havia perdido.

Parei no acostamento, saí do carro e liguei para parabenizar Chris Van Hollen (que derrotou a representante Morella na eleição geral). Também me ofereci para participar de um evento com ele naquela mesma semana.

Graças a Deus que não precisei fazer um discurso reconhecendo a derrota, pensei, enquanto me jogava na cama, exausto e desanimado.

No dia seguinte, após um café da manhã rejuvenescedor com Jeanne e nossos dois filhos, Molly e Tommy (Emma nasceu em 2005), logo vieram à tona os sentimentos de humilhação e derrota. A sensação era de ter maculado o legado da família, a esperança que meus pais tinham em mim, além da minha suposta vocação.

Olhei para o meu pai, que sofreu uma das perdas mais desiguais da história das campanhas presidenciais norte-americanas quando concorreu com George McGovern, em 1972. Ele perdeu massivamente e sofreu na mesma medida; agora eu entendia. Mas ele era um Shriver, não um Kennedy. Eu era um pouco de cada e tinha claramente desonrado a tradição mais famosa da família.

Nós não perdemos, somos Kennedys. No fundo sempre acreditei nisso, apesar de várias derrotas. Eu me lembro da sensação de esperar para ir a outro lugar, longe da minha família e dos amigos. Para o exílio, por assim dizer.

Muitos anos depois, quando meu pai sucumbia lentamente ao Alzheimer, eu finalmente comecei a fazer as pazes com minha derrota eleitoral. A doença tem um jeito de derrubar todas as máscaras, todas as fachadas. O que eu via, enquanto cuidava dele, era um homem que me amava com pureza e pelo que eu era. Ele não me amava porque eu tinha vencido duas eleições e perdido uma, nem por eu ter um cargo importante na Save the Children. Finalmente percebi que o amor é o verdadeiro sucesso, não o poder ou a fama.

Após a morte dele, me senti fisicamente enlutado por vários anos. Cheguei a vivenciar na época o que Inácio chamava de desolação. Mas aí, um dia, graças ao estímulo de um amigo, decidi tentar escrever sobre a vida do meu pai e meu relacionamento com ele. Quando me sentei no porão para fazer uma lista das lições que meu pai havia me ensinado, escrevi que uma das mais importantes foi que minha derrota eleitoral de forma alguma afetou o amor dele por mim. Enquanto escrevia, senti uma sensação de paz. Era quase uma sensação física, como se a bondade estivesse me envolvendo. Esse homem era meu pai! Que privilégio incrível. Esse homem tinha me aproximado de Deus! Que fato incrível. O amor desse homem por mim, assim como o amor de Deus, era o mesmo, independente de eu estar no Capitólio como representante dos EUA, trabalhar para a Save the Children ajudando crianças pobres em todo o país ou atuar em qualquer outro cargo. Não importava o que eu fizesse, ele simplesmente me amava.

Após transformar aquela noite no porão em um livro sobre o meu pai, agora percebo que as horas mais sombrias podem se transformar nos momentos mais enriquecedores. A desolação pode virar consolação se o guia certo estiver presente para nos ensinar a discernir as mensagens escondidas em nosso medo, falta de esperança e desespero. Para mim, meu pai era um representante de Deus. Por ele eu comecei lentamente a ouvir a mensagem de Deus sobre as prioridades mundanas, o amor, a generosidade e a misericórdia. Acredito ter vivenciado o que Inácio chamou de consolação.

Então, quando pesquisei as circunstâncias da grande "derrota" de Bergoglio, o exílio da amada Buenos Aires, quis me concentrar tanto no crescimento do homem quanto nos fatos que levaram ao banimento dele. As mudanças vivenciadas por uma pessoa sempre foram a narrativa mais interessante para mim.

Agora sabemos que a abordagem preferida por Bergoglio para a formação dos jesuítas causou profundas divisões na ordem, assim como a maneira pela qual ele lidava com essa tarefa. Durante a década de 1980, muitos jesuítas ainda acreditavam que Bergoglio era rígido demais nas exigências aos jovens jesuítas, e mesmo não sendo mais provincial, ainda tentava moldar e gerenciar todas as dimensões da vida jesuíta na província. Mesmo seus admiradores definiram a época como complexa e algo que não queriam ou não podiam descrever. Era simplesmente doloroso demais. Em 1983, o mentor e inspiração de Bergoglio, Pedro Arrupe, foi substituído por Peter Hans Kolvenbach no posto de superior-geral em Roma. Os críticos e antagonistas de Bergoglio na Argentina tinham os ouvidos do novo chefe. A tensão e a divisão persistiam, e pioravam.

Externamente, em termos de cultura e política argentina e católica, o fato de ter um cargo de poder durante a Guerra Suja na Argentina maculou Bergoglio. Ele tinha salvado muitas vidas e tentado trazer paz e racionalidade à sua conturbada terra natal, mas arranjou inimigos ao fazer isso. Em particular, seu papel nas sagas de Jalics e Yorio fez alguns jesuítas poderosos se afastarem dele, passando a atuarem nos bastidores para enfraquecê-lo.

Porém, quanto mais eu conversava com as pessoas, mais claro ficava para mim que, embora desejasse o poder, Bergoglio queria, acima de tudo, continuar aconselhando. Ele havia declarado durante o juniorado no Chile, em 1960, seu sonho profissional de ser mestre de noviços. No entanto, quando você consegue o emprego dos sonhos logo de primeira, há o risco de nunca mais querer sair dele ou, no caso de Bergoglio, de não querer deixar para trás a responsabilidade e o prazer que vêm com o cargo, muito menos os hábitos, as habilidades e a autoridade a ele associados.

Por todos esses motivos, o provincial jesuíta da época, sem dúvida com a bênção de Kolvenbach, decidiu tirar Bergoglio de sua amada Buenos Aires e mandá-lo para o interior, em Córdoba. Ele não recebeu um grande título ou posto cheio de responsabilidade. Ele ouvia confissões, lia, escrevia e cuidava dos jesuítas mais velhos.

Alguns jesuítas me contaram que não havia rebaixamento na ordem. Segundo eles, o provincial fala com cada um dos jesuítas da província e reza, tentando perceber claramente qual é a melhor função para aquele homem. O que um estrangeiro como eu vê como um rebaixamento ou exílio, para eles é apenas uma nova função, onde se pode encontrar e servir a Deus, um novo papel, onde se pode crescer espiritualmente.

Nesse caso, contudo, acredito que as divisões criadas por Bergoglio nas décadas de 1970 e 1980 eram tão profundas e desagregadoras (a ponto de homens que viveram aquele período ainda não conseguirem descrevê-lo, preferindo sacudir a cabeça e mudar de assunto) que seus superiores decidiram que ele havia violado um principio fundamental que o próprio santo Inácio tinha escrito nas constituições jesuítas: "Qualquer um que seja visto como causa de divisão entre os que vivem juntos, quer distanciando-os entre si ou de seu superior, deve ser cuidadosamente separado da comunidade, pois é uma peste que pode infestá-la terrivelmente se não se lhe puser logo remédio."

Padre Petty, que lecionava na Universidade Católica de Córdoba, lembra que mal reconhecia Bergoglio no exílio.

"Fiquei preocupado. Ele passava por um período muito difícil. Dava para ver que tudo o que ele havia construído desabava ao redor dele. Era óbvio que estava no meio de uma grande luta interna, em Córdoba. Bergoglio visitava padres doentes e aposentados na enfermaria, cuidava e fazia as refeições deles, mas não falava com outros jesuítas. Seu trabalho era ser um padre assistente, que não era fixo. E essa luta era visível no rosto dele."

Padre Velasco, que depois atuaria como presidente da Universidade Católica de Córdoba, conhecia Bergoglio ainda melhor que Petty e testemunhou essa luta interna em primeira mão.

"O fato é que deram pouco para ele fazer. Bergoglio foi reduzido. Ele era muito capaz e ativo, mas tinha pouco a fazer ali. Ele estava muito triste em Córdoba. Sabíamos disso. Nem era preciso dizer, dava para ver. Mas ele nunca reclamou. Simplesmente, não reclamava", conta Velasco.

É chocante ler os escritos de Bergoglio durante o período em Córdoba. Em um ensaio intitulado "O exílio de toda carne", ele escreveu: "O homem ou mulher que conscientemente se exila sofre uma dupla solidão. Eles são solitários na multidão, estranhos em uma terra estranha, embora também sintam o gosto de uma solidão espiritual, 'o amargo da solidão diante de Deus'."

Ele então fala do profeta hebreu Jeremias, líder que sucumbiu a lutas fratricidas e difamações feitas pelo seu povo. Jeremias tinha sido preso a um tronco para que todos vissem, ameaçado, ridicularizado e por fim banido. Porém, como a ânsia por reformas e as críticas ao seu povo por seguir falsos profetas não foram ouvidas, Jerusalém acabou sendo conquistada pelo exército babilônico.

Jeremias ficou conhecido como "o profeta chorão", pois em uma parte da Bíblia ele chora pelo destino de seu povo:

E, se isto não ouvirdes,
a minha alma chorará em lugares ocultos,
por causa da vossa soberba;
e amargamente chorarão os meus olhos,
e se desfarão em lágrimas,
porquanto o rebanho do Senhor foi levado cativo.

"É a prece de um homem que deu tudo o que podia e gostaria que ao menos Deus estivesse a seu lado", escreveu Bergoglio. "Mas na vida, às vezes, parece que Deus se coloca do outro lado."

Esta última frase parece mostrar um homem no estado de desolação inaciana.

171

Santo Inácio acreditava que nossas sensações de paz ou desespero são reviradas pelos espíritos, alguns bons e outros maus. Os sentimentos se encaixam em duas categorias: "consolação" e "desolação", na linguagem da espiritualidade inaciana. Eles foram discutidos no Capítulo 1, então, vou citar apenas o site *Ignatian Spirituality* para relembrar os conceitos:

A consolação espiritual é uma experiência de estar tão em chamas com o amor de Deus que nos sentimos compelidos a louvar, amar e servir a Deus e ajudar os outros da melhor forma que pudermos. A consolação espiritual estimula e facilita uma sensação profunda de gratidão pela fidelidade, misericórdia e companheirismo de Deus em nossa vida. Na consolação, nós nos sentimos mais vivos e conectados aos outros.

A desolação espiritual, por outro lado, é uma experiência da alma em escuridão ou turbulência pesada. Somos assaltados por todo tipo de dúvida, bombardeados por tentações, e ficamos atolados em preocupações pessoais. Ficamos excessivamente inquietos e ansiosos e nos sentimos afastados dos outros. Tais sensações, nas palavras de Inácio, "Movem alguém para a falta de fé, deixando a pessoa sem esperança e sem amor".

A questão principal para interpretar a consolação e a desolação está centrada em de onde o movimento vem e para onde ele leva. A consolação espiritual nem sempre significa felicidade, muito menos a desolação espiritual sempre significa tristeza. Às vezes, uma experiência de tristeza pode ser um momento de conversão e intimidade com Deus. Momentos de sofrimento humano podem ser momentos de imensa graça. Da mesma forma, a paz ou a felicidade podem ser ilusórias, se esses sentimentos nos ajudam a evitar as mudanças que precisamos fazer.

Padre Scannone descreve esse período claramente em termos inacianos:

"Quando ele estava em Córdoba, eles falavam sobre o exílio, ou sei lá que nome era usado. Eu me lembro de vê-lo por lá, muito sério e austero. Acho que ele estava passando por uma espécie de noite escura. Uma purificação espiritual. Pouco depois ele foi nomeado bispo, portanto, eu acredito que a providência divina estava preparando Bergoglio. Esta é minha interpretação de fora, é claro, mas lá eu realmente o vi com uma expressão de desolação."

A referência de Scannone à nomeação como bispo revela o fim da desolação de Bergoglio em Córdoba e o início do seu retorno a um estado de consolação. Bergoglio continuou rezando, e talvez Deus tenha realmente interferido. Múltiplas fontes disseram que Bergoglio fora sondado para o cargo de bispo auxiliar duas vezes, e recusou. É espantoso para quem está de fora que um homem em tal estado de desolação recusasse o que vejo como promoção e oportunidade de voltar a Buenos Aires, mas lembre-se de que Bergoglio era um jesuíta e, como tal, fez um voto de não buscar altos cargos eclesiásticos. Além disso, um bispo é responsável por todos os padres de uma diocese, não só jesuítas, como também franciscanos, salesianos, padres diocesanos e mais. Por fim, se ele virasse bispo, não viveria mais com seus irmãos jesuítas, e a comunidade é parte crucial da vida de um jesuíta. Bergoglio estaria, essencialmente, deixando sua amada estrutura jesuítica e seus companheiros para sempre.

O voto de obediência ao papa, contudo, acabou levando Bergoglio a aceitar o posto.

Um ex-jesuíta que continua muito próximo a Bergoglio e pediu anonimato disse ter falado a Bergoglio na época: "Você pode ser um jesuíta morto ou um bispo vivo."

Dois anos depois do exílio, em junho de 1992, Bergoglio foi nomeado bispo auxiliar e vigário episcopal para o distrito de Flores, em Buenos Aires. Ele estava prestes a começar outra ascensão surpreendente ao poder e à proeminência. No ano seguinte, ele seria nomeado vigário-geral da Arquidiocese de Buenos Aires. Em 1997, o papa João Paulo II o nomeou como arcebispo coadjutor, significando que quando o cardeal Antonio Quarracino se aposentasse ou morresse, Bergoglio iria sucedê-lo. Tal indicação é rara, e o fato de Bergoglio tê-la obtido em apenas cinco anos é surpreendente. Menos de um ano depois, após a morte de Quarracino, ele passou a ser arcebispo, e em 2001 subiu na hierarquia mais uma vez, chegando ao posto de cardeal.

Porém, essa ascensão seria diferente. Aquele momento em Córdoba, a época de sua "grande crise interior" havia mudado Bergoglio. Ouvir incontáveis confissões certamente deve ter lhe dado novas percepções em relação ao sofrimento humano e à supremacia da misericórdia. De volta a Buenos Aires, em junho de 1992, ele continuaria a aprender, de modo lento e constante, uma lição que ensina a todos hoje: nem o poder nem cargos trazem a consolação de Deus. Ele aprenderia que a verdadeira consolação viria ao apoiar as famílias de crianças e adultos judeus assassinados, ao se envolver em um diálogo significativo entre religiões, ao fornecer apoio pastoral às famílias das vítimas de um incêndio mortal em uma boate e ao lutar por justiça após a tragédia, ao ajudar a organizar e apoiar trabalhadores nos bairros mais pobres de Buenos Aires e ao viver de acordo com os princípios inacianos: exercer o discernimento, servir aos mais pobres e marginalizados e ministrar para as almas, mesmo que ele fizesse isso dentro da estrutura e da hierarquia de sua amada Ordem dos Jesuítas.

19 Filhos de Abraão

Eu não sei quanto a você, mas para mim sempre foi muito fácil conviver com pessoas da mesma religião que a minha. Como fiz o ensino fundamental, o ensino médio e o curso superior em instituições católicas, eu conhecia muitos católicos. Embora tenha frequentado outras escolas (uma protestante e uma secular), a maior parte dos meus melhores amigos é católica.

Eu sabia que alguns dos melhores amigos e colegas mais próximos da minha mãe eram judeus. E também que meu pai trabalhava em um escritório de advocacia predominantemente judeu. E estava ciente de que ambos tinham colegas e amigos protestantes, muçulmanos e ateus.

Fui exposto a todos esses grupos, mas a exposição a pessoas com a mesma idade e religiões diferentes da minha tinha sido limitada, até eu entrar na política em 1994, aos 30 anos.

O distrito de Maryland, pelo qual concorri, tinha um grande número de eleitores judeus, então, para ganhar as primárias e, depois, a eleição geral, tive que procurar a população judaica. Através do amigo de um amigo fui apresentado a Joseph Weinberg, rabino-chefe da Congregação Hebraica de Washington, talvez a congregação judaica mais influente na área do distrito de Colúmbia e lar de vários eleitores em potencial.

Eu nunca tinha visitado a Hebraica de Washington, jamais fui a um bar ou bat mitzvah quando criança, nem tinha ido a um casamento, funeral ou qualquer tipo de serviço religioso lá. Eu também não conhecia rabino algum, mas sabia que Weinberg era um membro influente da comunidade judaica e seria uma pessoa crucial para o meu futuro político. Então, solicitei uma reunião com ele.

Weinberg veio até a recepção para me cumprimentar e me levou ao seu escritório. Era um pequeno espaço, cheio de livros e fotos de sua esposa e filhos. Ele tinha 1,80m de altura, era muito magro, tinha um sorriso acolhedor e uma voz calma e suave. Falamos sobre a infância em Montgomery County, Maryland, sobre escolas, Deus, justiça social, casamento e sobre nossas famílias.

Perto do fim, falamos de minhas aspirações políticas.

Quando me levantei para ir embora, ele se ofereceu para me apresentar seu filho Jonathan, advogado de formação alguns anos mais jovem que eu e que morou em Montgomery County a vida inteira. Eu agradeci e fui embora.

Jonathan era tão atencioso, cordial e comprometido com o bem comum quanto o pai. Ele seria o chefe de minhas três campanhas políticas. Além disso, junto com a esposa, Jennifer, virou grande amigo de Jeanne e meu, desde então, mesmo que minha carreira política tenha acabado há 14 anos.

Apesar de minha existência protegida, fiquei impressionado quando recentemente me vi na posição de apresentar um rabino e um padre que trabalhavam a poucos quilômetros de distância, mas um não fazia ideia de quem era o outro, nem conheciam a instituição um do outro.

Talvez eu não devesse ter ficado tão impressionado. Entre os meus 30 e 40 e poucos anos de vida, percebi que vários dos meus amigos católicos e judeus tendiam a conviver com pessoas como eles. Sim, as pessoas trabalhavam em ambientes diversificados, mas parecia que seus amigos mais próximos tendiam a ser gente com a mesma religião: católicos andavam com católicos e judeus com judeus.

Assim, quando embarquei nessa jornada para entender o papa Francisco, fiquei surpreso ao descobrir que ele tinha escrito um livro em colaboração com um rabino. E me surpreendi ainda mais quando abri *Papa Francisco: Conversas com Jorge Bergoglio*, a única biografia autorizada de Bergoglio, e vi que o prefácio tinha sido escrito pelo mesmo rabino, Abraham Skorka.

A primeira frase de Skorka me chamou a atenção: "Até onde sei, esta deve ser a primeira vez em 2 mil anos que um rabino escreveu o prefácio de um livro sobre os pensamentos de um padre católico."

Esta é uma alegação espantosa. É particularmente espantoso que um rabino tenha escrito o prefácio para a biografia autorizada do então cardeal de uma cidade importante em um país muito católico. E, considerando a história do antissemitismo na Argentina, a relação entre os dois homens e a relação de Bergoglio com a comunidade judaica em geral me pareceu ainda mais incomum.

Quase 250 mil judeus vivem na Argentina, a imensa maioria em Buenos Aires. É a maior população de judeus na América Latina, perdendo apenas para os EUA em termos de população judaica nas Américas. Apesar disso, a experiência deles na Argentina foi tudo, menos tranquila. Os judeus imigraram para a Argentina por mais de 120 anos, fugindo do Império Russo czarista no século XVIII e da Alemanha nazista na década de 1930. O impacto do antissemitismo na Argentina não demorou a acontecer, começando pela morte de várias crianças judias no inverno de 1889, após terem sido deixadas em uma estação de trem inacabada. Em 1938, uma circular do Ministério das Relações Exteriores da Argentina fechou o país aos refugiados judeus que fugiam da Alemanha. Esse antissemitismo incorporado permaneceu com o esforço do presidente Juan Perón para receber nazistas e outros criminosos de guerra na Argentina a partir de 1946.

Esses atos de antissemitismo não se restringem ao século XIX e à primeira metade do século XX. No dia 17 de março de 1992, alguns meses antes de Bergoglio ser nomeado bispo auxiliar de Buenos Aires, 29 pessoas foram mortas e mais de 240 ficaram feridas quando um carro-bomba explodiu na entrada principal da Embaixada israelense, no centro de Buenos Aires. Um grupo chamado Jihad Islâmica assumiu a responsabilidade logo após o atentado, mas ninguém foi preso.

Pouco mais de dois anos depois, em 18 de julho de 1994, um carro-bomba explodiu em frente à Associação Mutual Israelita Argentina (Amia), no centro de Buenos Aires, matando 85 pessoas e ferindo mais de 300. Mais uma vez, ninguém foi preso.

"Esses dois atentados não foram apenas um ataque aos judeus, foram, na verdade, um ataque à Argentina. Os judeus vêm sendo discriminados e vítimas de violência desde as décadas de 1920, 1930 e 1940. E a Igreja Católica, como instituição, não estava aberta aos judeus, mesmo havendo católicos individuais que davam muito apoio e os ajudavam bastante. Mas esses dois eventos chocaram todo o país", explicou o dr. Sergio Berensztein, proeminente analista político da Argentina.

Preciso encontrar o rabino Skorka, pensei enquanto estudava esta história que causava perplexidade. *Esse homem terá uma percepção sobre a forma pela qual Bergoglio, como líder católico, abordou esses ataques e a relação entre judeus e católicos.*

A segurança era muito rígida no prédio de Skorka no centro de Buenos Aires: eu passei por uma guarita policial, um portão trancado e um sistema de interfone para entrar. O interior do prédio e o escritório do rabino eram muito austeros. Havia algumas fotos de família em cima da mesa, estantes repletas de livros e cadeiras de madeira sólida, sem almofadas. Os diplomas dele estavam pendurados em quadros simples na parede.

Skorka tem cerca de 1,60m de altura e cabelos que começavam a ficar grisalhos em algumas partes. De rosto amigável e olhos gentis, ele usava solidéu e uma camisa de manga comprida, mas sem gravata.

"Você está escrevendo um livro sobre Bergoglio, não é? Vamos conversar", perguntou ele, sorrindo.

Skorka foi gentil ao me receber, mas eu tinha a forte impressão de que ele era um homem sério, muito ocupado. Não fizemos brincadeiras nem houve oferta de café ou mate. Ele foi direto ao assunto.

"Conheci Bergoglio em 1997. Ele ainda não era cardeal, e sim bispo auxiliar em Buenos Aires. Ele prestava atenção especial a vários pontos, mas o principal era o sofrimento dos pobres, dos explorados e de quem vive em condições de escravidão. Bergoglio era muito sensível à vida das pessoas, especialmente as que são repletas de sofrimento. Ele é muito sensível ao grande drama da humanidade."

Ele falava inglês com forte sotaque e pediu: "Você se importa se eu falar em inglês? É bom para praticar."

"Claro. O senhor fala bem", respondi.

Ele aquiesceu e continuou: "Bergoglio entendia que o relacionamento entre judeus e cristãos tinha que ser verdadeiro. Não só um diálogo, mas um relacionamento especial."

"Por quê?", perguntou Skorka a si mesmo, e depois respondeu: "Os cristãos foram formados a partir de um momento muito especial na história do povo judeu. Todas as igrejas cristãs vêm da experiência judaica. Tivemos divergências e conflitos, mas o que Bergoglio entende e luta por isso é que precisamos entrar em um diálogo próximo, não para convencer ou mudar o outro e sim para nos entendermos melhor. Bergoglio me disse, várias vezes, que católicos podem aprender com mestres judeus sobre as Escrituras Sagradas. Ele acredita que a Bíblia tem um poder real e que para melhor entendimento mútuo o diálogo válido é necessário."

"Bergoglio, em seu modo de pensar, é uma pessoa muito coerente", disse ele.

"Como assim?", perguntei.

"Em 2012, ele era reitor da Pontifícia Universidade Católica argentina e me concedeu um diploma honorário. A intenção dele era dizer a todos os cristãos: 'Olha, podemos aprender com um rabino', e este é um tema muito, muito profundo. Foi a primeira vez que uma universidade pontifícia concedeu um título a um rabino, um judeu, aqui na Argentina, na América Latina. Bergoglio fez uma revolução com esse ato!

"No passado, é claro que houve expressões antissemitas da Igreja contra os judeus, especialmente nos anos 1930, 1940, 1950 e, também, nos anos 1960. Mas por meio do trabalho de pessoas que estavam muito envolvidas no lado católico foi desenvolvido todo um esforço para extirpar essas expressões antissemitas da Igreja."

Perguntei a Skorka se houve algum momento especial durante a cerimônia.

"Foi quando não havia microfone perto de nós e Bergoglio me disse: 'Você não pode imaginar o quanto sonhei com este momento.'"

Em seguida, Skorka repetiu as palavras de Bergoglio em espanhol: "*Usted no puede imaginarse quánto soñé com este momento.*"

Em espanhol, há duas formas de falar "você", uma informal (*tu*) e uma formal (*usted*). Quando perguntei por que Bergoglio usou o formal *usted* ao falar com o rabino, quando os dois eram amigos há tanto tempo, Skorka respondeu: "É uma manifestação de muito respeito que temos um pelo outro. Apesar de algumas piadas e tal, mantemos o 'você' formal." O rabino conta que faz o mesmo com Bergoglio.

Imaginei que Skorka fosse passar aproximadamente meia hora comigo e estávamos chegando a esse limite de tempo, mas não houve a menor indicação de que estava na hora de eu ir embora. Muito pelo contrário.

"Vou contar histórias sobre Bergoglio", ele sorriu. "Momentos interessantes. Esta é uma história muito, muito interessante da nossa amizade e do nosso compromisso com o diálogo entre judeus e cristãos.

"Há muitos anos, eu o presenteei com um livro chamado ¿*Hacia un mañana sin fé?* [Rumo a um amanhã sem fé?, em tradução livre]. Bergoglio escreveu o prefácio desse livro. Então, um dia, o jornalista do *Clarín*, Sergio Rubin, me ligou e disse: 'Olha, terminamos a biografia de Bergoglio com a ajuda dele, uma biografia autorizada. E quando pedimos uma sugestão de alguém para escrever o prefácio, ele disse Skorka.'

"Fiquei totalmente surpreso, impressionado, tomado pela emoção. Imagine você, o arcebispo da cidade! Um cardeal! Cardeal!"

Skorka gesticulava com os braços, ele estava quase gritando: "Um cardeal!", ele disse pela terceira vez. "É incrível!"

O choque da situação ainda parecia aturdi-lo.

"O senhor tem razão", concordei, docilmente.

Ele não respondeu ao meu comentário. Estava em seu próprio mundo.

"Quando eu ouvi, quando ouvi... Olha, você precisa analisar o que aconteceu, porque você já viu o livro, eu presumo. Não foi algo estranho diante dos seus olhos? O quê? Skorka está escrevendo o prefácio do livro de um cardeal!", exclamou ele.

"Como norte-americano, achei surpreendente. Mas não *tão* surpreendente assim", comentei.

Perguntei se isso aconteceria nos Estados Unidos e o rabino respondeu enfaticamente:

"Não! Não! Não! Garanto a você que não."

"Acho que você tem razão. Quer dizer, se você pedir a um cardeal que deve escrever sua..."

Ele me interrompeu: "Pergunte a vários cardeais nos EUA se eles iriam aceitar que um rabino escrevesse um prefácio para eles, há alguns anos."

"Não, não iriam", concordei.

Skorka continuou falando como se eu não estivesse ali:

"Para uma biografia dele? Biografia autorizada? Impossível! Impossível!", encerrou ele, enfaticamente.

Quase sem fazer pausas, o rabino começou a contar outra história:

"Um dia saiu no jornal que o irmão de Bergoglio havia morrido, então, fui encontrá-lo na casa funerária. Conversamos sobre a vida e sobre tudo o que se pode imaginar que duas pessoas de fé conversem em um momento e lugar como aquele. Falamos um com o outro de coração.

"Em um dado momento eu perguntei a Bergoglio: 'Posso fazer uma pergunta?' 'Sim, sim, pergunte', respondeu ele. 'Como você me escolheu para escrever o prefácio do seu livro?' E ele imediatamente me olhou nos olhos e disse: 'Foi o que veio do meu coração.'"

A voz de Skorka ficou suave e ele repetiu em espanhol: "*Así salió de mi corazón... Así salió de mi corazón...*"

Perguntei: "Quando você diz que foi espontâneo, ele tinha pensado nisso com antecedência, certo? Quer dizer, ele deve ter pensado..."

Ele me interrompeu: "Você precisa entender sua resposta como eu falei: espontaneamente no sentido de ser algo feito sem pensar. 'Foi o que saiu do meu coração.' Não tente interpretar essas palavras."

"Sim. Não se preocupe", comentei.

"Não! Não! Não!", ele não estava gritando comigo, só queria deixar claro o seu ponto de vista. "Eu falo isso porque a beleza dessa história é dar a cada um dos leitores a possibilidade de interpretar a frase como quiser. Não se pode fechar um sentido para a frase, porque você não sabe. Nem eu posso definir o que ele tentou me dizer. Eu não sei. Sei definir apenas a descrição de um sentimento muito profundo que tomou conta do *meu* coração quando ouvi isso. Está claro? Entende o que eu quero dizer?"

"Sim, senhor. Um sentimento profundo que tomou o seu coração", repeti.

"Tomou o meu coração naquele momento de um modo muito especial. Não é algo racional, veio espontaneamente do coração dele."

Ele ficou quieto. Eu não falei nada, pois só conseguia pensar em santo Inácio, nos Exercícios Espirituais e no desejo de equilibrar o intelecto e os movimentos do coração. O coração de Bergoglio, claramente, havia tocado o de Skorka, e o faz até hoje.

Skorka quebrou o silêncio, perguntando: "Certo, o que mais?"

Quando perguntei qual era a história favorita de Bergoglio do Velho Testamento, Skorka respondeu imediatamente: "Abraão! Porque Bergoglio gosta da ideia de andar. Toda a história de Abraão envolve um movimento contínuo: da Babilônia para Canaã e, de lá, para o Egito, porque havia uma grande fome em Canaã. Depois, ele voltou para Canaã, e foi de um lugar para outro até o fim, quando fixou residência em um local. Mas não foi apenas um movimento corporal e material de mexer o corpo, ele se moveu na história e estava constantemente à frente, com a ideia de desenvolver o conceito de fé em um Deus espiritual e transcendental.

"Essa é a história favorita de Bergoglio, porque ele entende sua missão como padre. Nessa atitude de Abraão, a fé não pode ser petrificada, pois exige movimento e desenvolvimento constantes."

* * *

Cerca de uma semana após o incrível encontro com Skorka, eu me vi uma boa meia hora atrasado para encontrar Luis Czyzewski.

Ele não ficou feliz. No caminho para encontrá-lo no escritório, recebi duas mensagens de texto perguntando se a reunião ainda estava marcada. O trânsito estava horrível, como sempre acontece em Buenos Aires, e eu, muito atrasado.

Quando cheguei ao escritório de Luis, ele foi brusco: "Vamos lá para a minha sala de reunião. Não tenho muito tempo, você se atrasou demais."

Luis tem 1,75m de altura, está ficando careca e é um pouco robusto. Ele é contador e seu escritório está lotado com seis ou sete funcionários em suas mesas, de cabeça baixa, trabalhando. Ninguém levantou a cabeça quando passamos pelo ambiente apertado rumo à sala de reunião. Tive a forte sensação de que Luis era homem de negócios sério e concentrado, que gerencia uma empresa rígida.

A filha de 21 anos de Luis, Paola, foi uma das vítimas do atentado à Associação Mutual Israelita Argentina em Buenos Aires, no dia 18 de julho de 1994. Estudante do terceiro ano de direito, ela estava na Amia na manhã em que um furgão contendo 275 quilos de explosivos foi detonado na rua em frente ao prédio, matando Paola e mais 84 pessoas e ferindo outras centenas. O ataque terrorista mais mortífero da história da Argentina gerou indignação nacional e internacional. Três dias depois, estima-se que 150 mil pessoas se reuniram na chuva em Buenos Aires para protestar.

Agradeci a Luis por me receber, mas tropecei nas palavras tentando expressar meus pêsames por Paola. Eu não sabia bem o que dizer 20 anos após um evento trágico, mas o que disse não foi bem-recebido.

Ele dispensou meu comentário e preferiu falar de como conheceu Bergoglio.

"O contato que tive com Bergoglio não foi quando o ataque ocorreu, mas bem depois", explicou o contador.

"Em cada aniversário do ataque à Amia nós organizamos determinadas atividades. No 11º aniversário, em 2005, desenvolvemos o que chamamos de Manifesto e pedimos que argentinos renomados o assinassem. A única condição foi que nenhum funcionário do governo ou político, ninguém com mandato político pudesse assinar. Não queríamos ninguém do governo, da oposição e do Judiciário. Queríamos gente bem conhecida para assinar, desde que não fosse funcionário público, porque o Manifesto era dirigido ao presidente, ao Parlamento e ao Judiciário. O Manifesto pedia a solução do problema. Então, se você está pedindo ao poder político para resolver algo, quem precisa resolver não pode assinar, porque o pedido é para eles. Então, começamos a ligar para pessoas importantes e, a certa altura, percebemos que não havíamos chamado ninguém ligado às religiões. Não havia rabino, padre ou imã. E quem da Igreja Católica nós poderíamos chamar? Decidimos pegar o telefone e ligar para a Cúria. A pessoa que pedimos para fazer isso tinha perdido a esposa no atentado à Amia e agora já faleceu, mas ele era rabino. Então, o rabino liga e pede para falar com Bergoglio. Naquela época, Bergoglio era cardeal. Era o cardeal primaz, o mais importante da Argentina. Dois minutos depois, Bergoglio pega o telefone, o rabino explica a situação e Bergoglio responde: 'Você pode ler para mim o que eu preciso assinar?'

"O rabino leu e ele disse: 'Certo, vou assinar.' Nesse momento, o rabino que fez a ligação perguntou quando ele poderia assinar e a resposta foi: 'Venha quando quiser.' Pegamos o papel e fomos à Cúria: dois familiares das vítimas, um jornalista e um fotógrafo.

"Bergoglio apareceu, dizendo: 'O que é para assinar?' O papel era do tamanho desta mesa. Eles abriram o documento, ele leu e assinou. O rabino então diz: 'Cardeal, eu queria lhe dizer algo.' Bergoglio imaginou que estava prestes a ouvir 'Muito obrigado', e retrucou: 'Não, eu não vou deixá-lo falar, pois tenho algo a dizer.' O rabino perguntou: 'E o que o senhor tem a dizer?' Bergoglio completou: 'Não vou deixar o senhor me agradecer, eu é que preciso agradecer.'

"Foi um gesto muito importante para nós. E o que aconteceu a Bergoglio quando ele virou papa? Ele é conhecido por receber muitos argentinos. Não é que ele queira receber, mas porque muitos querem vê-lo!", Luis riu.

"Em uma dessas visitas, estavam o diretor do Congresso Judaico Latino-americano e outras pessoas. Isso foi em março ou abril deste ano [2014]. Quando a entrevista estava prestes a acabar, uma pessoa vira para Bergoglio... Não, ele já era Francisco, e diz: 'Gostaríamos que o senhor enviasse um cumprimento aos parentes das vítimas da Amia neste 20º aniversário.' Bergoglio responde: 'Você tem um celular?' 'Sim.' 'Então pode filmar.'

"Eles começaram a filmar, e Bergoglio gravou uma saudação aos parentes das vítimas. O que ele disse foi muito forte. Ele falou por um ou dois minutos."

A voz de Luis ficou embargada. Ele sacudiu a cabeça e sorriu para mim, ainda impressionado com o fato de o papa ter gravado uma mensagem espontaneamente. O simples fato de pensar em Bergoglio o transformou em um homem amigável e sorridente. Eu sabia que essa era uma prova ainda maior do que a fornecida por Skorka de que Bergoglio era um homem dedicado a unir duas religiões e também o povo de sua amiga cidade. Luis não era rabino ou líder cívico famoso, ele era um pai enlutado. Bergoglio tentou, respeitando a fé de Luis, ajudá-lo a sair da desolação para a consolação. O jesuíta errante, agora um em caminho totalmente diferente na vida, ainda usava seus queridos princípios inacianos para atuar como líder pastoral.

20 Toto, Pepe e o rabino

Dos 23 aos 28 anos, gerenciei uma organização sem fins lucrativos criada por mim em Baltimore que monitorava delinquentes juvenis sete dias por semana, todos os dias do ano. Nossos assistentes sociais entravam em contato com eles de três a cinco vezes por dia, acordando os jovens de manhã, certificando-se de que eles estavam na escola, garantindo que estavam no emprego após a escola ou na cama, à noite. Foi um programa intensivo de envolvimento criado para levar jovens problemáticos ao caminho certo. Trabalhamos em uma escola pública, a PS 180, no bairro chamado Cherry Hill, por alguns anos, e depois convenci a cidade de Baltimore a nos alugar uma quadra de basquete abandonada no fim da mesma rua da escola por 1 dólar ao ano. Arrecadei doações suficientes para comprar alguns trailers, e, *voilá*, tínhamos um escritório.

Cherry Hill era (em grande parte ainda é) um dos bairros mais perigosos de Baltimore. A PS 180, depois, foi batizada em homenagem ao diretor da escola, Arnett Brown, com quem trabalhei e cuja voz era tão poderosa que ele não precisava usar o alto-falante. Nós lutávamos para manter os garotos envolvidos, motivados e na escola.

O bairro tinha um monte de ônibus escolares abandonados que foram convertidos em lojas de conveniência baratas. Os ônibus tinham energia graças a ligações irregulares feitas nos postes da companhia elétrica. Era possível comprar salgadinhos, refrigerantes e todas as drogas imagináveis naqueles ônibus.

Apesar disso, nunca senti medo dirigindo pelo bairro. Talvez porque dirigisse por ali tantas vezes que ninguém me incomodava ou talvez porque eu fosse jovem e ingênuo. Tenho orgulho de dizer, contudo, que nenhum integrante da nossa equipe foi atacado naquele bairro.

O mesmo não se pode dizer do que acontecia dentro da escola. Tive uma discussão com um assistente social a quem vou chamar de James. James tinha cerca de 1,80m de altura e parecia ter mais de 90 quilos. Ele era o *fullback* oficial do time de futebol americano e aqueles 90 quilos pareciam uma rocha para mim. Suspeitei que ele não estivesse entrando em contato com os garotos, pois eles mesmos haviam me dito isso, então perguntei se estava fazendo seu trabalho. James não ficou feliz com a pergunta, mas me garantiu que sim.

Alguns dias depois, mais alunos me disseram que James não os tinha visitado. Eu perguntei novamente se ele havia entrado em contato com os garotos. Dessa vez James me agarrou pela garganta, ergueu meu corpo e me jogou contra os armários do corredor da escola. Ele me largou alguns segundos depois e foi embora. Fiquei tremendo ali no corredor por algum tempo.

Mas, excetuando essa experiência, nunca senti medo ou temi que fosse me machucar.

Estava empolgado com a perspectiva de visitar a Villa 21-24, uma das *villas miséria* (casas da miséria ou favelas), onde Bergoglio passou boa parte do tempo após voltar a Buenos Aires. Quando falei para um colega argentino que ia para lá, ele alertou: "Você está maluco? Morei em Buenos Aires até os 18 anos e volto algumas vezes por ano, mas nunca fui lá. Ninguém vai lá. É perigoso demais."

Bom, não podia ser pior do que Baltimore. Ou podia?

O conceito de padres trabalhando em favelas e lugares tão perigosos quanto a Villa 21-24 não começou quando Bergoglio foi nomeado bispo auxiliar em 1992. Os padres trabalhavam e viviam nas *villas* desde o fim da década de 1960 e início da década de 1970. Padre Yorio e seus colegas jesuítas moraram com os pobres naquela época, mas o sacerdote mais conhecido pelo trabalho com os pobres talvez seja o padre diocesano Carlos Mugica, que era de família rica e parecia um astro de cinema. Alguns pensavam que ele apoiava os Montoneros na luta para derrubar o governo, enquanto outros o viam como a personificação do compromisso da Igreja com os pobres. Ele era colega e amigo de Yorio, e embora Mugica nunca tenha apoiado o uso de violência, ficou ainda mais conhecido e causou polêmica quando celebrou a missa funerária dos primeiros integrantes dos Montoneros mortos em 1980.

Mugica seria morto a tiros em frente à sua igreja em Buenos Aires, em 1974, pela Aliança Anticomunista Argentina, grupo paramilitar criado por um integrante do Gabinete de Perón em 1973 que matou centenas de pessoas entre 1973 e 1975. A morte de Mugica o transformou em um mártir reverenciado por quem acreditava que a Igreja deveria lutar pelos pobres.

Bergoglio manteve e aprofundou esse envolvimento com os pobres, especialmente na Villa 21-24, que teria um lugar especial em seu coração. Em 1993, ele encontrou o padre José Maria Di Paola, conhecido como padre Pepe, que acabaria virando o *cura villero*, o sacerdote da Villa 21-24. Antes disso, contudo, Pepe teve uma crise vocacional.

Logo após ter conhecido Bergoglio e quase sete anos depois de ter sido ordenado padre, Pepe pensou em abandonar o sacerdócio para formar uma família. Em uma entrevista ao jornal *Avvenire*, em Roma, Pepe contou que foi trabalhar em uma fábrica de sapatos por um ano e, naquele período, criou um vínculo muito profundo com Bergoglio:

Quando contei [a Bergoglio] que estava passando por uma crise, ele não forçou a barra, apenas disse: "Sempre que você quiser, venha me ver." Ele transmitiu muita confiança e passei a vê-lo todo mês. Lembro que levava aproximadamente duas a três horas para ir de onde eu trabalhava até a catedral. Ele sempre me esperava, e eu sabia disso. Ele costumava abrir a porta para mim. Bergoglio me acompanhou durante meu período de crise profunda como um padre faria, com muito orgulho da alma. Ele nunca me disse o que eu deveria fazer ou não fazer. Ele ouvia, manifestava interesse e falava com clareza, mas sempre com liberdade de pensamento. Bergoglio me acompanhou nessa estrada de dúvida com liberdade total, e, assim, fui capaz de reconhecer, por meio do seu aconselhamento, que minha vocação era de fato ser um padre, de modo bem parecido com a história do filho pródigo.

Em abril de 1994, Pepe estava pronto para voltar. Ele chegou para Bergoglio e disse: "Padre, aqui estou. Gostaria muito de celebrar esta missa." Bergoglio me abraçou, ficou muito feliz e disse: "Devemos celebrar a missa no Dia da Amizade, 14 de julho, que tal? Se você aceitar, será na Igreja de Santo Inácio. Vou celebrar a missa lá porque uma mulher me pediu para receber a confissão dela."

"Na época, eu não sabia que essa mulher era uma ex-prostituta e que suas amigas também eram prostitutas, mas foi nessa missa que retomei minha função de padre, e rezá-la junto com Bergoglio foi incrivelmente importante."

Alguns anos depois, em 1997, Bergoglio mandou Pepe para a Villa 21-24, local em que aproximadamente 90% da população tinha vindo do Paraguai. Naquele mesmo ano, Pepe trouxe para a *villa* uma imagem da Virgem de Caacupé, venerada pelos paraguaios. A imagem foi recebida com uma missa celebrada pelo então arcebispo Bergoglio na catedral. Após a missa, o povo carregou a imagem para a *villa*. Em vez de liderar a procissão, Bergoglio escolheu ficar para trás, andando e rezando com o povo.

Pepe trabalhou na Villa 21-24 por quase 14 anos, construindo mais de dez capelas, um jardim de infância, uma escola vocacional, um centro de recuperação de viciados em drogas, um centro de prevenção ao uso de drogas para os jovens, quatro pequenos abrigos, refeitórios e muito mais. O esforço dele para impedir que jovens se viciassem e para ajudar quem enfrentava o vício levou a

189

um conflito com os traficantes. Ele foi ameaçado de morte várias vezes, e Bergoglio acabou tendo que retirar Pepe da Villa 21-24 e substituí-lo pelo padre Lorenzo de Vedia, mais conhecido como padre Toto, amigo de Pepe que havia trabalhado com ele anteriormente na Villa 21-24.

No meu terceiro dia em Buenos Aires, tive a sorte de encontrar duas amigas de um amigo, chamadas Paz Alonso e Magui Alonso, que não são parentes, mas admiram imensamente o papa. Elas faziam trabalho voluntário com Toto na Villa 21-24 e me levaram de carro para encontrá-lo e andar pela *villa*. Magui, 30 anos, e Paz, 32, tinham uma fé e um entusiasmo pela Igreja raros em gente dessa faixa etária. Elas falavam rápido, geralmente se interrompendo, sobre o efeito que o compatriota Bergoglio estava tendo em suas convicções.

Quando entramos na via expressa, o assunto mudou para futebol, e Magui discordou de seu querido papa Francisco: "Ele torce pelo San Lorenzo. Eu gosto do Boca Juniors. O Boca é um time muito melhor", explicou.

Paz riu: "Não estou certa em relação a isso, Magui. O San Lorenzo derrotou o Boca várias vezes. Você sabe que adoro o Boca e meu namorado é um verdadeiro fanático pelo time. Ele vai ao estádio todo domingo! Mas o San Lorenzo é muito bom."

"Não! Não! Não! O Boca ainda é o melhor time da Argentina", retrucou Magui.

Magui dirigia pela via expressa e o carro ganhou ainda mais velocidade.

"O Boca é o melhor, e você sabe disso, Paz. Sempre derrotamos o San Lorenzo. Eu amo o papa, mas não posso torcer pelo San Lorenzo." Ela virou para me olhar no banco de trás, enquanto acelerava pela via expressa: "Você precisa ir a um jogo do Boca Juniors, Mark. Preciso ver a programação e..."

Eu gritei: "Magui! Olhe para a frente e dirija! Você vai nos matar!"

Ela virou o corpo e olhou para a frente. Depois, me olhou pelo retrovisor.

"Desculpe, mas para entender Buenos Aires você precisa ir a um jogo do Boca. Você quer ir a um jogo, Mark?" Ela virou novamente o corpo para me olhar: "Até o papa sabe que o Boca é o melhor e..."

Gritei de novo: "Olhe para a frente, Magui! Por favor, concentre-se na estrada!"

Ela deu de ombros, voltou a olhar para a estrada e manteve os olhos lá pelo resto da viagem, mas sempre que parávamos em um sinal vermelho ela virava para tentar me convencer que o Boca era melhor que o San Lorenzo.

A viagem para a *villa* acabou com meus nervos, mas as duas mulheres eram divertidas e fáceis de conviver. Contudo, quando nos aproximamos da Villa 21-24, a conversa ficou mais sombria.

"Estamos perto", avisou Magui. As ruas não eram mais avenidas imensas cheias de lojas e restaurantes. Agora havia fachadas vazias e jovens parados nas esquinas. "Aqueles são os integrantes das gangues vendendo drogas. Aqui é uma área perigosa. Precisamos seguir em frente", explicou, cautelosa.

Talvez fosse por não estar mais na casa dos 20 anos e solteiro, por ter perdido a ingenuidade ou por estar em um país estrangeiro, em terreno desconhecido, com as palavras do meu amigo ("Você está maluco? É perigoso demais!") ecoando na cabeça, mas, por algum motivo, eu estava com medo.

Fizemos uma curva e Magui disse: "Certo, lá vamos nós." A estrada era esburacada.

O que está acontecendo? Era como sair de um país e entrar em outro, totalmente diferente.

"Segure firme", disse Magui, lendo meus pensamentos. "Vamos encontrar o Padre Toto em um minuto."

Fomos aos solavancos até estacionar na frente de um prédio sem identificação.

"Aqui é a igreja dele. Vamos descer", avisou Magui.

Olhei ao redor, mas não vi o que esperava. Não havia um grande prédio como a igreja que frequentei aos domingos em Potomac, Maryland. Não havia uma grande estrutura como a Basílica de San

José, em Flores. Segui Magui e Paz por uma porta e entrei no que parecia uma grande oficina mecânica.

"É aqui a igreja?", perguntei a Magui.

"Não, fica na porta ao lado. Aqui é onde as pessoas se reúnem. O escritório do Padre Toto é logo ali", explicou ela, acenando com a mão.

Não consegui identificar escritório algum, apenas umas portas no canto da área que parecia uma oficina mecânica.

"As pessoas se reúnem aqui?", perguntei, confuso.

"Sim, para as grandes celebrações. Nós abrimos aquela porta ali para que todos consigam ir à missa. Vamos por ali e eu mostro", explicou Magui.

Nós andamos por um corredor e entramos em uma igreja. Na verdade, parecia mais uma capela.

"É linda, não é?", perguntou Magui. Não era bem uma pergunta, estava mais para uma afirmação. "Está vendo a porta no meio? Ela desliza para que todos consigam ir à missa."

A parede nos fundos da igreja retratava uma paisagem do tipo Jardim do Éden, com índios guarani, o povo nativo do Paraguai: um homem vestindo apenas uma espécie de tanga estava em pé ao lado de um rio e atirando com arco e flecha, com uma mulher sentada perto dele, sem sutiã, amamentando o filho. Outro homem de torso nu estava ali perto, limpando o que parecia ser um berço de madeira para o bebê. Embaixo do joelho da mulher havia uma pintura do rosto de Jesus. No meio da cena havia uma pintura de Maria usando uma coroa.

Havia algumas imagens, com velas votivas na frente, em uma prateleira coberta por um pano branco em um canto. Uma pequena pintura de Maria ficava acima deles, e, acima de tudo isso, um ventilador velho e enferrujado soprava ar morno pela capela. Faltavam pedaços de gesso nas paredes, dando um efeito de pequenas bolas de neve no meio dessa cena idílica.

Os bancos de madeira, feitos à mão, pareciam frágeis. O altar era uma laje de pedra simples, mas por trás dele havia uma coleção de arte, velas, estátuas, bandeiras e imagens. Eram vários objetos diferentes que eu jamais tinha visto em um altar.

Do meu lado esquerdo havia uma foto emoldurada de Mugica.

A alguns metros de distância, em outra pequena prateleira coberta por um pano branco, estava mais uma imagem de Maria, usando um belo robe azul e uma coroa dourada na cabeça. Ao lado de Maria ficavam velas, fotografias do papa Francisco, de um jovem, de um bebê e, ainda, outra imagem de Maria, segurando o menino Jesus.

A parede atrás do altar estava pintada com imagens de homens, mulheres, bebês e crianças rezando juntos. Outra fotografia emoldurada de um sorridente papa Francisco estava pregada a uma parede. Partes dessa parede também estavam faltando. O teto era feito de telhas de alumínio ondulado.

Um monte de cadeiras estava arrumado em fileiras na parede, cada uma de tamanho e forma diferentes. Se o padre tinha a cadeira mais bonita, não consegui definir qual era.

Toto entrou na igreja, sorriu e apertou minha mão amigavelmente.

"Boa tarde", cumprimentou ele em espanhol. "Venha por aqui, tem pessoas querendo falar com você."

Toto era magro, tinha cerca de 1,50m de altura e era diferente de todos os padres que já vi. Ele era careca, usava um pequeno cavanhaque e barba por fazer. Os olhos brilhantes percorreram a capela, absorvendo a cena rapidamente. Ele usava um casaco esportivo com logotipo e cores da seleção argentina de futebol e uma camisa de colarinho aberto. Toto se virou rapidamente e me mostrou o caminho para fora da capela, na direção dos fundos da área de garagem.

Enquanto andava, alguns rapazes o chamaram. Ele gritou algo de volta para eles e acenou. Todos riram.

Ele abriu uma porta e fomos até o interior da estrutura. Após andarmos alguns metros, Toto abriu uma porta que levava ao que deve ter sido um pequeno depósito. Ele me pediu para sentar em frente à sua mesa bagunçada. Um ventilador velho e enferrujado pendurado na parede jogava ar morno pelo pequeno espaço. Havia fotos em todas as paredes e imagens de Jesus e de vários santos por toda parte.

"Está chegando alguém para contar histórias sobre Bergoglio."

Naquele momento, houve uma batida na porta e, antes que alguém pudesse atender, a porta se abriu e entrou um homem, a quem Toto apresentou como Dario, dizendo: "Dario conheceu o papa muito bem. Tanto na parte boa quanto na ruim, ele é como o papa. Na parte boa, porque é católico e bom cristão, na parte ruim, porque torce pelo San Lorenzo. Ele gosta de futebol. Sente-se aqui, Dario."

Os dois riram.

Nesse momento, Magui disse que Paz era torcedora do Boca.

"Esta mulher torce pelo Boca?", perguntou Dario. "Ah, minhas condolências."

"Meu namorado! Meu namorado é que torce pelo Boca", retrucou Paz, sorrindo.

Todos riram.

Eu podia sentir a energia do local. *Essa vai ser uma conversa divertida.*

Toto me disse que Dario era do Paraguai e fazia parte de um grupo de homens na paróquia. "Na América Latina e em toda parte é comum ver a religião associada às crianças, mulheres e aos idosos. Padre Pepe deixou sua marca promovendo a participação dos homens na igreja. Dario é um deles." Segundo Toto, as capelas na Villa 21-24 foram "construídas, basicamente, com o trabalho manual dos integrantes do grupo de homens".

"Acho que esta paróquia tem a maior participação masculina de Buenos Aires, talvez em toda a Argentina", contou Dario.

"Sem dúvida", confirmou Toto sem rodeios. "E Bergoglio frequentemente estava com o grupo de homens. Ele apoiava essa ideia. Bergoglio era muito próximo a nós. Respondia imediatamente a qualquer padre e, se estivesse ocupado na hora, ele nos atendia em cinco ou dez minutos, e isso valia também para qualquer assunto pessoal. Ele representa uma forma de estar na igreja que muitos de nós queríamos aqui na América Latina há um bom tempo. Uma igreja mais próxima do povo, missionária, mais simples, mais austera. Ele representa isso."

"Ele é muito humilde", acrescentou Dario.

Houve outra batida. Toto se levantou, abriu a porta e voltou para o escritório carregando uma bandeja com uma garrafa térmica e algumas cuias de mate. Magui empurrou alguns papéis para o lado e ele pôs a bandeja em cima da mesa.

"Obrigado, Magui", agradeceu Toto, que despejou água quente no mate, bebeu um gole e passou a cuia para ela.

Magui fungou. Notei que ela estava fungando durante a viagem de carro, mas fiquei tão nervoso com medo de ela nos matar que não havia registrado a informação.

Mas agora registrei.

Ela tomou um gole com o canudo e passou a cuia para mim.

Eu devo ter ficado chocado ou nervoso porque tanto Dario quanto Toto riram.

"Beba um gole. É mate. Você não vai morrer", disse Toto.

Todos na sala deram risadas.

Coloquei meus lábios no canudo e bebi o líquido quente e doce.

Dario e Toto sorriram. Notei que as pernas de Toto estavam balançando quando ele se sentou na cadeira. Era o mate ou ele estava nervoso? Talvez empolgado com o trabalho? Não sei, mas sei que ele irradiava mais energia positiva, calor e entusiasmo do que todos os padres que eu já conhecera.

"Bergoglio chegava aqui de ônibus, enquanto os outros arcebispos de Buenos Aires vinham de carro, com chofer. Ele, desde o início, vinha de ônibus", contou Toto.

"Ele realmente vinha de ônibus?", perguntei.

"Sim, sim, sim. De ônibus. Como gente comum, sempre. Ele descia no ponto, andava os quatro quarteirões, chegava aqui e bebia mate com o povo", respondeu Toto.

"Ele almoçou com o povo muitas vezes, embaixo do teto de alumínio da cozinha. Não só uma vez, mas várias", completou Dario.

"Ele tinha uma relação muito boa com o povo, e era muito prestativo. Apoiava todos os projetos sociais que tínhamos aqui na *villa*. Por exemplo, em abril de 2012, uma forte tempestade em Buenos Aires causou o desabamento do teto em dois ginásios onde as crianças jogavam futebol. Esses lugares eram especiais na *villa* porque há pouquíssimo espaço para as crianças brincarem. Um era em *Hogar de Cristo* [Casa de Cristo], onde as crianças que estão se recuperando do vício jogam futebol. Aquele teto desabou, assim como o de um prédio pertencente a outro grupo do bairro associado a políticos, mas não à Igreja. No dia seguinte, liguei e pedi ajuda para consertá--lo. Antes do fim do ano, conseguimos recolocar nosso teto graças à ajuda rápida de Bergoglio. O outro não foi consertado até hoje [novembro de 2014]", contou Toto.

O ventilador soprava ar morno e o mate foi passado pelo grupo uma segunda vez. Os olhos de Toto cintilaram quando ele contou a história, gesticulando e cutucando Dario quando queria destacar alguma parte.

Perguntei a Toto por que ele não usava o tradicional colarinho de padre. Eu já tinha visto muitos jesuítas sem colarinho, mas raramente vira um padre diocesano sem ele, especialmente em sua própria igreja.

"É muito comum nos *barrios* usar roupas bem casuais, sem muitas vestimentas religiosas", respondeu Toto.

"Bergoglio ficava aborrecido com isso?", perguntei.

"Isso também foi uma mudança. Quando eu era seminarista, ou em meus primeiros anos como padre, quando alguém ia visitar o arcebispo, tinha que vestir blazer. Com Bergoglio, isso não era mais necessário. Ele respeitava todos pelo que eram. Se alguém preferia se vestir de modo mais formal, ele respeitava isso, mas se a pessoa preferisse roupas casuais, ele também respeitava. Ele era muito respeitoso em relação ao nosso jeito de ser", respondeu Toto.

Dario então me contou que era responsável por fazer o churrasco nas grandes festividades da paróquia. Mais de 400 pessoas vinham aos eventos, incluindo o cardeal Bergoglio.

"Eu estava aqui no grupo quando Bergoglio abençoou a refeição e depois servimos o almoço para todos. Isso aconteceu várias vezes."

Toto em seguida contou outra história sobre uma das visitas do cardeal Bergoglio à Villa 21-24.

"Ele tinha um diálogo muito concreto com a juventude. Havia 120 crianças no grupo jovem e a ideia era fazer perguntas a ele. A primeira a perguntar foi uma menina, e todos nós morremos de medo porque ela era uma das mais levadas. A menina perguntou: 'Uma garota que não é virgem pode virar freira?' Bergoglio respondeu com outra pergunta: 'Você quer uma resposta longa ou curta?' Ela preferiu a resposta curta, então Bergoglio disse: 'Sim.'"

Após os risos terem acabado, Dario me olhou com expressão séria e disse: "A verdade é que ele revolucionou a paróquia quando era arcebispo. No meu país, para conseguir falar com um padre, você tem que ter dinheiro e boa posição social. Se você for pobre, os padres querem distância..."

A voz dele ficou embargada.

Houve outra batida na porta. Antes que alguém pudesse abri-la, outro homem entrou e abraçou Dario e Toto, que fez as apresentações:

"Este é Juan. Ele foi crismado por Bergoglio."

Dario começou a provocar Juan sobre não tê-lo visitado. Ambos eram paraguaios e ajudavam Toto na paróquia. Claramente, eles eram bons amigos.

Então, houve outra batida na porta, e entrou um terceiro homem, chamado Beto. Eu soube, depois, que Beto nasceu na Argentina, mas seus pais eram paraguaios.

"Muito bem, a equipe toda está aqui!", comentou Toto.

A sala minúscula estava lotada. Conversas paralelas aconteciam, as pessoas riam, e no meio daquele pequeno escritório cheio de pessoas vigorosas estava o sorridente e barbado Toto.

Beto quis contar uma história logo de cara: "Sou professor de artes. Eu faço esculturas. Restaurei uma imagem em mármore de santa Teresinha que estava abandonada e tinha sido comprada por um padre. Comecei a limpá-la, e o que era cinza e feio virou algo que parecia uma bola de algodão branco, linda."

Ele sorriu. A sala estava silenciosa. Beto tinha conquistado a atenção de todos.

"Ela estava meio quebrada, então cortamos parte da base, e quando terminamos de restaurá-la, o padre me convidou para a inauguração. O que eu não sabia era que Bergoglio estaria na missa para inaugurar a imagem. Quando tirou o pano que a cobria, ele disse à congregação que era devoto de santa Teresinha e contou algumas histórias sobre ela. Isso aconteceu em outubro.

"Em janeiro, na época em que o padre Pepe estava aqui, Bergoglio telefonou e perguntou a Pepe o que ele estava fazendo. Padre Pepe respondeu: 'Nada.' Bergoglio havia tirado a tarde de folga e pegou o ônibus para cá. Os dois saíram para andar no bairro e passaram pela minha casa. Eu saí para cumprimentar Pepe, porque o conheço bem, e ele disse a Bergoglio: 'Deixe-me apresenta-lo a...' Bergoglio completa: 'Ah, eu o conheço. Ele é o escultor da Santa Teresinha.' Ele me reconheceu. Fiquei estupefato."

Eu olhei pela sala e várias pessoas aquiesceram.

Beto continuou: "Uma vez por ano, Bergoglio organizava uma reunião com professores de todos os distritos. Ele juntava todos e dava orientação sobre como deveríamos ensinar as crianças do bairro levando em conta os problemas pessoais deles, porque eles vêm com uma série de problemas. Suas palavras eram muito sábias. Ele explicou que cada família, cada criança, desde que nasceu, tinha visto o pai sem trabalhar, só a mãe trabalhava. Então, já havia duas gerações não acostumadas ao trabalho.

"Quando se vive aqui, a gente se acostuma à situação, mas ele dava uma visão diferente. Era muito enriquecedor."

Foi a vez de Juan contar sua história:

"Ele vinha aqui duas vezes por ano, sem falta, nos dias 24 de junho e 8 de dezembro. Em um dia 8 de dezembro, um ônibus parou na esquina das ruas Iriarte e Luna e Bergoglio saiu sozinho carregando sua maleta. Padre Pepe o viu e disse a um seminarista: 'Vá até lá e o acompanhe.' O seminarista foi, mas voltou imediatamente, dizendo: "Ele quer vir sozinho.' E Bergoglio atravessava a rua, vinha nos cumprimentar, falava com todo mundo."

"Ele vinha rezar conosco", acrescentou Dario.

"Ele bebe mate e come o que o povo come aqui", completa Juan.

Beto interrompeu: "No dia 8 de dezembro acontece o banquete para a Virgem de Caacupé e fazemos uma procissão pelo bairro, por todas as ruas. Quando chovia muito, havia muita lama, e ele vinha com seus sapatos de arcebispo. Nós dissemos a ele mais de uma vez, eu sou testemunha: 'Não vá, fique aqui. Nós seguimos em frente porque está tudo enlameado.' Ele não prestava atenção, entrava na lama conosco e depois abençoava todas as casas. Em cada casa há a imagem de um santo, e ele andava pela lama para abençoar todas as imagens."

Os sapatos enlameados me lembraram a história contada pelos padres Gauffin e Nardin sobre Bergoglio procurar lama nos sapatos dos escolásticos no Colegio Máximo para garantir que eles realmente tinham trabalhado com o povo. Esse seu hábito de abençoar todas as imagens faz parte da teologia do povo, o mais distante possível do mundo empolado dos filósofos.

Toto queria contar uma história.

"Na plaza de la Constitución há uma estação de trem. Muitos trabalhadores passam pelo local e celebramos uma missa pelas vítimas do tráfico de pessoas, trabalhadores escravos."

Evidentemente, muita gente estava na praça para a missa, incluindo alguns bêbados.

"Bergoglio celebrou a missa. Eu fazia parte da organização, e como essas missas eram celebradas na rua, sempre tínhamos que ter muito cuidado, porque já ocorreram eventos inusitados. Nesse caso, um bêbado queria interromper. Ele me abordou, dizendo: 'Quero que Bergoglio abençoe a minha Bíblia.' Eu falei: 'Não, ele não pode.' Mas o bêbado ficou importunando, então levei a Bíblia para Bergoglio e disse: 'Bergoglio, por favor abençoe esta Bíblia.' E ele abençoou num instante, imediatamente, em dois segundos."

Essa experiência não se parece em nada com as minhas experiências católicas.

Toto tinha a atenção da plateia, e não ia abrir mão dela.

"Quando trabalhei na plaza de la Constitución, vim com a ideia de montar uma grande tenda missionária por lá. Eu iria até a praça, levaria uma imagem gigantesca da Virgem e as pessoas da igreja entregariam santinhos e reuniriam os desejos de oração do povo. Em outras palavras, seria a Igreja na rua.

"Quando tive a ideia, liguei para Bergoglio e disse: 'Olha, eu quero montar uma tenda missionária na plaza de la Constitución', e a resposta foi: 'Acho isso muito bom, porque é preciso sacudir as coisas. A Igreja não está aqui para controlar a vida do povo, e sim para responder às necessidades do povo, onde ele mora.' Ele gostou da ideia de levar a Igreja até a praça pública."

Quando perguntei a Toto se o governo se aborreceu com essa abordagem, ele disse: "Não, mas Bergoglio dizia palavras muito fortes contra a cidade e o país, e algumas esferas do governo se sentiram atingidas. Às vezes, ele fazia acusações relacionadas ao tráfico humano: 'Esta cidade arranca a sua pele. É como um moedor de carne.' Esta é uma das frases que ele disse em uma de suas homilias."

"Mas o governo não faz nada para resolver o problema.", interrompeu Juan.

"Fazem vista grossa", acrescentou Dario.

"O governo vê o que está acontecendo e não denuncia", afirma Toto.

Vi um quadro com uma foto de Toto e Pepe na parede. Eles estavam em pé, um ao lado do outro. Pepe abraçava um Toto sorridente. Dois homens, dois irmãos, realmente comprometidos com uma vida de ajudar os outros. Toto tinha uma barba irregular, com fios grisalhos e cabelo comprido. O cabelo castanho de Pepe era ainda mais longo e uma barba completa cobria seu belo rosto.

Embora eu conhecesse o homem há apenas 45 minutos, já considerava Toto um bom amigo. *Este é o melhor tipo de padre católico.*

Perguntei o que ocorrera com a barba dele. Sem hesitação, Toto disse: "Eu costumava ter barba e muito cabelo, mas o vento levou tudo!"

A sala irrompeu em gargalhadas. Quando os risos diminuíram, Toto tinha uma última história para contar antes de celebrar a missa.

"Bergoglio era muito prestativo. Por exemplo, na última vez que telefonei para ele, em março de 2013, ele estava indo para o conclave. Eu liguei e ele disse: 'Fale rápido porque tenho que ir a Roma em dez minutos.' Todos sabíamos que o papa tinha morrido."

Três pessoas exclamaram ao mesmo tempo: "Não, não, não, você o matou!"

Toto se corrigiu: "Desculpe, desculpe. Que Bento tinha renunciado. O motivo do meu telefonema era muito simples. Eu precisava da assinatura dele em um documento relacionado à construção de uma escola de ensino médio e quando ele disse 'Vou para Roma', eu respondi: 'Bom, eu preciso dessa assinatura por três motivos.' Ele ouviu e respondeu: 'Passe aqui que eu assino.' Mandei alguns garotos pegarem o documento que Bergoglio tinha assinado pouco antes de ir para Roma."

A sala ficou assustadoramente silenciosa.

"Eu realmente pensei que ele iria voltar para a Argentina. Estava marcado na minha agenda que ele passaria aqui na quinta-feira antes da Páscoa, dali a algumas semanas. Ele deveria vir nesse dia para celebrar a missa aqui na paróquia", contou Toto.

"O lugar explodiu quando ele foi eleito papa. E que explosão! As pessoas foram às ruas e vieram à paróquia, pois era o lugar óbvio para celebrar. Os sinos da igreja tocaram. As pessoas trouxeram as fotos que tinham em casa com Bergoglio. Naquele dia, a igreja lotou."

"O que vocês acharam de o papa ter escolhido o nome Francisco?", perguntei.

Toto respondeu: "É uma mensagem para todos sobre a importância de uma Igreja pobre, o mesmo que ele disse depois. Significa uma mensagem muito forte e clara de pobreza para todos, dentro e fora da Igreja, de cima para baixo e de baixo para cima."

Estava escurecendo e Toto precisava celebrar a missa. Nós nos despedimos e nos abraçamos, mas, antes de ir, Dario queria mostrar as churrasqueiras onde costumava preparar a carne para Bergoglio e seus 400 amigos íntimos!

Andamos por um corredor que dava em uma cozinha ínfima. Havia um velho fogão industrial em um canto e um forno ao lado dele. No outro canto estava uma despensa, e em cima de uma mesa, no meio da cozinha, estavam um saco de açúcar e um de farinha.

Dario me mostrou a parte de trás, onde duas grandes churrasqueiras a carvão ficavam, ao lado da casa vizinha. Havia papel-alumínio e utensílios de cozinha nas grelhas. Um pequeno caminho para pedestres levava a outra construção, de um andar, com uma árvore ocupando boa parte do caminho.

É tudo tão espremido. Mal há espaço suficiente para andar, que dirá cozinhar para 400 pessoas.

Dario estava extremamente orgulhoso, mas, antes que eu pudesse dizer algo, Magui avisou: "Vamos. Está quase escurecendo e vai ficar muito perigoso em breve."

Andamos pela cozinha, passamos pelo escritório de Toto e pela capela até chegarmos à rua.

Juan convidou: "Vamos por aqui e você vai ver uma casa onde damos abrigo e alimento às pessoas."

Os buracos estavam cheios d'água. As casas do bairro eram coladas umas às outras, cada uma com altura e aparência diferente. A ruela ocasional era larga apenas para dois homens andarem lado a lado, e levava a outras casas mais para o interior da *villa*. Eu conseguia ouvir música alta tocando ao longe.

A casa aonde Juan nos levou era simples, com uma pequena sala de estar e uma cozinha com uma mesa, em torno da qual algumas pessoas podiam se sentar e dividir uma refeição. No canto havia uma mesa cheia de fotos da madre Teresa e de são João Paulo II e pequenas velas votivas. A casa serviu como abrigo temporário para homens e mulheres que precisavam de ajuda.

Eu mal tive tempo de ver o casebre e apertar as mãos dos moradores quando Magui disse: "Temos que ir agora."

Sua expressão era séria. Enquanto andamos pela rua, algumas pessoas nos encararam, mas nunca me senti ameaçado. Eu estava com meus novos amigos e Toto estava logo ali, na próxima esquina.

Quando nos despedimos, dei uma última olhada para dentro da capela. Lá estava Toto, celebrando a missa no altar. A capela estava quase vazia; algumas mulheres sentavam nos dois últimos bancos com bebês no colo e um homem permanecia em pé no canto, com uma das mãos nos pés da estátua de Maria e cabeça baixa.

Fiz contato visual com Toto, que sorriu para mim, aquiesceu e continuou a missa.

Isso era o que Bergoglio tinha em mente quando disse que gostaria de um sacerdote com lama nos sapatos, um pastor com o cheiro de suas ovelhas.

Não consigo imaginar vir aqui em minhas férias, mas estava começando a entender melhor a essência desse novo Bergoglio.

* * *

Eu sabia que Pepe tinha sido muito próximo do futuro papa quando Bergoglio foi bispo, depois cardeal, e também sabia que Pepe havia trabalhado na Villa 21-24. Certamente, ele tinha uma percepção crucial em relação ao homem que eu estava estudando. Mas era difícil entrar em contato com ele. Eu havia enviado alguns e-mails antes de visitar a Argentina e até pedira a alguns amigos que viviam em Washington D.C. para tentar falar com ele em meu nome. Um amigo finalmente soube por e-mail que Pepe poderia me receber durante minha viagem, mas nenhum dia ou horário foi marcado. Eu ligaria para ele quando chegasse a Buenos Aires.

Continuou sendo difícil entrar em contato com Pepe quando eu já estava em Buenos Aires, mas finalmente consegui encontrá-lo, em uma esquina da Villa Cárcova, na véspera da minha partida. O encontro aconteceu no fim de uma jornada muito intensa de duas semanas, e o lugar marcado ficava a cerca de 45 minutos da cidade.

Pensei em cancelar o encontro. Eu tinha passado duras horas falando com Toto e seus paroquianos, muitos dos quais tinham vivido com Pepe, e eles me contaram histórias sobre ele. Eu tinha andado pelas ruas da Villa 21-24 onde Pepe havia trabalhado. Sabia que Pepe era, talvez, o segundo padre mais conhecido de Buenos Aires, mas, eu estava cansado, tinha sido um processo tão complicado garantir esse encontro e agora eu precisava fazer uma longa viagem de carro para vê-lo. Não havia como Pepe me ensinar algo mais do que Toto já falara sobre Bergoglio e a vida como padre de *villa*, havia?

Eu mantive o encontro.

Como aconteceu com quase todo encontro marcado durante essa viagem, alguém se atrasou. Geralmente era eu, mas, daquela vez, foi Pepe. Eu estava esperando na esquina quando um pequeno carro de quatro portas, branco por baixo de muita poeira, enferrujado em algumas partes e todo amassado estacionou.

"Mark?"

"Padre Pepe?"

"Sim", veio a resposta.

O cabelo de Pepe era comprido e a barba, cheia. O banco da frente do carro dele era uma bagunça: havia papéis, garrafas de refrigerante e embalagens plásticas de comida por toda parte. Ele me disse para voltar ao carro onde estava meu motorista, Miguel, e segui-lo até sua igreja.

Miguel estava muito nervoso. Ele tinha perguntado várias vezes se Magui e Paz não poderiam me levar, mas respondi todas as vezes que elas não estavam disponíveis. "Villa Cárcova é um lugar muito perigoso. As pessoas são assassinadas lá. As estradas são horríveis."

Não argumentei com ele. Eu apenas relatei o plano, mas foi a viagem mais quieta que fizemos. Miguel não disse uma palavra o caminho inteiro.

Buracos e poças d'água desfiguravam as ruas, as calçadas estavam rachadas e havia cascalho por toda parte. Passamos por um prédio de três andares ao lado de uma estrutura decrépita de um andar e uma estrutura inacabada de dois andares do outro lado, com barras de metal cobrindo as janelas. Essa mistura confusa de prédios continuava ao longo da rua. O mato crescia pelas rachaduras na via e nas calçadas.

Fizemos algumas curvas. A rua tinha árvores, mas havia tanta ordem e padronização nelas quanto nos prédios. Algumas eram baixas, outras, tinham 3 metros de altura, e havia ainda as que não passavam de galhos na lama; em alguns lugares onde deveria haver uma árvore, não havia nada.

Pepe estacionou no acostamento e Miguel parou logo atrás dele.

Estávamos em frente a uma cerca preta de metal que separava a calçada de uma igreja. Assim como na Villa 21-24, a igreja era simples, outro prédio sem identificação, embora este fosse maior que as outras estruturas e possuísse uma grande cruz bem no centro.

Pepe carregava um chaveiro com umas dez chaves. Ele procurou até encontrar a chave certa para abrir o portão. As pessoas andavam pelo pátio, a maioria mulheres com bebês no colo. Crianças agarravam-se às pernas das mães. Alguns homens estavam sentados em bancos. Pepe cumprimentava as pessoas quando passava por elas, mas não havia tanta energia como na Villa 21-24. Talvez isso tenha acontecido porque minha visita ocorreu pela manhã em vez de à noite?

Pepe parou diante da porta e mais uma vez procurou no chaveiro até encontrar a chave certa para abri-la.

Tive um *déjà vu*: um escritório pequeno e bagunçado com fotos na parede e um ventilador velho e frágil. Ele ligou, primeiro, a luz, depois, o ventilador. Eu me acomodei em uma cadeira velha e gasta.

Pepe se sentou e olhou para mim. Ele sorriu. Seus grandes olhos castanhos eram lindos e tristes ao mesmo tempo. Mesmo sabendo apenas um pouco sobre seu trabalho, as ameaças de morte contra ele e sua presença contínua entre os pobres e os traficantes, eu senti uma onda de emoção.

Será que eu estava cansado? Com saudades de Jeanne e das crianças? Ou era porque estava na presença de um mártir em potencial?

Como pode este homem ficar sentado aqui tranquilamente, no meio da bagunça do seu escritório e da sujeira lá fora, e sorrir para mim quando sabe (e ele sabe) que pode ser morto a qualquer momento? Toto também pode ser morto a qualquer momento, mas sua energia e o fato de haver mais pessoas ao redor dele tornavam essa possibilidade menos provável. Mas este homem, sorrindo para mim com esses olhos castanhos e inteligentes, parece mais vulnerável.

Logo vou sair daqui e voltar para minha casa confortável, minha bela esposa e meus filhos, e este cara vai ficar aqui e trabalhar. Um dia, eu posso muito bem pegar o jornal e ler, em meio às notícias, alguns parágrafos sobre um padre amigo do papa Francisco que foi morto a tiros em seu escritório. E este homem está olhando diretamente para mim.

Não consegui decidir se deveria abraçá-lo ou chorar.

Seus primeiros comentários no pequeno escritório não ajudaram muito. Pepe disse: "Estou sozinho e moro em uma casinha em Villa Cárcova."

Ele comentou que era responsável por oito capelas espalhadas em quatro *villas*. Pepe tinha organizado a construção das capelas com o objetivo de transformá-las em paróquias completas, assim como fez na Villa 21-24.

O telefone em sua mesa tocou. Ele conversou rapidamente, e desligou.

"Sempre houve padres nas *villas* da capital, mas a ideia de concentrar o trabalho nas crianças e nos jovens foi minha. Isso, depois, foi estendido a outras *villas*. Além disso, atuei na prevenção e recuperação do vício, trabalho que também foi replicado em outras *villas*, e estou tentando fazer o mesmo aqui, em Villa Cárcova."

Pepe falou sobre o motivo pelo qual deixou a Villa 21-24.

"Bom, meu foco estava no tráfico de drogas. Nós, os padres da *villa*, escrevemos um documento chamado 'Drogas nas *villas*: além do alcance da lei'. Como eu era o coordenador de todas as *villas*, fiz uma leitura pública do documento e, por tê-lo lido, todos os traficantes começaram a me ameaçar. Apesar disso, permaneci lá por mais dois anos, mas os traficantes começaram a perseguir as pessoas que trabalhavam comigo. Foi aí que decidi ir embora, pois não queria colocar outras vidas em risco. E pedi que Toto me substituísse."

O telefone tocou de novo, outra conversa rápida. Perguntei a Pepe se ele estava com medo quando Bergoglio pediu para ele ser o padre da paróquia na Villa 21-24. Ele sorriu e sacudiu a cabeça.

"Gostei da ideia porque na Villa 21, como padre paroquiano, eu podia desenvolver projetos de longo prazo. E isso aconteceu porque Bergoglio viu em mim um carisma que desenvolvi quando trabalhava com as crianças e os jovens nas *villas*, algo inédito. Então, eu gostei disso, achei empolgante."

"Você teve medo?", perguntei de novo.

"Não, não, não. Eu estava acostumado. Eu já trabalhava em uma *villa*, em Ciudad Oculta, então, já estava acostumado a essas condições."

Mas esta era a Villa 21-24, pensei. Pepe deve ter sentido minha dúvida.

"Este era um bairro muito violento mesmo, com várias gangues lutando entre si, então, o primeiro programa que criamos teve o objetivo de gerar líderes positivos para oferecer uma alternativa. Por um lado, havia violência, mas, por outro, havia o caminho da prevenção, com esportes, acampamentos e workshops."

Pepe continuou: "A Villa 21 está indo muito bem. Temos vários projetos, apesar dos problemas sociais. Hoje avançamos em vários pontos. Por exemplo, a igreja estava fechada quando cheguei. Agora, temos a igreja e as capelas em cada setor. Onde havia gangues, colocamos uma capela. Temos lares para crianças e avós, centros para adolescentes, programas para crianças de rua, uma escola vocacional que construímos durante a crise [de 2001], uma escola de ensino médio, uma estação de rádio, centros para idosos e para recuperação de viciados, sendo o Hogar de Cristo o primeiro deles. Então, a Igreja teve um papel transformador no bairro."

Orgulhoso, ele contou que vários seminaristas que tinham trabalhado com ele e se ordenado padres agora trabalhavam em outras *villas* de Buenos Aires.

O telefone tocou pela terceira vez. Estávamos juntos há menos de dez minutos. Dessa vez a conversa durou alguns minutos. Pepe fez anotações em um papel e desligou.

Ele me olhou e sorriu. Não era o sorriso cheio de alegria mostrado por Toto quando estávamos bebendo mate e contando histórias em seu escritório.

Perguntei sobre a igreja ao lado do pátio.

"Essa igreja é um templo e também uma sala de jantar, além de ser um lugar aonde as crianças podem vir brincar. Em outras palavras, não é uma igreja no sentido estritamente cerimonial. Ela é usada para cerimônias religiosas e também para fornecer apoio escolar, refeições e tudo que for necessário. Para nós, o santuário, mesmo pequeno, é o local onde tudo acontece: primeiro, celebramos a missa, depois, preparamos a mesa, todos comem, então limpamos a mesa e eles estudam nela. Em outras palavras, tudo", explicou Pepe.

Falei para Pepe que não estava acostumado a ver o lugar onde a missa é celebrada ser usado para outros fins, como sala de estudo ou refeitório.

"Aqui também não é assim. Isso só acontece em lugares como este, onde a cultura é diferente. Quer dizer, o que acontece aqui não ocorreria em um bairro mais rico."

Perguntei se poderia andar por aí para ver o que havia sido construído.

"Não, desculpe. Eles me ligaram agora porque preciso ir ao velório de alguém que acabou de ser assassinado. Este bairro está um pouco violento agora."

"Aqui perto? À luz do dia?"

"Às 11 da manhã de ontem", respondeu Pepe, sem rodeios.

"Você fica triste fazendo esse trabalho? Ou desestimulado?", perguntei.

"Ele significa... ter que aceitar a marginalização. Isto é, a marginalização como fator predominante na vida. Neste bairro, a marginalização é a parte mais visível. Então, é aí que eu trabalho."

O telefone tocou novamente, pela quarta vez em menos de 15 minutos. Quando Pepe terminou a ligação, eu o pressionei: "Tudo bem, mas isso o deprime?"

"Bom, faz parte desta realidade. Em outras palavras, quem deseja trabalhar nesses ambientes sabe que isso faz parte da realidade. Se você vai para a África, sabe que pode contrair malária, e se trabalhar em um setor de oncologia, sabe que os pacientes têm probabilidade de morrer", comparou Pepe.

Marginalização? África? Pensei no desejo de Bergoglio de ir ao Japão como missionário trabalhar com os que viviam às margens da sociedade, os marginalizados. Ouvindo Pepe, percebi que Bergoglio tinha cumprido esse desejo, mas em sua cidade natal.

Não surpreende ele andar pela Villa 21-14 nos dias de folga, era lá que ele sempre quis estar.

Setor de oncologia? O papa Francisco disse à revista *America* que gostaria de uma igreja que fosse um hospital de campanha. Eu estava na presença de um homem envolvido exatamente nesse trabalho, um médico na linha de frente da Igreja.

Eu estava em uma busca para entender Bergoglio, obtendo histórias que esclareceriam sua ascensão, crenças e motivações e tinha quase perdido a oportunidade de ver e sentir exatamente o que Bergoglio estava tentando me ensinar.

Percebi que havia me excedido no tempo da visita, mesmo tendo ficado menos de 15 minutos. Agradeci a Pepe e me levantei. Fiz uma última pergunta.

"Você vê muito Bergoglio?"

"Não. Notei que ele sorri mais agora."

"Porque você acha que isso acontece?"

"Bom, eu perguntei a ele", contou Pepe.

Eu voltei a me sentar. Pepe continuou: "Porque eu disse que ele tinha mudado. Aqui, eu o conhecia bem. Aqui, ele era uma pessoa muito austera, inteligente e comprometida. Várias vezes nós até dizíamos a ele, em uma reunião ou um encontro social: 'Vamos ver se você sorri', e agora é possível ver que ele sai e cumprimenta as pessoas, o que não fazia antes. Sobre isso, Bergoglio disse que eu deveria ter em mente que o Espírito Santo deu a ele, uma pessoa de 76 anos de idade, a força para enfrentar esse desafio. Porque ser papa significa ter que atender pessoas o dia inteiro. Pessoas diferentes, gente que ele não conhece, de culturas diferentes, e acho que o Espírito Santo o ajudou muito nisso. E ele confirmou: 'Sim, há uma mudança, notei uma mudança.'"

Pepe finalmente tinha um sorriso alegre em seu belo rosto. A sala pareceu mais brilhante. Decidi não ir embora ainda. "Toto disse que Bergoglio andava pela Villa 21 usando roupas comuns e carregando uma pequena bolsa. Você se lembra disso? Ele realmente andava pelo bairro assim?"

"Sim, sim", o sorriso voltou aos lábios do padre. "Ele descia do ônibus e não deixava ninguém ajudá-lo. Bergoglio queria andar sozinho. Às vezes, no verão, ele telefonava, aparecia e andava pelo bairro para conhecê-lo melhor. Isso, nas férias! As férias dele consistiam em ir até lá. Em um dos dias de folga, ele poderia dizer: 'Vou até a Villa 21 tomar mate e aproveitar a oportunidade para dar uma volta e conhecer um pouco mais o local, ver mais.'"

Pepe sacudiu a cabeça como se ainda não acreditasse no que estava dizendo. Sua reação foi similar a de Gauffin e Nardin quando refletiram sobre as próprias experiências com Bergoglio.

Pepe estava mais animado agora. "Às vezes ele trazia amigos de fora da cidade e lhes contava sobre o trabalho e as igrejas nas *villas*. Nós também saíamos para caminhar."

"Você acha que o papa vai conseguir levar as pessoas a se concentrarem nos pobres ou isso é impossível?", perguntei.

"Penso que ele faz as pessoas voltarem os olhos para os pobres, como fez em Buenos Aires. Lá, ele fez a cidade olhar para as *villas* e os lugares de sofrimento não apenas com o intuito de ajudar, mas também para aprender com eles. Para ter mais solidariedade, compartilhar. Ele está criando uma consciência maior no Ocidente e no mundo. O papa está mostrando a eles o que chamamos de periferia, não só dizendo que devem ajudar os pobres, mas que também podem aprender com eles sobre essa realidade humana e sobre as dificuldades que as pessoas estão enfrentando. Ao fazer isso, eles procuram obter mais integração. Ele usa muito essa palavra, integração."

O telefone tocou pela quinta vez.

Aprender com os pobres? Integrar-se com os pobres? Com a periferia?

Eu sabia que deveria ir embora, mas este homem era a personificação das ideias de que eu tanto ouvira falar: o chamado de Inácio para ir às "fronteiras", servir aos pobres, a teologia do povo alegando que os pobres têm muito a ensinar, e o chamado do papa Francisco para ter uma vida verdadeiramente repleta de misericórdia. Eu queria ficar com ele o dia inteiro para aprender, mas tinha um trabalho a fazer.

Eu hesitei. Olhei em volta do escritório pequeno e bagunçado, desesperado para fazer outra conexão que poderia levar a mais uma pergunta de modo que eu pudesse aprender mais. A fotografia de um padre bonito me encarava. Pensei que poderia ser o adorado padre Mugica e apontei para a imagem. "Quem é aquele na parede?"

"É Carlos Mugica, um padre do grupo dos fundadores. Como o Washington de vocês, os pais fundadores. Como nos Estados Unidos", comparou Pepe, rindo.

Washington foi o nosso pai fundador, é verdade. Um homem fisicamente gigante que, segundo todos os relatos, era extremamente rico. Cidades foram batizadas em sua homenagem e todo estudante nos Estados Unidos conhece sua história. Mugica, um padre humilde, foi assassinado. Mas, para pessoas como Toto e Pepe, ele foi um pai fundador do movimento para ajudar os pobres e aprender com eles.

"Você sente que vai ser assassinado?"

"Sim", respondeu ele, sem emoção.

"Você tem medo disso?", perguntei.

"Ah, eu me acostumei. Quando eles me ameaçaram, pensei que iriam me matar. Foi uma ameaça pesada dos traficantes. Então, escrevi cartas. Agora eu não escrevo mais."

"Para quem você escreveu?", perguntei.

"Escrevi para alguns padres, para a minha família. Também fui falar com Bergoglio, e disse a ele que não tinha medo. Bergoglio estava preocupado com o que estava acontecendo e me disse: 'Prefiro que me matem em vez de um de vocês.'"

O telefone tocou de novo. *Meu Deus, a sexta vez em poucos minutos.*

A ligação foi rápida, e perguntei se Bergoglio o havia ajudado.

"Quando falei a Bergoglio que eles tinham me ameaçado, no dia seguinte ele fez um anúncio público em todos os meios de comunicação para me proteger. Bergoglio defendeu vigorosamente os padres e disse: 'O que os padres dizem, eu também afirmo.' Ele estava muito preocupado, mas eu o tranquilizei: 'Agimos de acordo com o Evangelho, então, não se preocupe. Nós agimos de acordo com a vontade de Deus.'"

Nós agimos de acordo com a vontade de Deus.

As palavras ficaram pairando no ar. Consciente e alegre, Pepe sorriu. Seu rosto parecia brilhar.

Este cara corre o risco de ser assassinado a qualquer momento e mesmo assim sorri desse jeito? Como está tão calmo e em paz? Ele é um médico na linha de frente, envolvido em curar pessoas, mas está enfrentando o mal em um combate corpo a corpo.

O telefone tocou de novo, a sétima vez em menos de 25 minutos. Foi outra ligação rápida, que me deu uns segundos para me recompor.

Olhei ao redor da sala me esforçando para fazer outra conexão. Não queria ir embora, mas não fazia ideia de como aprofundar o último comentário feito por ele.

Nós agimos de acordo com a vontade de Deus.

Apontei para o que parecia ser um desenho de criança.

"Ah, as coisas que as crianças fazem", comentou Pepe. Ele riu e apontou outra imagem na parede: "A foto está rasgada, mas são seminaristas que foram ordenados padres."

Ele apontou para outra foto: "É a Villa 21, e essas são as crianças do lar. Aquele era o mais velho do abrigo", disse, apontando para a imagem de um jovem. "Ele entrou para o Exército e agora é oficial. Fui visitá-lo em seu regimento. E esse ali", e apontou para outra imagem, "é meu afilhado da Villa 2, que foi assassinado."

Ele tinha uma conexão tão próxima com seus paroquianos que lhe pediam para ser padrinho de seus filhos? Este pastor conhece suas ovelhas.

Eu ainda não queria ir. Eu jamais tinha passado algum tempo com alguém que dedicava a vida a Deus correndo tanto risco, alguém que poderia ser martirizado a qualquer momento, mas continuava fazendo o trabalho que poderia muito bem levá-lo à morte.

Falei sem pensar: "Tem algo que deveria ter perguntado e não perguntei?"

Se eu tinha ficado mais tempo do que o necessário, Pepe não disse, nem demonstrou. Ele também era paciente. Pepe deu um sorriso e depois uma risada.

"Este é o meu clube", disse ele, apontando para uma camisa de futebol emoldurada na parede. Pregada nela estava uma imagem do papa Francisco, de costas, assinando a camisa.

"Esse é o rival do clube do papa, que assinou a camisa para um amigo meu. O papa escreveu: 'Apenas para o Pepe.' Porque normalmente ele não assinaria a camisa da equipe rival", ele riu.

"Adorei a foto!", exclamei.

"Trabalhamos juntos por um bom tempo."

Ele me olhou nos olhos. Não foi um olhar penetrante, mas senti como se estivesse olhando para a minha alma. Aqui estava um homem que entrou para o sacerdócio, tirou licença para reconsiderar sua decisão e foi aconselhado por Bergoglio nesse período de incerteza. Essa deve ter sido uma experiência intensa em si. Ele voltou ao sacerdócio e enfrentou ameaças de morte. Mais uma vez, Bergoglio estava bem ao lado dele. Os dois tinham um relacionamento profundo e pessoal.

"Eu era o padre da paróquia e pedi a Toto para trabalhar comigo. Ele ficou lá por quatro anos, acho. Depois foi para outra paróquia, e eu pedi para que ele me substituísse quando precisei sair, pois ele entendeu o que fizemos aqui. E isso nem sempre acontece. Quando tive que ir embora, por causa dos traficantes, eu disse a Bergoglio: 'Certo, eu saio, mas peço que você nomeie Toto, porque ele sabe o rumo que desejamos dar à paróquia.'"

Quando Pepe me levou até Miguel e o carro, apontou para dentro da igreja: "Aqui é onde tudo acontece: missa, almoço, nossas reuniões, tudo."

A igreja era austera: uma mesa branca simples coberta por uma toalha de mesa branca servia de altar e tinha uma humilde cadeira de madeira ao lado para Pepe. Havia apenas uma mesa ao lado do altar e um crucifixo pequeno e comum na parede atrás dele. Uma imagem de Maria estava à esquerda e outro crucifixo à direita, ambos com panos vermelhos brilhantes pendurados logo atrás. Os bancos eram de madeira, muito simples, pareciam um pouco mais resistentes que os bancos na igreja de Toto, mas não muito.

Havia cadeiras e mesas de plástico empilhadas em um canto da igreja. Um grande crucifixo estava pendurado na parede de trás; as janelas tinham grades, e fotos de santos e da sagrada família estavam espalhadas pelas paredes, que pareciam ter marcas de infiltração. No alto de uma parede ficava um ventilador velho e enferrujado que parecia igual ao que havia na igreja de Toto.

"As pessoas vêm à missa aqui todo domingo?", perguntei a Pepe.

"Elas vêm quando podem", respondeu ele. "Muita gente trabalha e muitos cresceram em áreas onde não havia padre, por isso, não podiam ir à missa regularmente. Mas elas param e rezam. São bons católicos."

A última afirmação me pegou de surpresa.

"Se eles não vão à missa regularmente, ainda são bons católicos?", perguntei.

"Sim, claro. Eles rezam juntos, acreditam em Jesus, comparecem às grandes festividades. Lembre-se: não há padres suficientes em muitos lugares. Sim, essas pessoas são ótimos católicos", respondeu Pepe.

Pepe, Toto e Bergoglio estavam desafiando meu conceito do que significava ser um bom católico. A igreja era mais que um lugar para adoração ou outros sacramentos: era o centro da comunidade. O comportamento e a visão deles eram diferentes do que eu estava acostumado, mas havia uma noção de solidariedade em suas paróquias que raramente vi ou vivenciei em uma paróquia católica nos Estados Unidos.

Aqui na *villa*, Bergoglio e seus padres queriam construir paróquias e servir o povo em uma nova escala, mais ou menos como aconteceu em San Miguel em torno do Colegio Máximo. Mas logo aprendi que eles precisavam de ajuda. E ao pedir e receber essa ajuda eles construíam mais pontes de misericórdia e consolação.

O rabino Alejandro Avruj me recebeu em seu escritório na Comunidad Amijai, uma congregação do Judaísmo Conservador em Buenos Aires, com um aperto de mão firme, um grande sorriso e um estridente "Seja bem-vindo" em inglês, com forte sotaque argentino. Eu podia sentir a energia positiva. Gostei dele imediatamente.

O rabino tinha cerca de 1,50m de altura, com longos cabelos pretos divididos ao meio. Também tinha barba e olhos que cintilavam quando ele falava. Parecia o vocalista de uma banda de rock.

"Não sou historiador. Sou apenas um norte-americano tentando entender Bergoglio e o que posso aprender com ele. Estou procurando histórias que digam quem ele realmente é", expliquei.

O rabino sorriu e disse: "Tudo bem. Tenho algumas histórias." Ele se inclinou para a frente. Eu estava acostumado a ouvir contadores de histórias americanos de origem irlandesa e senti que estava prestes a conhecer meu primeiro contador de histórias judeu argentino!

"Em 2001, quando a Argentina estava no meio de uma imensa crise, uma crise econômica muito difícil, eu estava voltando de Israel. Estava terminando meus estudos rabínicos nos EUA e em Israel e havia algumas possibilidades de trabalhar nos EUA e em outros locais do mundo, mas sentia que, como rabino e argentino, em 2011, eu precisava estar aqui. Comecei a carreira trabalhando em um bairro muito pobre e humilde aqui de Buenos Aires, chamado Matadouro. O trabalho social é muito importante para a minha forma espiritual de entender a religião, sabe?"

"Entendo", respondi.

"Como disse o rabino Salanter [o pai do movimento Mussar no Judaísmo Ortodoxo], minhas necessidades espirituais são as necessidades materiais do outro. Fui indicado chefe do Comitê de Distribuição Conjunta. É uma organização judaica muito importante, que trabalha com judeus carentes no mundo inteiro e começou na Segunda Guerra Mundial [...] Eles abriram 70 centros em toda a Argentina para dar alimento, abrigo e medicamentos para o povo judeu. Mas também tinham um orçamento para a população não judaica e me pediram para liderar o programa para essa população.

"Ajudamos muitos hospitais pelo país. E começamos a fornecer trabalho às pessoas em suas casas, mas especialmente começamos a trabalhar em várias favelas, em lugares muito pobres, particularmente com a Cáritas, o braço social da Igreja Católica, e eu estava gerenciando 32 cozinhas em várias favelas de Buenos Aires, Córdoba e arredores. Nós alimentávamos entre 7 mil e 8 mil crianças por dia, e não havia população judaica nas favelas. Enfim, era um trabalho muito movimentado. Conheci o padre Pepe na favela chamada 21-24. Ele gerenciava seis cozinhas, algumas para crianças, outras para adultos, e começamos a ajudá-lo a alimentar seus meninos. Também enviamos muitos jovens judeus para as favelas, a fim de auxiliar as crianças com as lições de casa, e desenvolvemos vários programas para ajudar o povo a conseguir trabalho, entre outras coisas.

"Uma das coisas que fizemos foi abrir uma nova cozinha, em uma favela da capital, que fica talvez a meia hora daqui. Você andava uns dois quarteirões na favela e via uma montanha. Uma montanha!", ele abriu os braços e sorriu. "Mas não há montanhas em Buenos Aires, era lixo! Nesse lugar construímos uma nova cozinha com Pepe e a batizamos de Shalom. Você sabe o que significa Shalom?"

Antes que eu pudesse responder, ele completou: "Em hebraico, significa paz. Abrimos este lugar com uma missa católica e chamamos alguns judeus da sinagoga para tocar canções hebraicas... Foi muito, muito bom. Todo o bairro veio, e conheci Bergoglio ali, na favela. O meu primeiro encontro com Bergoglio foi na 21-24, com Pepe."

Sem dar tempo para perguntas, Avruj continuou:

"É importante dizer onde conheci Bergoglio, pois nós que o conhecemos antes de ele ser Francisco não nos surpreendemos. Porque eu o conheci com os pés no meio do lixo. Quando ele fala hoje, penso que está abordando dois grandes temas: o diálogo inter-religioso, no sentido de falar com o outro e aceitá-lo, e também uma igreja pobre, para os pobres. Essas são as duas grandes questões, em minha opinião. E tenho a sorte de conhecê-lo nesses dois pontos, falar com o outro e os pobres. Porque, como bispo de Buenos Aires, ele poderia ter mandado alguém no lugar dele, sabe? Mas ele estava lá."

O conceito de encontro do qual Inácio falou e a ideia de trabalhar nas margens da sociedade: aqui estavam dois ideais inacianos me encarando diretamente, em uma sinagoga, no centro de Buenos Aires. O rabino descreveu um Bergoglio que, mesmo como bispo, era profundamente dedicado à filosofia de santo Inácio.

O relacionamento do rabino com Pepe não estava limitado ao trabalho que faziam juntos na Villa 21-24. Eles viajaram com aproximadamente 100 pessoas para visitar os mesmos lugares por onde Francisco andou, na Jordânia e em Israel, em maio de 2014, embora não fizessem parte da delegação oficial do papa. Sobre a viagem, o rabino disse: "Ela enviou uma mensagem inacreditável. Uma mensagem inacreditável! Em 2 mil anos, a primeira vez que um papa veio a Israel foi com João Paulo II, 20 anos após ter se tornado papa. Para Francisco, foi uma de suas primeiras viagens. Inacreditável!

"Estávamos na Jordânia, primeiro lugar que ele visitou, e, em Amã, celebraram uma missa impressionante, em um estádio de futebol. Havia umas 30 mil ou 40 mil pessoas gritando, cantando, com bandeiras, era incrível. E eu imagino que os 40 mil presentes no estádio eram os únicos católicos em toda a Jordânia!", ele riu. "Sim, 99% da população são muçulmanos. Foi impressionante. E quando Bergoglio saiu do estádio e começou a entrar no papamóvel, ele me viu e parou o carro. Os jordanianos e os guardas do Vaticano estavam enlouquecendo e ele me chamou: 'Oi, olá!'"

A voz do rabino se elevou e ele começou a gesticular loucamente.

Enquanto Avruj fazia seu relato, eu me lembrei do papa Francisco dizendo em uma entrevista que não estava acostumado a falar para tanta gente: "Eu consigo olhar para pessoas individualmente, uma por vez, para entrar em contato pessoal com quem está na minha frente. Não estou acostumado às massas." Quando li essas palavras pela primeira vez, pensei que era impossível ele se concentrar em uma pessoa, mas ouvindo essa história inacreditável pensei que talvez ambos estivessem dizendo a verdade, por mais difícil que fosse acreditar naquilo.

"Então eu pensei: em um país onde 99% da população são muçulmanos, com os únicos 40 mil católicos lá, Bergoglio sai do papamóvel para abraçar um rabino. É uma loucura! É uma loucura! É impossível!"

O rabino pulou, rindo.

"Imagine só. Aqui está um guarda armado e eu digo a ele: 'Olha, o papa está me chamando.' Ele é jordaniano. Não sei que língua ele fala e lá estavam os guardas do Vaticano. Até que alguém me passou pela barricada. Eu estava com um amigo, certo? Imagine, o papa estava lá", ele fez um gesto com a mão direita, "e meu amigo, aqui", agora um gesto com a mão esquerda. "Com todos os guardas empurrando para evitar que ele viesse comigo. O que você faz? O que você faz? É o papa, quer dizer..."

Interrompi: "Então você está sendo empurrado na direção do papa, que saiu do papamóvel para vê-lo, e está preocupado com seu amigo sendo esmagado pelos seguranças. Por que você está preocupado com seu amigo?"

"Porque ele estava com a câmera", respondeu o rabino.

Ele gargalhou, e eu também. O fim da piada foi perfeito. Um comediante experiente não poderia ter feito melhor.

"Depois, meu amigo disse: 'Todas essas pessoas ao Vaticano têm uma foto solene com o papa, você sabe, mas esta foto, com este sorriso, foi como se estivéssemos no meio da favela 21.'"

"E o que aconteceu depois?"

"Ele saiu. Eu não o via há um ano e meio, mas muita coisa aconteceu com ele nesse período, certo?"

O rabino deu de ombros e sorriu timidamente, acentuando o absurdo da frase.

"Você tem uns 20 segundos para dizer algo à pessoa mais importante do mundo. O que dizer a ele nesses 20 segundos? O que dizer?"

"O que *você* disse?"

"Ah, boa pergunta", ele gostava de me ver envolvido na conversa, "Eu estava lá e pensei que precisava de uma frase teológica para ficar na história, certo? A frase perfeita. E antes que pudesse dizer algo, ele perguntou: 'Oi, Alé, como vai a família?' Ele me comoveu duas vezes em um minuto; primeiro, porque interrompeu tudo para falar comigo e, depois, por ter feito a última pergunta que eu iria imaginar: 'E aí, como vai a família?'"

A sala ficou em silêncio. Avruj me encarou, ainda surpreso com a surpreendente pergunta do papa. Em seguida, quebrou o silêncio:

"Eu pensei: 'Do que você está falando?' E respondi: 'Ah, estão bem. As crianças perguntam sobre você.'"

A voz dele ficou embargada. O rabino não estava sorrindo ou animado agora. Ele apenas me olhou novamente, por alguns segundos, em silêncio.

"Talvez essa fosse a grande pergunta a se fazer: 'Como vai a família?' Precisamos nos encontrar, conversar e perguntar: 'Como vai a família?' Porque somos todos uma família. Esta é a pergunta, certo?"

Olhei nos olhos de Avruj e vi que estavam cheios de lágrimas. Ele ficou quieto de novo.

"Como vai a família?", disse ele mais uma vez, suavemente.

Entendi o desejo do rabino de pensar em algo importante e memorável para dizer a uma das pessoas mais influentes do mundo. Era uma oportunidade de impressioná-lo, de parecer inteligente e pers-

218

picaz. Eu teria feito o mesmo. Mas o que saiu da boca do papa foi uma pergunta completamente humana: como vai sua família? Eles estavam no Oriente Médio, a Terra Santa para as três maiores religiões do mundo, e o papa Francisco faz a ele a mais simples porém mais importante das perguntas.

Avruj quebrou o silêncio falando de sua esperança para um hipotético encontro entre o papa e os líderes de Israel e da Palestina: "Talvez ele faça a mesma pergunta: 'Oi, como vai sua família?', e se eles responderem, bom, talvez venha a paz. Depende de como eles responderem à pergunta sobre as famílias."

Ele ficou quieto novamente por alguns segundos, depois, balançou a cabeça como se precisasse de estímulo para voltar ao presente.

"E como resultado dessa viagem, com as 100 pessoas que foram conosco, arrecadamos dinheiro para abrir mais duas cozinhas."

Então ele deu um sorriso travesso.

"Tenho outra bela história sobre Francisco. Em novembro de 2012, fizemos nossa cerimônia anual para relembrar a Noite dos Cristais, o começo da Shoah, do Holocausto. Em 9 de novembro de 1938 houve uma noite absurda em toda a Alemanha e Áustria, em que pessoas invadiram cerca de mil sinagogas, queimaram todos os livros sagrados, e foi o começo do desastre.

"Bergoglio era cardeal de Buenos Aires e disse: 'Vamos fazer a cerimônia da Noite dos Cristais da comunidade judaica na catedral', que é a igreja mais importante da Argentina, e pediu para que eu conduzisse a cerimônia com ele. Eu aceitei, e foi muito emocionante mesmo. Imagine a catedral imensa e lá estava um coral judeu cantando salmos judaicos em iídiche. Foi muito, muito impressionante, e ele falou sobre muita coisa que a Igreja e o povo não haviam feito para impedir aquele desastre.

"Eu tinha escrito um livro de orações judaicas com todas as cerimônias para o ano inteiro e o imprimi um mês antes desse evento. Um mês antes. Levei o livro para a cerimônia e disse: 'Nesta noite, milhares e milhares de livros de orações foram queimados, com intenção de exterminar a cultura judaica. Apesar disso, cerca de 70 anos depois, temos agora o mais recente livro de preces judaicas publicado no mundo. E quero dar esta primeira cópia a você, cardeal. Neste lugar, nesta noite.' Foi muito emocionante. E eu me lembro do que Bergoglio disse: 'Vou levá-lo comigo, estará em minha casa, porque vou começar a rezar com este aqui.' Então eu acho que o livro está no Vaticano agora!"

Avruj sorriu, orgulhoso. Mas antes que eu pudesse fazer uma pergunta, ele continuou:

"Fui duas vezes à catedral em novembro porque houve um problema no Oriente Médio, então ele solicitou uma oração de paz e me pediu para representar os líderes judeus. Assim como Bergoglio me convidou, pedi a ele para vir à minha sinagoga. Você conhece o Hanucá? Duas semanas depois era o Hanucá, e ele respondeu: 'Claro que estarei lá. Somos amigos. Diga, eu desço do metrô na estação Juramento?' Pensei que ele estivesse brincando e respondi: 'Sim, sim, na estação Juramento.' E Bergoglio veio. Dezembro aqui é muito quente, sabe? Ele chegou aqui encharcado de suor e eu perguntei: 'Padre, o que houve?' Ele respondeu: 'O metrô. Você sabe como é o metrô em dezembro...' Foi uma loucura, porque, se ele tivesse vindo em um carro preto, com motorista, ninguém falaria nada, certo? Mas ele não faria isso..."

A voz do rabino ficou embargada de novo.

"É por isso que digo que muita gente está surpresa com ele, mas nós, que o conhecemos, não estamos. Quando ele chegou, estávamos bebendo mate no escritório. Ali está a cuia", o rabino apontou para uma bandeja no canto do escritório. "As pessoas vêm aqui para tocá-la agora. Por quê? Porque, três meses depois, ele foi eleito papa!"

Ele voltou a rir.

"E o que posso dizer? Sua última cerimônia inter-religiosa foi na minha sinagoga. Ele usou solidéu, rezou comigo, acendeu a vela e fez um belo sermão sobre a luz, falando em compartilhar a luz com o mundo, e foi uma noite, muito, muito bonita. Foi a última vez que o vi, até o dia do abraço no estádio, quando ele perguntou sobre minha família."

As histórias fluíam do rabino, cada uma incrível e perspicaz a seu modo.

"Na tarde em que ele foi eleito, eu telefonei e falei com sua secretária: 'Ouça, preciso falar porque acho que você sabe o que está acontecendo em todas as igrejas aqui, em toda parte, em cada instituição católica, a felicidade na Argentina agora é imensa, mas preciso dizer o que está acontecendo em uma sinagoga em Buenos Aires neste minuto. As pessoas estão chegando aqui e me abraçando como se eu fosse o papa. É inacreditável! Ligamos todas as TVs da sinagoga e as pessoas estão muito felizes. Compreendo isso acontecendo na favela, na igreja, mas na Sinagoga de Belgrano?'"

E então, caso eu não tivesse ouvido histórias suficientes sobre o papa Francisco, Avruj tinha mais uma:

"Uma vez, eu estava no hospital. Nenhum rabino me telefonou. Até que uma noite alguém me ligou e eu ouvi: 'Alé?' E respondi: 'Sim.' 'É Jorge!' O único Jorge em que consegui pensar era o tio da minha esposa, então repeti: 'Jorge?' 'Jorge Bergoglio. O que aconteceu, Alé? O que aconteceu com você?'

"Fiquei muito comovido. Porque *ele* me ligou, não foi a secretária do bispo, mas 'Jorge'. Você entende que tipo de cara ele é? É estranho. Geralmente, se você é o bispo, não telefona para alguém no hospital dizendo 'Oi, é o Jorge, como vai?'. Eu não sou o bispo, mas quando ligo para alguém digo 'Aqui é o Rabino Avruj'.

"Eu não sei, eu não sei. No meio da noite, ligando para o hospital..." A voz dele ficou embargada de novo.

"Algumas pessoas dizem que é falso, como um político. Que deve ser atuação. Que não pode ser real", especulei.

"Bom, é o que estou dizendo. Nós que o conhecíamos antes de virar Francisco, não estamos surpresos. Eu o conheci em um lugar onde ele não precisava estar, no meio da favela, lavando os pés do povo."

"Você o viu lavando os pés do povo?"

"Claro!", exclamou o rabino.

"Na missa da Quinta-feira Santa ou...?"

"Não, foi quando Pepe saiu da favela. Eles fizeram uma festança de despedida e celebraram uma missa. Fui convidado, e Bergoglio estava lá. Ele beijava e lavava os pés do povo. Não havia câmeras nem nada. Houve uma celebração, com a missa, as canções e tudo mais, e depois ele lavou os pés de todos os que se dispuseram. Foram centenas de pessoas."

Após falar com dois líderes judeus, um pai judeu enlutado, dois padres católicos paraguaios e pobres lutando nas *villas*, percebi que Bergoglio não apenas dava como também recebia. Ele estimava os encontros entre culturas, seja em sinagogas ou nas *villas*. Tudo isso energizava Bergoglio e sua fé. E ele tinha o desejo jesuíta de ir à periferia e às margens da sociedade para servir. Ao tentar entender Bergoglio, acreditei que suas novas posições como bispo auxiliar e depois bispo fizeram dele mais uma figura fraterna do que paterna, mais um cidadão entre tantos cidadãos diversificados no caldeirão cultural que é Buenos Aires. Ele estava sendo chamado para servir e curar, para trazer consolação a uma cidade de muita desolação. Paradoxalmente, ele ficava mais inaciano, embora não estivesse mais oficialmente na Ordem dos Jesuítas.

No entanto, logo percebi que a evolução não seria tão simples. Este era um Bergoglio diferente, mas que ainda precisava florescer de modo pleno. Em particular, ele ria e brincava, mas em público ainda era solene e sério. E sua vida ficaria ainda mais complicada, pois assim como fez nos jesuítas, ele continuou a subir na hierarquia, virando arcebispo e, depois, cardeal, em 2001. Seu talento, carisma e intelecto inegáveis continuaram a impeli-lo para a frente em seu novo mundo, assim como na vida anterior.

21 Cardeal

Minha segunda viagem à praça de Maio, onde ficam a Casa Rosada, de um lado, e a catedral, do outro, foi assustadoramente parecida com a primeira: o trânsito estava engarrafado, havia o som das buzinas, pedestres andavam no meio dos carros, o pequeno carro de Miguel não tinha ar-condicionado e o dia era anormalmente quente.

Eu ia visitar a catedral, a igreja que seria o lar de Bergoglio quando ele virou arcebispo em 1998, logo após a morte do cardeal Quarrancino.

Quando subi os degraus da catedral, suando, levando esbarrões constantes dos transeuntes, e ainda com o som das buzinas nos ouvidos, pensei no quanto o estresse diário deve ter afetado a vida e os hábitos de Bergoglio.

Em fotos daquela época, Bergoglio parece magro, cansado e preocupado. Ele ainda acordava às 4h30 para rezar sozinho, e rezava o Examen jesuíta algumas vezes por dia. Em resumo, ele ainda seguia a vida espiritual interna rigorosa prescrita por santo Inácio.

E com a nova função, vinham novas responsabilidades. Agora, ele passaria a presidir a missa do "Te Deum", uma celebração anual feita no dia 25 de maio em que a igreja e os líderes políticos da Argentina se reuniam na catedral para agradecer pela independência do país.

O "Te Deum" é um hino cuja primeira linha é "*Te Deum, Laudamus*", que significa "A vós, ó Deus, louvamos". Bergoglio, certamente, cantou esse hino muitas vezes em diversas ocasiões ao longo da vida e em várias missas. Mas esta catedral era bem diferente da capela do Colegio Máximo, onde ele estava cercado por vizinhos que o admiravam e jovens acólitos jesuítas.

Eu tinha marcado uma reunião com o padre Alejandro Russo, reitor da Catedral Metropolitana de Buenos Aires, e o esperava em uma câmara adjacente ao altar onde os celebrantes trocam de roupa antes da missa. A sala estava repleta de cálices dourados e decorados, além de crucifixos e ornamentos. Panos vermelhos cobriam três cadeiras, sendo que uma era bem maior que as outras, provavelmente a do cardeal. Pinturas retratando os cardeais anteriores ornamentavam a parede com molduras douradas. As lâmpadas nas mesas laterais eram decoradas. Belos armários com 3 metros de altura, feitos de madeira escura, guardavam as vestimentas dos padres.

Essa parte da Igreja Católica era o oposto da Igreja Católica de Pepe e Toto. Bergoglio viveu nos dois mundos, mas suas palavras e ações deixavam claro onde o coração dele estava.

Esta é a sala onde Bergoglio refletiu antes da primeira celebração do "Te Deum" como arcebispo em 1999. Esse evento deixou claro que o novo chefe da Igreja Católica em Buenos Aires não era como seus antecessores.

No púlpito, assistindo à celebração naquele dia, estava o então presidente da Argentina, Carlos Menem, que governava há quase uma década. Menem implantou uma série de reformas de livre mercado, incluindo a privatização de empresas estatais e a política de atrelar o peso argentino ao dólar norte-americano. Ele também dobrou os gastos governamentais e teve que solicitar grandes empréstimos para conseguir pagá-los. Em 1999, a economia se desintegrava: a taxa de desemprego estava em 14% e quase 40% da população vivia na pobreza. Os atentados à Embaixada israelense e à AMIA, ambos no mandato de Menem, continuaram sem solução, e a administração dele era amplamente considerada corrupta.

Naquele dia, Bergoglio desafiou Menem e outros líderes políticos, incluindo o prefeito de Buenos Aires, Fernando de la Rúa, nas palavras de Austen Ivereigh, "renunciar a seus interesses individuais e partidários e ouvir o clamor do povo por maior participação na vida cívica".

De la Rúa foi eleito presidente em outubro de 1999, prometendo crescimento econômico e um governo limpo. Bergoglio, mais uma vez, desafiou o líder político do país na missa do "Te Deum" realizada em 2000:

> Precisamos reconhecer, com humildade, que o sistema entrou em um amplo cone umbral nas terras sombrias da desconfiança, em que várias das promessas e afirmações soam como um cortejo fúnebre [...] Até enfrentarmos a duplicidade de nossos motivos, não haverá confiança nem paz. Até estarmos convertidos, não conheceremos a felicidade e a alegria. Porque a ambição desmedida, seja por poder, dinheiro ou popularidade, expressa apenas um grande vazio interior. E os que são vazios não geram paz, alegria e esperança, apenas suspeitas. Eles não criam laços.

Alguns meses depois, a economia entrou em colapso, assim como a presidência de Fernando de la Rúa.

"Em 2001, a economia argentina entrou em uma grande crise econômica, a maior crise da história moderna", explicou Luis Secco, economista proeminente na Argentina que atuou como conselheiro econômico para o presidente De la Rúa entre 2000 e 2001.

A taxa de desemprego chegou a 25%. Para fins de contexto, no auge da Grande Depressão, em 1933, estimava-se que cerca de um quarto da força de trabalho civil dos EUA estava sem emprego. Em tempos mais modernos, a taxa de desemprego chegou ao máximo de 9,7%, em 1982.

"O governo do presidente De la Rúa implodiu. A Argentina enfrentava pressões econômicas produzidas pela moeda sobrevalorizada e pelo baixo preço das commodities. O peso argentino estava atrelado ao dólar americano, com paridade de um para um. Enquanto a inflação dos EUA era de 5% ao ano, a nossa era muito maior, mas mantivemos a paridade de um para um. O Brasil também estava sofrendo, e desvalorizou sua moeda em 50% — 50%! Isso foi um tiro mortal na paridade do peso argentino em relação ao dólar. A expectativa em relação ao fim dessa paridade gerou fuga de capitais e dos bancos, que levou a revoltas e protestos nas ruas. Alguns ficaram violentos. A confiança pública em De la Rúa despencou, e ele renunciou. Logo depois, pedimos moratória da dívida nacional. A economia estava em ruínas", descreveu Secco.

"O que aconteceu quando De la Rúa renunciou?", perguntei.

"Tivemos cinco presidentes em dez dias", respondeu Secco, dando de ombros.

"Cinco presidentes!", exclamei, incrédulo. "Está falando sério?"

"Sim. Por fim o Congresso aprovou o ex-governador da província de Buenos Aires, Eduardo Duhalde, como presidente. Ironicamente, De la Rúa tinha derrotado Duhalde na eleição de 1999. Duhalde ficou no cargo até as eleições serem realizadas, em abril de 2003. Nessa época, houve o caos econômico. Duhalde e Bergoglio, basicamente, mantiveram o país unido. Eles trabalharam juntos durante a crise econômica, liderando o chamado de *El Diálogo Argentino* [O diálogo argentino, em tradução livre], que estava aberto a todos os partidos políticos, sindicatos, setor privado e organizações não governamentais. Bergoglio também trabalhou com o governo, o partido peronista, os sindicatos e com os não sindicalizados, o que chamamos de setor informal. Para ele, essa era a ideia de solidariedade com os que não tinham nada."

Enquanto andava pela imensa catedral com as palavras de Bergoglio ecoando em meus ouvidos, pensei, pela primeira vez, que pode ter havido um quê de destino divino (e nacional) na saída de Bergoglio da vida jesuíta para virar bispo auxiliar. A mudança acabou levando o futuro papa a ser cardeal da cidade onde nasceu e também o colocou na posição de servo pastoral para um povo que sofria. Se ele tivesse continuado com os jesuítas, seu papel e efeito certamente teriam sido significativos, mas inevitavelmente seriam menores e mais localizados. A afirmação de Secco ficou na minha cabeça: "Duhalde e Bergoglio, basicamente, mantiveram o país unido." Ironicamente, Bergoglio estava em posição de manter o país unido apenas porque se exilara, por conta própria.

Em abril de 2003, o presidente Néstor Kirchner foi eleito, tomando posse em 25 de maio. Na missa do Te Deum daquele dia, a leitura do Evangelho era a parábola do Bom Samaritano, que ajudou um homem ferido, caído na estrada, após dois outros passantes terem se recusado a prestar auxílio.

Em sua homilia, Bergoglio disse aos frequentadores (entre eles Kirchner, que tinha acabado de tomar posse): "Ficou cada vez mais aparente que a nossa apatia social e política está transformando esta terra em uma estrada desolada, na qual as disputas internas e a pilhagem de oportunidades fazem com que todos sejamos marginalizados, deixados de lado na estrada."

Citando o texto mais amado da literatura gauchesca argentina, Bergoglio disse: "A profecia poética de Martin Fierro deve nos servir de alerta: nossos ódios eternos e estéreis e o individualismo abrem a porta para os que devoram de fora." Ele criticou os que preferem "as vantagens do contrabando, a especulação puramente financeira e a pilhagem da nossa natureza ou, até pior, do nosso povo". E alegou que eles "se beneficiam do conflito permanente entre nosso povo".

Ele terminou a homilia com um chamado à ação:

Não temos o direito à indiferença e ao desinteresse, nem podemos desviar o olhar. Não podemos "passar ao largo", como fizeram na parábola. Temos uma responsabilidade com a nação ferida e com seu povo. Um novo estágio começa hoje em nosso país, marcado muito profundamente pela fragilidade. A fragilidade dos nossos irmãos mais pobres e excluídos, a fragilidade das nossas instituições, a fragilidade dos nossos laços sociais...

Vamos tomar conta da fragilidade do nosso país ferido! Cada um de nós com nosso vinho, óleo e cavalos. Vamos tomar conta da fragilidade do nosso país. Cada um de nós paga do próprio bolso o que é preciso para que nosso país possa ser verdadeiro. Um abrigo para todos, sem excluir ninguém. Vamos tomar conta da fragilidade de cada homem e mulher, de cada criança e idoso com a atitude cuidadosa e atenta da fraternidade do Bom Samaritano.

Kirchner ouviu a homilia sem reação. Secco explicou: "Kirchner não apoiou a visão definida por Bergoglio, pois queria formar sua base política e recompensar seus seguidores. A visão de Bergoglio foi construída em torno da solidariedade, defendendo que o povo precisava trabalhar unido para conseguir mudanças e que a necessidade dos pobres estava acima de tudo. Kirchner queria recompensar seus seguidores e punir seus oponentes. O conflito era inevitável."

A relação entre o cardeal Bergoglio e o presidente Kirchner ficou tensa, com Bergoglio criticando as medidas de austeridade do governo, que não conseguiu ajudar suficientemente os pobres, e Kirchner criticando Bergoglio por se meter em assuntos do Estado. Se Bergoglio foi acusado durante a Guerra Suja e a onda da Teologia da Libertação na América Latina nos anos 1980 de priorizar excessivamente a fé em relação à política e à mudança estrutural, agora a fé e a política estavam andando lado a lado em sua cabeça.

Na missa do "Te Deum" do ano seguinte, as palavras de Bergoglio foram ainda mais incisivas:

> Hoje, como sempre, os argentinos devem escolher. Não fazer nada é uma escolha em si, mas uma escolha trágica. Ou escolhemos a visão imaginária de aderir à mediocridade que nos cega e nos escraviza ou olhamos para nós mesmos no espelho de nossa História, aceitando também a escuridão e os "antivalores", e aderimos de coração a toda a grandeza dos que deram tudo pelo país sem ver o resultado, dos que andaram e andam pelo caminho humilde do nosso povo, seguindo os passos daquele Jesus que passa pelo arrogante para deixá-lo desconcertado com suas contradições e busca a estrada que exalta o humilde, a estrada que leva à cruz, a cruz sobre a qual nosso povo é crucificado, mas que é a estrada da esperança certa da ressurreição, uma esperança que nenhum poder ou ideologia ainda foi capaz de tirar de nós.

Menos de um ano depois, em 2 de abril de 2005, o papa João Paulo II morreu. Após prestar tributo a ele na missa realizada na catedral, em 4 de abril, Bergoglio viajou a Roma para o funeral e o conclave para eleger o novo papa. O nome de Bergoglio apareceu na imprensa entre os *papabili*, possíveis candidatos ao posto de papa, junto com cardeais da Alemanha, Itália, Nigéria, Indonésia, Colômbia, Honduras e outros países. Logo após o início do conclave, um documento sobre as ações dele durante a Guerra Suja foi enviado a cardeais de língua espanhola. O documento continha acusações feitas por um dos aliados do presidente Kirchner, Horacio Verbitsky, de que Bergoglio estava ligado aos sequestros de Jalics e Yorio. (Em uma virada interessante, contudo, uma biografia publicada em 2015 revelou que o próprio Verbitsky havia colaborado com a ditadura entre 1978 e 1982, escrevendo discursos para os líderes militares.)

Bergoglio teve problemas com Roma antes da morte de João Paulo II: por vários anos, suas recomendações de novos bispos foram rejeitadas, em prol de escolhas mais conservadoras preferidas por Roma, e esse documento não ajudou. Assim, após o reinado de 27 anos de João Paulo II, parecia quase natural que o segundo homem no comando, o cardeal Joseph Ratzinger, seria o sucessor. Ratzinger foi eleito papa em 19 de abril e escolheu o nome de Bento XVI.

Os comentários de Bergoglio sobre o conclave em sua biografia autorizada foram curtos. Quando os biógrafos perguntaram "Qual foi a sensação de ouvir seu nome repetido várias vezes na Capela Sistina durante a contagem dos votos para o sucessor de João Paulo II?", notaram que ele "ficou sério e pareceu um pouco tenso". Por fim, sorriu e respondeu: "No início do conclave os cardeais fazem um voto de segredo, não podemos falar sobre o que aconteceu lá."

Bergoglio, certamente, pensou que tinha escapado!

Mas eles insistiram: "Pelo menos diga qual foi a sensação de ver seu nome entre os principais candidatos a papa." Bergoglio respondeu que sentiu "vergonha, embaraço. Achei que os jornalistas tinham perdido a razão".

"Ou tinham alguma informação interna", tentaram os autores. Bergoglio respondeu: "Eles atiraram para todos os lados com as previsões. Disseram que havia nove papas em potencial e escolheram dois europeus, incluindo Ratzinger, e dois latino-americanos, entre outros. Assim, reduziram a margem de erro e aumentaram a chance de acerto."

"Então, nós, jornalistas, temos imaginação muito, fértil?" perguntaram os autores. "Muito fértil", confirmou Bergoglio.

Independentemente do motivo pelo qual ele não foi eleito papa em 2005, Bergoglio voltou à Argentina para dar seguimento a seu trabalho e continuar a ser atacado pelo governo Kirchner. Algumas semanas depois, Kirchner, que não foi à missa fúnebre de João Paulo II, mas foi à missa de entronização do papa Bento XVI, decidiu não ir à missa do "Te Deum" daquele ano na catedral de Buenos Aires. Ele anunciou que iria às celebrações do "Te Deum" na província de Santiago del Estero, levando Bergoglio a cancelar a celebração, sendo a primeira vez desde 1810 que a cerimônia não foi realizada na catedral.

O padre Guillermo Marcó, que foi porta-voz de Bergoglio por oito anos, é um homem alto e bonito, que poderia ser um protagonista maduro em filmes de Hollywood com sua boa aparência, além do sorriso amigável e acolhedor.

O escritório dele em Buenos Aires estava cheio de fotos do antigo chefe. A certa altura da nossa conversa, Marcó apontou uma foto do cardeal Bergoglio em que ele estava com uma expressão séria e explicou em um inglês hesitante: "Esta era sua expressão habitual. O rosto dele. Ele não sorri muito."

Depois ele desviou o foco da foto sombria para outra, na qual o papa sorria abertamente, dizendo: "Olhe para isto."

A diferença era marcante.

Fiz a Marcó a mesma pergunta que tinha feito a Pepe: "Ele sorri muito mais agora do que quando estava em Buenos Aires?"

"Em Buenos Aires ele não sorria publicamente. Quando estava em Buenos Aires, de manhã, e telefonava para Bergoglio, ele estava sempre fazendo piada. Ele gosta de piadas. Estava sempre brincando com alguém, mas sempre entre os amigos, não em público", respondeu Marcó.

"Por que ele sorri muito mais em público agora em relação a...?"

Antes que eu pudesse terminar, Marcó interrompeu: "Porque ele gosta de ser papa. Ele está feliz."

"Ele não gostava de ser cardeal?"

230

"Ele foi feito para isso. Ele foi feito para esse cargo."

Tentei de novo: "Ele não estava feliz como cardeal?"

"A Argentina é..."

A voz dele embargou.

Como um bom assessor de imprensa, ele se esquivou da pergunta e apontou outra imagem na estante: "Veja só, aqui ele está com o Obama."

E fez outra pausa, até finalmente concluir: "A Argentina é muito complicada."

Quantas vezes eu já ouvi essa frase?

Apontei para uma imagem do papa Francisco com Cristina Fernández de Kirchner, que sucedeu o marido como presidente em 2007 e ficou no cargo até 2015. Os dois estavam lado a lado e ela tinha um leve sorriso, enquanto ele olhava para a frente com uma expressão neutra.

"Ele não está sorrindo muito ali com Cristina", comentei.

"Ele gerencia as expressões faciais muito bem", definiu Marcó.

Voltei à pergunta sobre a felicidade do papa.

"Perdemos a pergunta sobre se ele era feliz como cardeal?"

"Ele está feliz como papa. Quando ele era cardeal, teve muitos problemas com Roma. Muitos. Roma deixou a vida dele impossível."

"Impossível?", perguntei.

"Sim. Toda a Cúria Romana estava dedicada a, como dizemos na Argentina, cansá-lo, pois não gostavam do jeito dele. Bergoglio não usava o carro oficial. Quando fomos a Roma pela primeira vez, eles perguntaram: 'Por que você não usa o carro grande com motorista?' E ele respondeu: 'Porque gosto de andar.'"

Marcó suspirou, levantou as mãos e deu de ombros. Para ilustrar mais como Bergoglio era diferente de outros cardeais, ele contou o que houve no dia em que o papa João Paulo II nomeou Bergoglio cardeal: "Na manhã em que ele foi nomeado cardeal, fui ao lugar onde ele estava morando e ele desceu, com suas roupas vermelhas. Do andar de baixo veio outro cardeal, entrou em um Mercedes Benz e foi embora. Eu estava com Bergoglio em pé na porta e perguntei: 'Como vamos para o Vaticano?' Ele me olhou e respondeu: 'Andando.' 'Andando?', perguntei, pensando no que Skorka tinha dito sobre Abrãao e todos os outros que me falaram o quanto Bergoglio andava. 'Andando', mas ele estava todo vestido de vermelho, e era embaraçoso para mim."

Marcó riu da lembrança.

"Por que era embaraçoso?"

"Porque era como ir a uma festa a fantasia, sabe? Então, eu tentei convencê-lo: 'Olha, é como um filme do Fellini. Não podemos andar pelas ruas de Roma com você vestido assim!' Ele estava com aquele chapeuzinho, sabe? E Bergoglio respondeu: 'Ah, não se preocupe, porque uma das coisas de que gosto muito em Roma é que você pode sair com uma banana na cabeça e ninguém vai falar nada.'"

"E assim começamos a andar com o traje vermelho pelas ruas de Roma. Ele sempre fazia o mesmo caminho pela Via dei Coronari, até que olhou o relógio e disse: 'Está cedo. Vou convidá-lo para tomar um café e, assim, acabar com seu embaraço.'"

Marcó riu de novo.

"E vocês tomaram café?", perguntei.

"Fomos a um pequeno bar."

"Com o chapéu?"

"Com o chapéu e todas as vestimentas vermelhas. E o dono...", ele fez uma pausa para rir da lembrança. "Os italianos gostam de tudo relacionado ao Vaticano, não é? Eles não queriam cobrar o café. Ficamos os dois em pé no balcão do barzinho bebendo café. Foi muito engraçado."

"Ele pagou o café?"

"Não, o dono do bar não nos deixou pagar. 'É uma honra ter um cardeal aqui', disse ele."

Marcó estava no embalo.

"Nós continuamos a andar. Há uma pequena pintura na Via dei Coronari chamada *Madonna dell'Archetto*. Ele sempre reza para aquela imagem da Virgem. Depois chegamos à praça São Pedro. Como os cardeais têm outra porta para entrar no Vaticano, Bergoglio não era esperado naquele lugar. Quando estávamos na praça, ele olhou para o relógio e disse: 'Ainda está muito cedo, então, vamos ficar aqui alguns minutos e depois entramos.'"

"Estávamos conversando e uns japoneses vieram e pararam perto dele", gesticulou Marcó, mostrando como os turistas japoneses se amontoaram perto deste desconhecido que logo seria cardeal. "Eles queriam tirar fotografias e vieram, um, dois, três... Até que brinquei com Bergoglio: 'Ok, coloque o seu chapéu e talvez a gente consiga faturar algum dinheiro.' Ele achou isso engraçado, e quando os guardas do Vaticano o viram, ficaram confusos, porque ali não era o lugar por onde entram os cardeais. Eles entram por outra porta, com os carros e todo o povo das delegações."

Conversamos por mais alguns minutos antes de eu perguntar se Marcó já havia tido algum desentendimento com Bergoglio.

"Vários", respondeu ele, sorrindo. "Porque eu o importunava. Eu sempre dizia o que pensava, e ele era sempre gentil comigo. Mas eu renunciei porque briguei com o presidente Kirchner."

Marcó contou a história de uma batalha política local que teve implicações nacionais. Em 2006, o governador da província de Misiones e aliado do presidente Néstor Kirchner, Carlos Rovira, quis fazer uma emenda na Constituição da província para permitir reeleições sem limites.

O bispo aposentado de uma diocese na província, Joaquín Piña, liderou um grupo de oposição chamado Frente Unida pela Dignidade, que incluía mais de 50 organizações sem fins lucrativos, além de representantes de grupos judeus e protestantes. Kirchner pensou que Bergoglio tinha estimulado Piña, que era jesuíta, a se opor à proposta do governador Rovira devido à relação de Rovira com Kirchner. Secco explicou: "Algumas pessoas pensaram que o objetivo final de Kirchner era mudar a Constituição do país de modo a permitir a reeleição sem limites do presidente."

As tensões entre Bergoglio e Kirchner duraram algumas semanas, até a eleição de 29 de outubro. Em uma homilia feita no dia 1º de outubro, Bergoglio avisou: "Se já no momento da cruz houve pessoas que semearam a discórdia, ao longo da História sempre existiram essas pessoas. O diabo não fica à toa; ele é o pai das mentiras, o pai da discórdia, o pai da divisão, o pai da violência. E não queremos este pai, porque o pai não nos faz irmãos, ele nos separa."

A afirmação foi amplamente interpretada como uma crítica a Kirchner, e Marcó recebeu vários telefonemas de jornalistas perguntando se as palavras de Bergoglio haviam sido realmente direcionadas ao presidente.

"Falei o dia inteiro com jornalistas. Naquela tarde, eu estava muito cansado, e um jornalista perguntou: 'Certo, não vamos falar de Bergoglio, mas de você. Você acha que o presidente está provocando a divisão da Argentina?' E eu respondo: 'Acho que isso não está no coração e na mente dele, mas se um presidente promove ódio e divisão, causa problema para nós.' A imprensa transformou isso e escreveu: 'Marcó diz que o presidente promove o ódio e a divisão.' Em outras palavras, uma afirmação."

Marcó pensou que o incidente seria rapidamente esquecido, mas os aliados de Kirchner mantiveram a história viva. Em um evento político no dia 5 de outubro, Kirchner disse: "Existe um Deus, e Deus pertence a todos, mas tenha cuidado, porque o diabo também chega a todos, nos que usam calça e nos que usam batina, porque o diabo entra em toda parte."

No dia seguinte, Marcó renunciou, mas Bergoglio não aceitou. A proposta de Rovira perdeu, por vasta margem, mas a pressão sobre Marcó continuou, e Bergoglio acabou aceitando a renúncia, em dezembro. Quando levantei para ir embora, Marcó disse: "Sim, eu saí. Sou um padre. Não sou político ou jornalista, então, se tiver que morrer por Jesus Cristo, eu morro. Mas morrer por um presidente que briga com um arcebispo? Não, não vale a pena. Não gosto muito de políticos... Ofereci um serviço por oito anos e ele era meu bispo. Eu era padre. Tivemos um excelente relacionamento."

Bergoglio não se comportou como um cardeal normal de várias formas. Ele desagradou a hierarquia dos círculos políticos de Buenos Aires e de Roma.

No entanto, a continuidade da crise econômica e da corrupção em Buenos Aires deu a ele mais oportunidades de ir à periferia, onde se sentia mais confortável, para aprofundar a teologia do povo de novas formas. Eu aprenderia ainda mais sobre Bergoglio com dois professores improváveis.

22 O incêndio

Pensei que Miguel tinha se perdido. Ficamos presos no trânsito de novo, e estava quente. O ar-condicionado do carro de Miguel funcionou, mas era um veículo pequeno e apertado e eu só conseguia ver mais tráfego à frente.

"Isso é horrível", reclamei.

"Isso é a Once, uma das estações de trem mais movimentadas de Buenos Aires. Quase 1 milhão de pessoas por dia passam por essa área. Talvez você prefira descer e andar dois ou três quarteirões. Você pode ver o memorial Cromañón ali."

Desci do carro, esperando que dois ou três quarteirões significassem uma distância curta. Eu não conseguia imaginar como um memorial para 194 pessoas mortas no incêndio em uma casa noturna fosse se encaixar naquele cenário de caos, mas Miguel estava certo. Andei alguns quarteirões e esbarrei no memorial.

Embora o lugar exista há mais de dez anos, ainda tem um ar meio provisório. Uma estrutura crua, semelhante a uma pérgula, abriga o memorial, com uma tenda azul e um forro de metal servindo de teto. Não há paredes e toda a estrutura parece muito instável, como se um vento forte pudesse derrubá-la facilmente.

Havia fotos das vítimas por toda parte, dentro do memorial. Vários pares de tênis foram colocados ao longo do espaço, alguns amarrados pelos cadarços e jogados por cima de uma corda.

Pequenos bancos de concreto são um lugar para sentar e olhar as aparentemente incontáveis imagens de todas as vidas perdidas: jovens de ambos os sexos e até uma garotinha de cabelo ensaboado que parecia ter acabado de sair do banho.

Havia flores de plástico espalhadas pelo local; plantas cresciam em blocos de concreto e, claro, velas, cruzes e contas de terço estavam por toda parte.

Na frente do memorial estava Nilda Gómez, mãe de Mariano Benitez, um jovem de 20 anos que tinha ido à boate República Cromañón para o show de uma banda chamada Callejeros em 30 de dezembro de 2004 e perdeu a vida.

Mariano morreu com outros 193 jovens naquela noite. Outras centenas de pessoas ficaram feridas (não há um número oficial, mas estima-se entre 400 e 700 vítimas). A boate, inaugurada em abril de 2004, ficava a uma breve caminhada da estação Once, local perfeito para jovens irem de trem ou ônibus ver um show e depois voltarem para casa com facilidade.

Uma série de erros e descuidos ocorreu naquela noite, levando à tragédia. Aproximadamente 3 mil pessoas estavam espremidas na boate, cuja capacidade máxima era de apenas mil. As portas de emergência estavam trancadas com correntes para que ninguém pudesse entrar ou sair sem pagar. A decoração da casa noturna era altamente inflamável e alguém acendeu fogos de artifício, provocando o incêndio. Houve o caos, e muitos morreram intoxicados pelos gases venenosos e pelo monóxido de carbono.

Nilda tem cabelo grisalho com mechas pretas. Ela falou em espanhol, quase sem emoção: "Venha aqui e eu mostro onde o incêndio começou."

Ela deu meia-volta e após alguns metros estávamos em uma rua que não era mais usada. Depois de andar uns 50 metros pela rua, ela parou.

"Esta é a boate."

Parecia que uma bomba tinha acabado de explodir ali: havia escombros por toda parte. A impressão era de que ninguém havia tocado o lugar desde a tragédia, há dez anos. A rua e a calçada estavam cobertas por fragmentos de concreto quebrado. O térreo do prédio estava fechado com tábuas e havia buracos nas paredes. O segundo andar também estava fechado com tábuas. Os três andares superiores do prédio, porém, pareciam normais.

Havia uma fileira de árvores ao longo da rua e outra rua atrás das árvores. Esta segunda rua estava cheia de ônibus e carros.

A área estava igualmente viva, com pessoas, movimento e ruídos, e abandonada, solitária e triste. A cena evocava emoções contrastantes, como uma Buenos Aires em miniatura.

Tirei algumas fotos do prédio e de Nilda, e depois simplesmente fiquei olhando.

Eu tinha visto imagens dos corpos na rua e imaginei aquela cena horripilante, sob o sol morno, e olhei para aquela mulher triste, parada entre destroços e lembranças.

Após alguns minutos, Nilda deu um basta: "Vamos ao meu escritório e podemos conversar, mas temos que nos apressar. Tenho outro compromisso."

Nilda voltou para a rua abandonada, seguindo em direção ao memorial, que parecia provisório, e à estação Once. Ela andou pelo memorial sem parar e atravessou um cruzamento movimentado. Eu corri para acompanhá-la.

Nós passamos quase esbarrando em ônibus, camelôs e bancas que vendiam de lanches e bugigangas a revistas pornográficas exibidas em destaque. Eu me sentia na Times Square no início do verão.

Nilda tinha um pequeno escritório em um dos prédios ao redor da estação de trem. Ela foi até uma escrivaninha, pegou um jornal, que estava em uma pasta de plástico, e seguiu para a mesa onde eu estava sentado. Ela jogou o jornal na minha frente. Era uma reportagem do *La Nación* descrevendo a missa realizada no primeiro aniversário do incêndio, com fotos dos familiares vestindo camisetas com o rosto dos parentes que haviam perdido acendendo velas na catedral. A reportagem também continha várias fotos de um cardeal Bergoglio magro e de aparência triste abraçando os parentes dos mortos.

Nilda não estava no clima para brincadeiras. Ela estava séria, tinha pressa e, como tantos outros que haviam interagido com Bergoglio, queria contar sua história.

Eu sabia que Bergoglio tinha aparecido na rua onde eu havia acabado de passar, no início da madrugada, logo após o incêndio. Ele consolou os feridos e as famílias das vítimas até o amanhecer. Durante minha viagem à Argentina, quase todos com quem falei disseram o quanto a presença de Bergoglio foi importante não só para os enlutados como para toda a cidade. E a importância ficou ainda maior, em parte, porque os líderes políticos não fizeram praticamente nada.

"Não é que tenhamos virado amigos de Bergoglio, mas quando tudo aconteceu, ele viu a dor, as lágrimas, e se aproximou de nós como Igreja para dar todo o apoio", contou Nilda.

Em seguida, ela falou da peregrinação anual à basílica em Luján a fim de celebrar o banquete de Nossa Senhora de Luján, padroeira da Argentina. Dizem que uma estátua da Virgem Maria feita no Brasil estava sendo transportada para a Argentina em uma carroça que ficara presa na estrada em Luján.

"Quando as pessoas retiravam a Virgem da carroça, a carroça se mexia, mas quando colocavam a santa de volta, o veículo não se mexia mais, então, concluíram que a Virgem queria ficar lá, e construíram uma igreja no local. Todos os que viajam pedem a proteção da Virgem de Luján. E essa é a história da fé na Argentina."

Eu não conseguia entender bem o que a história tinha a ver com o incêndio, mas Nilda explicou: "Todo ano nós íamos até uma ponte no caminho para Luján, montávamos uma mesa embaixo dessa ponte e distribuíamos santinhos aos peregrinos com a imagem da Virgem e os nomes dos jovens que morreram. Depois, levávamos os pedidos do povo a Deus, as intenções, anotávamos seus nomes e desejos e colocávamos em uma urna. Em seguida, levávamos a urna, com todos os pedidos, para a missa que Bergoglio celebrava lá. Quando chegávamos à praça, os assistentes de Bergoglio recebiam a urna e a colocavam ao pé do palco em que estava o altar onde Bergoglio ficava."

Segundo ela, na peregrinação de 2005, ocorreu algo diferente: "Bergoglio nos incluiu na missa. Ele incluiu as mães de Cromañón na celebração por ter entendido que poderia ajudar, a partir de uma posição de fé. Esta foi a forma que ele encontrou para nos ajudar."

Enquanto ouvia Nilda contar a história, não pude deixar de pensar na avó de Bergoglio, Rosa, e em sua fé. O catolicismo de Rosa era repleto de rituais, gestos e imagens similares. Esta era a teologia católica de baixo para cima, não a teologia ministrada de cima para baixo. E me lembrei das conversas com minha avó Rose sobre o Sudário de Turim e de suas palavras de sabedoria: "O que traz as pessoas para perto de Deus é bom."

Nilda me contou como Bergoglio organizou um memorial realizado mensalmente para as famílias das vítimas. "Ao longo do ano, houve reuniões de familiares em várias paróquias, onde as pessoas falavam e refletiam. Bergoglio também vinha, assim como outros padres. Depois, nós terminávamos a reunião com um momento para dividir sanduíches e refrigerantes; em seguida, era celebrada a missa e, então, todos iam para casa. Essa foi a forma encontrada por muitos de nós não para obter resignação e sim consolação na palavra de Deus."

E havia também a missa de aniversário realizada na Catedral Metropolitana de Buenos Aires. "Todo dia 30 de dezembro nós marchávamos da praça de Maio até o santuário e ficávamos lá até as 23h20 [data e horário do incêndio]. Primeiro, nós celebrávamos a missa das 18h às 19h. Bergoglio celebrava a missa, abraçava os parentes... Ele nos chamava para ajudar a organizar a missa. Um de nós fazia a leitura, outro, lia as intenções, um terceiro acendia as velas. Em outras palavras, ele sempre fazia com que todos participassem, não apenas um de nós, mas todos."

Na primeira missa de aniversário, Bergoglio disse algumas de suas palavras mais poderosas:

Hoje estamos aqui para entrar no coração daquela mãe que foi ao templo cheia de esperança e voltou com a certeza de que essas esperanças seriam esmagadas, interrompidas. Entrar nesse coração nos lembra dos filhos da cidade, desta cidade, que também é uma mãe. Que eles sejam reconhecidos por ela, que ela perceba que eles, como os filhos de Abraão na primeira leitura, são os filhos de sua herança, e a herança que esses filhos que não estão mais conosco nos dão é muito clara: *Não endureçam seus corações!* As fotos deles aqui, seus nomes, suas vidas simbolizadas nessas velas estão gritando para que não deixemos nossos corações endurecerem. Esta é a herança que eles nos deixaram. Eles são os filhos de uma herança que nos diz: "Chorem!"

Cidade distraída, cidade espalhada, cidade egoísta: chore! Você precisa ser purificada pelas lágrimas. Nós que estamos aqui rezando, transmitimos esta mensagem a esses nossos irmãos e irmãs em Buenos Aires [...] Vamos chorar aqui. Vamos chorar lá fora, também. E vamos pedir ao Senhor para tocar cada um dos nossos corações e os corações de nossos irmãos e irmãs desta cidade. Que eles também possam chorar, e que com nossas lágrimas possamos purificar esta nossa cidade superficial e leviana.

Estas palavras "Vamos chorar aqui. Vamos chorar lá fora, também [...] que com nossas lágrimas possamos purificar esta nossa cidade superficial e leviana" me abalam sempre que as leio, pois fui criado em uma família que me estimulava a *não* chorar. Há uma história famosa em nossa família que envolve futebol e lágrimas. Dizem que meu irmão Bobby estava jogando futebol americano com os primos e foi derrubado. Ele começou a chorar, e o nosso tio disse: "Pare de chorar. Kennedys não choram." Na mesma hora meu pai pegou meu irmão e disse: "Tudo bem. Você pode chorar. Você é um Shriver."

Em uma família que valoriza a dureza, não sei ao certo se as palavras de meu pai tiveram algum eco. Tendo sido criado naquela cultura e na cultura norte-americana, que também valoriza a dureza, fico surpreso com o apelo de Bergoglio para que as pessoas chorem, para que chorem de modo a amolecer o coração. Ele está chamando todos nós para mudarmos de perspectiva e amolecermos o coração.

Nilda contou: "O fato era que nos discursos de Bergoglio ele nunca pedia para que nós desistíssemos ou parássemos de chorar. Ele dizia que as pessoas não tinham chorado o suficiente e a cidade de Buenos Aires, frívola e corrupta, era a culpada pelas mortes de nossos entes queridos. Era isso o que Bergoglio dizia. Ele também nunca se segurou."

E Bergoglio ofereceu sua consolação a todos. Ele ofereceu ajuda até aos integrantes da banda que foram processados criminalmente, e isso desagradou Nilda. "Fiquei com muita raiva, porque ele havia falado com eles. Eu tinha ido aos meios de comunicação para criticá-lo publicamente, de modo muito duro. Então, ele me mandou um convite para encontrá-lo na Cúria."

Nilda parecia uma mulher forte, mas mesmo assim fiquei surpreso por ela ter criticado publicamente o cardeal de Buenos Aires, e mais surpreso ainda quando ela contou que se recusou a vê-lo. Como muitos parentes, ela considera a banda uma das responsáveis pela tragédia.

"Na época, não entendemos o poder da palavra e o ponto de vista dele. Estávamos com tanta raiva que tomávamos como inimigos todos os que apoiavam os que considerávamos responsáveis. Mas Bergoglio apenas disse aos integrantes da banda para serem fortes e seguirem em frente. Ele nunca falou que eles eram inocentes ou algo assim. Ele é um pastor, e agora entendo que Deus está presente para todos. Para os justos e para os pecadores, os bons e os maus. Ele estava fazendo o certo. Mas, naquele momento, nós reagimos pensando: *O que esse cara está fazendo? Como ele pode apoiar os bandidos?* Contudo, acabamos entendendo que Bergoglio tinha uma visão mais ampla."

Segundo Nilda, Bergoglio até mandou terços para os integrantes da banda. "Ele vem da visão de que Deus perdoa todos, como eu disse. E isso fala de sua humildade e de seu amor. Por que ele é papa agora?", perguntou Nilda, dando de ombros. Não era tanto uma questão e sim uma afirmação. Ela apontou para o jornal e disse: "É assim que entendemos que ele é especial."

Bergoglio tem uma ideia misteriosa sobre o sofrimento universal. Acho que isso vem da capacidade de sentir compaixão que a avó Rosa incutiu nele, das brigas de família que o faziam chorar em segredo quando criança e da própria experiência de quase morte vivenciada por ele quando jovem.

Pensando mais teologicamente, contudo, isso se baseia na identidade dele como jesuíta. Como Bergoglio levava a espiritualidade inaciana muito a sério, ele fez do sofrimento de Cristo parte de quem ele é. Ele processa a dor da mãe que perdeu o filho em um incêndio catastrófico por meio das lentes de Jesus na cruz, olhando para a mãe, Maria, enquanto ela o via sofrer uma morte agonizante. E Bergoglio estende a mão com misericórdia amorosa, oferecendo o perdão aos integrantes da banda como Cristo na cruz fez com os soldados que o crucificaram, dizendo: "Pai, perdoa-lhes, porque não sabem o que fazem." Como Bergoglio vê Cristo em cada ser humano, também vê o sofrimento deles. Quanto mais pessoas me falavam sobre a aparente capacidade dele de sentir e compartilhar sua dor, mais eu acreditava que era a influência inaciana em ação: ele sente com o cérebro e o coração, com o espírito e as entranhas.

Cinco dias após o incêndio, o polêmico prefeito de Buenos Aires, Aníbal Ibarra, ligou para Diego Gorgal e o convidou para o cargo de secretário de Segurança. Diego tem experiência em questões de segurança e políticas criminais e já foi subsecretário de Planejamento de Segurança na província de Buenos Aires. Ele foi empossado dez dias após o incêndio, basicamente, atuando como alguém de fora que recebeu a tarefa de limpar a sujeira e trabalhar para garantir que outra tragédia desse tipo nunca mais ocorresse.

"Era preciso fazer uma grande mudança. Todos sentiram que havia corrupção antes do evento, e isso precisava acabar. E as pessoas temiam que outra tragédia pudesse acontecer um dia. O atentado à Embaixada israelense, em 1992, teve 29 mortos, enquanto o atentado ao centro comunitário judeu, em 1994, teve 85. Essas foram grandes tragédias. O incêndio na Cromañón matou quase 200 pessoas, e feriu muitas mais. Esse era um grande problema na Argentina", contou Diego por telefone.

Perguntei a ele sobre o papel de Bergoglio após a tragédia: "Ele o ajudou?"

"Sim, muito. Ele me ajudou a construir pontes com os familiares. Veja bem, eu não era funcionário público quando o incêndio aconteceu, mas fui indicado pelo prefeito, que era o responsável.

Houve muita dor na época, e muitas emoções ambíguas direcionadas a mim. Eu era o cara que estava tentando mudar a situação, mas trabalhava para o cara que eles queriam matar. Eu não poderia ter feito meu trabalho sem a ajuda de Bergoglio. Ele me ajudou a prestar contas para as famílias e também a falar com eles. Bergoglio e eu queríamos garantir a justiça e criar um ambiente positivo ao mesmo tempo."

Contei a Diego sobre minha conversa com Nilda e perguntei como foi trabalhar com as famílias dos mortos e feridos.

"As famílias das vítimas se transformaram em um movimento político. Elas queriam justiça e responsabilização. Houve corrupção na polícia e no governo da cidade. As pessoas que deveriam garantir a segurança dos eventos não fizeram o trabalho delas, pois receberam suborno.

"Alguns dos pais queriam usar Bergoglio em causa própria. Queriam que ele tomasse uma posição política contra o governo e a banda. Mas Bergoglio nunca se envolveu em política partidária, nunca assumiu um lado. Na verdade, muitas das famílias ficaram insatisfeitas, porque ele tinha entrado em contato com os músicos, considerados por eles como responsáveis, em parte, pela tragédia. Mas Bergoglio nunca permitiu que o usassem politicamente. Ele deu assistência espiritual aos dois lados, até para os culpados."

Diego também disse que o prefeito Ibarra sofreu impeachment, deixou o cargo no início de 2006 e foi sucedido pelo vice-prefeito Jorge Telerman, que demitiu todo o Gabinete, exceto Diego. Telerman tinha uma relação muito boa com Bergoglio antes de assumir o governo, e eles trabalharam bem juntos dali em diante.

O julgamento acabou acontecendo em agosto de 2008, e foi concluído um ano depois. O dono da boate recebeu uma sentença de quase 11 anos de prisão. Funcionários da Prefeitura e da boate também foram condenados à prisão. A banda foi absolvida, mas julgada novamente em 2001, quando os integrantes receberam sentenças entre cinco e sete anos de prisão, mas acabaram apelando.

"Foi um período, muito, muito difícil. Com muita dor e raiva..."

A voz de Diego ficou embargada. Houve silêncio na linha.

Agradeci pelo seu tempo e já ia desligar quando Diego disse: "Lembre-se de que foi uma tragédia tão grande, com um impacto tão imenso nas pessoas, que hoje muitos tentam simplesmente evitar o assunto."

Mencionei que com poucos meses de papado o papa Francisco escreveu para um dos integrantes da banda na prisão. Um trecho da carta diz: "Embora esteja fisicamente distante, estou perto de você e de seu grupo em espírito. É como se eu pudesse ouvir tudo o que você ouve e diz, de longe." Ele terminou a carta com: "Quando puder, por favor, reze por mim. Um abraço. Fraternalmente, Jorge."

Diego riu e disse: "Bergoglio."

"Bergoglio", repetiu ele. A entonação e o jeito de falar me fizeram imaginar que ele estava sacudindo a cabeça do outro lado da linha, espantado.

Em seguida, conversamos sobre a mensagem que o papa Francisco mandou para as famílias das vítimas naquele mesmo ano. A mensagem, enviada para a liturgia anual de 30 de dezembro, incluía estas palavras: "Nestes dias nos quais a esperança é renovada, não posso me esquecer dos jovens da Cromañón, seus pais e parentes [...] As feridas doem, e doem ainda mais quando não são tratadas com carinho [...] Apenas um carinho vindo do nosso coração em silêncio e com respeito pode oferecer conforto."

"Esse é Bergoglio. Você precisa lembrar que ele não foge dos problemas, não assume um lado. Ele sempre tenta ir além da luta histórica, do problema específico, para tentar fazer com que todos sigam em frente."

Eu agradeci de novo pelo seu tempo e desliguei o telefone.

Ele sempre tenta ir além da luta histórica, do problema específico, para tentar fazer com que todos sigam em frente. Percebi que Diego acabou de resumir Bergoglio com tanta clareza quanto qualquer teólogo, escritor, político ou jornalista com quem havia conversado.

Parecia o mesmo conselho que Bergoglio deu a seus jovens escolásticos quando eles saíam para San Miguel aos sábados e domingos. Faça seu trabalho e evite brigas. Parecia a abordagem dele durante a Guerra Suja e também parecia a abordagem dele durante as lutas internas dos jesuítas em relação ao currículo e à justiça econômica.

Ele sempre fez isso com perfeição? Definitivamente, não, mas aprendeu com os erros, e evoluiu. Contudo, quando foi cardeal e principal pastor de sua cidade, sem qualquer autoridade sobre ele além de Roma, Bergoglio pôde exercer sua filosofia mais plenamente. Ir além da história, rumo à fé. Era isso. Ir além da história, rumo à fé, à esperança e ao amor.

Algumas horas após o telefonema para Diego, minha esposa, Jeanne, me ligou para falar sobre uma conversa que tivera com um amigo cujos pais eram de Cuba. O papa Francisco tinha ido embora de Washington, D.C., um dia antes.

"Não suporto o papa Francisco", disse o amigo a Jeanne. "Mal posso esperar para que ele saia dos Estados Unidos. Você não entende o que aconteceu em Cuba, nem ele. O que ele fez em Cuba com aqueles desgraçados é um ultraje."

Foi impossível não pensar em Nilda e em sua raiva, confusão e tristeza, emoções tão fortes que a fizeram atacar o cardeal Bergoglio na imprensa e se recusar a encontrá-lo. Espero que o amigo de Jeanne entenda o que Nilda aprendeu com o cardeal Bergoglio: "Deus está presente para todos. Para os justos e para os pecadores, os bons e os maus. Ele estava fazendo o certo. Então, não importa, porque Deus está presente para todos. Acabamos entendendo que Bergoglio tinha uma visão mais ampla."

Amém.

23 Cartoneros

Vi muitos sem-teto nas ruas de Washington, D.C., de Nova York e em minhas visitas a Santa Mônica, Califórnia, onde meus irmãos Bobby e Maria vivem com suas famílias. Geralmente, os sem-teto pedem dinheiro com seus pertences amontoados em uma mochila ou carrinho de supermercado. Às vezes, eles têm companhia, mas geralmente estão sozinhos. E muitos parecem sofrer de doenças mentais.

Então, em minha primeira noite pelas ruas de Buenos Aires em busca de um lugar para comer, não foi um choque total ver o que pensei serem dois sem-teto empurrando um carrinho cheio do que parecia lixo. Esta era uma capital mundial, claro, e o problema da falta de moradia virou uma parte infeliz da vida urbana no mundo inteiro. Bergoglio dedicou imensa energia e recursos para ajudar os pobres, e homens como Toto e Pepe continuavam essa batalha, mas a crise econômica na Argentina deixou o país instável e agora, em 2014, as coisas pareciam desoladoras de novo. Em toda a cidade, segundo os moradores locais, as pessoas estavam sendo esquecidas.

O que me surpreendeu, contudo, foi a velocidade com que as pessoas estavam se movendo. Elas desciam a rua rapidamente, gritando umas com as outras, mas os gritos não eram de raiva, até onde eu podia perceber.

Depois de jantar, ao caminhar de volta para o hotel, vi outro grupo de pessoas descendo a rua empurrando não um, mas dois carrinhos cheios de lixo. Mais uma vez, elas estavam gritando entre si. Elas paravam e vasculhavam o lixo em frente a apartamentos e empresas. Dessa vez não eram dois homens, e sim um homem, uma mulher e uma menina.

Quando voltei ao hotel, perguntei ao *concierge*: "Tem uma grande população sem-teto aqui em Buenos Aires? Vi pessoas revirando o lixo a alguns quarteirões daqui. Eles costumam ser doentes mentais?"

"Não, não. São os *cartoneros*. É o trabalho deles: recolhem papelão e garrafas plásticas a noite toda e vendem para empresas de reciclagem. Eles estão em toda a Buenos Aires, e trabalham muito."

"É o trabalho deles? Buenos Aires não tem um programa de reciclagem? E aquela criança com as outras duas pessoas?"

O *concierge* respondeu: "Provavelmente, são o pai e a mãe com um dos filhos. As famílias trabalham juntas. O programa de reciclagem de Buenos Aires são os *cartoneros*."

No dia seguinte, tive a sorte de tomar café com Marcos Peña, chefe da equipe de Mauricio Macri, que foi prefeito de Buenos Aires. Hoje, Macri é presidente da Argentina. Eu perguntei: "Qual é a história dos *cartoneros?* O prefeito está trabalhando nisso? Nunca vi famílias revirando o lixo para reciclá-lo."

Marcos respondeu em inglês: "Ah, sim. Bergoglio trabalhou com os *cartoneros* quando era cardeal. Vou apresentá-lo a Sergio Sanchez. Ele é o responsável pelo Movimento dos Trabalhadores Excluídos, MTE para resumir, e é amigo do papa Francisco."

À medida que a crise econômica de 2001 continuou, milhares de argentinos foram obrigados a aceitar empregos que pagam pouco, de confecções em regime de trabalho quase escravo, até prostituição, passando por trabalho infantil e coleta de lixo para reciclagem. A situação era terrível.

"Quem vive na periferia de Buenos Aires usa os trens e os ônibus públicos para vir à cidade catar os recicláveis. Eles são todos trabalhadores independentes", explicou Javier Ureta Saenz Peña, coordenador de gerenciamento ambiental da cidade de Buenos Aires.

Inicialmente, moradores e empresas reclamavam quando esses trabalhadores reviravam o lixo, geralmente deixando sujeira para trás. "Ao longo do tempo, a cidade começou a trabalhar com os *cartoneros* com o objetivo de transformá-los em cooperativas. Fomos a todos os quarteirões para recrutar líderes. A maioria desses trabalhadores não tinha experiência em indústria. Não havia estrutura para o trabalho deles. Queríamos ajudá-los a se organizar para que os recicláveis fossem coletados no período de tempo adequado. Queríamos gerenciar isso como uma empresa e transformar em um serviço com exigências de saúde e segurança. Há cerca de 10 mil *cartoneros* trabalhando hoje, com aproximadamente 5 mil em cooperativas organizadas. E mais da metade desses 5 mil trabalharam para o MTE. O restante está por conta própria."

"Existem sete empresas que recolhem lixo em Buenos Aires. Este é um negócio muito mais estruturado. O MTE é uma cooperativa, não um sindicato. O movimento é registrado no governo nacional, mas os sindicatos têm regras claras. Estamos criando e negociando acordos e condições com as cooperativas", explicou Javier.

"O governo indicou Sergio Sanchez para essa função?", perguntei.

"Sergio foi eleito pelos colegas. Ele negocia o salário, as condições de trabalho e os benefícios para os integrantes do MTE. Muitos *cartoneros* estão tentando se organizar em cooperativas em toda a Argentina. Estamos um pouco mais avançados aqui em Buenos Aires, mas ainda há muito trabalho a fazer."

Nunca tinha estado em uma fábrica de reciclagem, então, fiquei surpreso ao ver uma guarita de segurança no Centro Verde Barracas situado na rua Herrera. *Por que alguém ia querer invadir um lugar que tem apenas lixo?* O guarda nos orientou para estacionar à direita, longe dos caminhões e contêineres de resíduos. "Vá por ali e espere. Sergio virá buscá-lo."

Eu cheguei na hora, para variar.

Mas Sergio não chegou.

Enquanto dez minutos se arrastaram até virarem 15, eu saí do carro e andei pelo estabelecimento, que ocupava um quarteirão. Havia garrafas plásticas e papelão espalhados por todo o local. A maior parte do papelão estava empacotada e a maioria das garrafas, guardada em um canto, mas ainda havia lixo por toda parte. Os restos de um balanço estavam pendurados ao lado de lixeiras transbordantes. Mas mesmo que o lugar estivesse bagunçado, parecia haver alguma organização para processar o material.

Duas retroescavadeiras com dois homens em cada uma moviam papelões de uma parte da fábrica para outra, enquanto em um dos dois galpões grandes sete pessoas separavam os papelões, pegando o que era valioso e descartando o que não era.

Andei por ali e fui cumprimentado apenas por acenos de cabeça e sorrisos. As pessoas estavam trabalhando arduamente. Eu ouvia carros passando na via expressa que ficava ao lado da fábrica, via pombos voando e, no meio de todo este caos organizado, ficava uma árvore de aparência dilapidada. Não havia, contudo, qualquer odor desagradável. Esperava que o lugar tivesse mau cheiro, não era o caso.

Sergio me pegou de surpresa. Eu estava em pé bem em frente a um dos galpões olhando para o interior e observando o movimento das retroescavadeiras e os motoristas gritando com os trabalhadores que separavam os recicláveis. A cena toda era hipnotizante, mas tive o bom senso de não ficar no caminho.

Eu dei um pulo e me virei para olhar quando cutucaram meu ombro.

O homem que me cutucou riu, revelando não ter os dentes da frente.

"Você é o Mark? Eu sou Sergio", apresentou-se ele em espanhol.

Sergio tinha cerca de 1,60m de altura, 90 quilos, rosto carnudo com grandes bochechas e um generoso queixo duplo. Seus braços volumosos eram cobertos de tatuagens, uma das quais parecia ser de Maria, mãe de Jesus. Ele usava um brinco na orelha esquerda e um boné de beisebol para cobrir os cabelos meio grisalhos, cortados à escovinha.

Ele vestia uma camiseta azul-escuro com uma faixa verde berrante no peito. No meio da faixa verde berrante estava uma faixa branca. Eu tinha visto a mesma camiseta em alguns trabalhadores.

Na manga da blusa estava escrito MTE 10 Anos/Movimento dos Trabalhadores Excluídos. Bermuda cargo cáqui e tênis verde berrante completavam o visual.

A panturrilha esquerda de Sergio estava sangrando, mas ele não pareceu notar.

"Vamos, eu vou andar por aí com você", convidou, com uma voz profunda e áspera. Sergio segurava um maço de cigarros com uma das mãos e girava um chaveiro com a outra. "Vamos por aqui."

Andamos pelo vasto galpão onde homens e mulheres estavam com as mãos e os joelhos apoiados no chão, separando os recicláveis.

"Aqui separamos o que é possível vender e jogamos o lixo fora. Estamos limpando o local agora para que, à noite, haja espaço para todo o papelão e plástico que nossos integrantes trazem das ruas."

"Então, esse é o turno do dia?"

"Trabalhamos aqui o tempo todo. Movemos papelão e plástico o dia inteiro. E alimentamos nossos integrantes, também. Vou mostrar o refeitório agora", respondeu Sergio.

Olhei ao redor e apontei o que parecia ser a estatueta de uma mulher. Colocada em cima de um refrigerador velho e gasto, era o tipo de imagem que se veria em um dormitório de universidade, mas aquela vestia um traje similar ao dos trabalhadores, incluindo a faixa verde berrante na camisa. Havia flores de plástico amarradas com um laço aos pés dela, junto com um pequeno troféu e uma placa que informava aos trabalhadores o horário em que as refeições eram servidas.

"É em homenagem a alguma mulher que trabalhou aqui?", perguntei.

Sergio riu. O cigarro em sua boca não se mexeu.

"Não, aquela é Nossa Senhora dos Cartoneros. Ela olha por nós e abençoa nosso trabalho diário."

Nossa Senhora era feita de papelão.

"Ela é linda, não?", comentou ele, enquanto acenava para a imagem. "Todo mundo a adora. Vamos lá dentro para podermos conversar. Tenho muito a dizer."

Sergio me levou a um pequeno prédio feito de blocos de concreto. Estava desconfortavelmente quente lá dentro. O ventilador de teto trabalhava arduamente, mas não refrescava muito o ambiente. Uma TV pendurada na parede exibia apenas estática.

Havia quatro ou cinco mesas compridas espalhadas pela sala, com algumas cadeiras plásticas ao redor. Umas quebradas, e, outras, em bom estado. Era uma coleção de vários modelos. Sergio me disse que a sala servia como refeitório, alimentando de 300 a 400 pessoas por noite.

Perguntei a Sergio se ele vivia na rua quando começou a recolher papelão.

"Não, não. Eu era uma pessoa comum. Tinha um bom emprego fazendo paisagismo em clubes de campo. O dono foi à falência e fiquei desempregado. Não consegui encontrar trabalho e então passei a catar papelão com a família."

Ele me disse que tinha crescido fora de Buenos Aires, em uma cidade chamada Mar del Plata, com dois irmãos, um dos quais morreu em um acidente e o outro, de Aids.

Sergio agora vive na Villa Fiorito, que fica na periferia de Buenos Aires e é considerada um dos lugares mais pobres de Buenos Aires, e também uma "zona vermelha", de acordo com Alfredo Abriani, diretor-geral de assuntos religiosos da cidade de Buenos Aires: "Uma parte do rio Riachuelo tem resíduos industriais não tratados e esgoto acumulado. Isso causa problemas de saúde, nutricionais e toxicológicos em crianças, jovens e adultos."

"Como você conheceu Bergoglio?"

"Nós nos conhecemos como resultado do movimento. Quando começamos a lutar para ter direitos reconhecidos como trabalhadores, ninguém sabia quem éramos, porque trabalhávamos no setor informal. Bergoglio passou a nos conhecer através da Igreja, pois quando a pessoa sofre discriminação e quer batizar um filho, fica complicado, porque existe muita burocracia, muita papelada, e não temos documentos. Bergoglio fazia os batizados mesmo assim.

"Ele procurou o movimento e começou a apoiar nosso trabalho. Nós, como organização, fazíamos protestos. Por exemplo, se descobríssemos que em uma casa havia trabalhadores escravos, nós íamos até lá para protestar, e isso era o que ele estava observando no movimento."

Em março de 2006, um incêndio ocorrido em uma confecção precária no distrito de Buenos Aires chamado Caballito matou seis pessoas, todas bolivianas, vítimas de tráfico de pessoas. Quatro eram crianças, que estavam trancadas em um quarto para não interferirem no trabalho dos pais.

"Bergoglio veio dar apoio quando isso ocorreu e depois celebrou a missa na rua", explicou Sergio.

O movimento continuou a crescer, e Bergoglio manteve a ajuda. Em 2008, ele celebrou missa na igreja de Nossa Senhora dos Imigrantes diante de uma multidão trazida pelo MTE e por uma organização parceira chamada La Alameda, que trabalhava com trabalhadores têxteis explorados.

Aquela missa se transformou em um evento anual realizado em julho na plaza de la Constitución, onde padre Toto montou sua tenda missionária. Sergio e seus colegas frequentavam o local.

"Nós também íamos quando ele celebrava a missa na *villa*. Bergoglio sempre se lembrava de nós e sempre abençoava alguém. Você via que ele era muito humilde. Quando nos visitava, ele sentava à mesa ou conversava conosco em um canto. Era um cara simples, que se aproximava de nós, e quando o víamos na rua, era como um padre, não um cardeal."

Sergio parou de falar apenas para tragar longamente seu cigarro. A TV ainda estava ligada, com estática. O calor e a umidade eram quase insuportáveis. Havia manchas de suor na minha camisa.

"Quando descobrimos que ele era papa, ficamos um pouco tristes, porque perderíamos a ligação que tínhamos com ele e o veríamos de longe. Mas quando Bergoglio tomou posse como papa, disse que queria um *cartonero* lá."

"Sério? Na missa de entronização papal?", perguntei.

"Não era normal que um *cartonero* tivesse passaporte", explicou Sergio. "Como eu tinha a sorte de ter um na época, então, fui a Roma."

"Você foi à primeira missa dele como papa?"

"Sim, quando ele fez o juramento. Na verdade, fiquei em um dos lugares privilegiados. Eu estava lá com José, que é professor, e uma irmã, que é missionária. Vi passarem os presidentes, os reis, e eles foram para lá", Sergio fez um gesto para mostrar que os presidentes e reis estavam sentados atrás dele, e continuou: "Eu estava com meu uniforme de *cartonero* para mostrar que os *cartoneros* estavam do lado dele. Quando a cerimônia acabou, ele veio, e nós entramos atrás dele. Fomos os primeiros a serem cumprimentados em uma sala. Não era a principal, para onde vão todos os presidentes. A sala dos presidentes tem uma grade e eles cumprimentam o papa que fica do outro lado da grade. Eu me senti muito orgulhoso e pensei: *Quantos não pagariam para estar neste lugar?* Ele cumprimentou cada um de nós, depois, me deu um abraço e disse: 'Continue com o bom trabalho. Continue forte, trabalhando arduamente.'"

Sergio estava no embalo. Eu não poderia tê-lo interrompido, nem se quisesse.

"Vou contar mais. Quando o papa esteve no Brasil, no evento para a juventude, ele reconheceu que a juventude *cartonera* tinha que estar ao lado dele."

Sergio explicou que Bergoglio deu a 36 jovens *cartoneros* uma bolsa para irem à Jornada Mundial da Juventude no Brasil, em julho de 2013.

"Entre eles estavam crianças com todo tipo de problemas: vícios, problemas de trabalho, de alcoolismo. Nós ficamos acampados em tendas. No primeiro dia em que ele celebrou a missa, conseguimos chegar até a igreja. Estávamos a 100 metros do papa, mas não acabou aí."

O cigarro ainda estava pendurado em seu lábio inferior, quase magicamente.

"No segundo dia, foi celebrada a missa geral, e para vê-lo era preciso ter uma série de crachás de identificação, com foto e tudo. Bom, nós estávamos meio perdidos, indo de um lado para outro. Quando a missa estava prestes a começar, veio um cardeal ou uma pessoa do escritório do arcebispo procurar amigos do papa entre o povo e nos encontrou no meio da multidão. Éramos umas 500 pessoas. Nós entramos e ficamos perto dele, a 1 metro de distância. Os arcebispos estavam de um lado e todos nós, sentados impecavelmente, do outro lado. Quando o papa entrou, fez questão de cumprimentar cada um dos 36 jovens que eu tinha trazido, um a um. Depois, tirou foto com cada um deles."

"Um por vez?"

"Um por vez."

Ele fez outra pausa para tragar o cigarro.

"E no outro dia ele nos procurou, junto com outras organizações, para abordar três problemas importantes do nosso país e em todo o mundo que são: trabalho, terra e teto dignos para todos."

"Você acabou vendo o papa em Roma?"

"Sim", respondeu Sergio, explicando que foi um encontro de três dias.

"O cardeal Turkson veio aqui antes da reunião em Roma e o levamos para andar pelos bairros para ver nosso trabalho. A história mais doida que eu lembro é que, quando fomos buscá-lo, ele ficou olhando para ver em que tipo de carro eu iria buscá-lo, e eu cheguei dirigindo uma ambulância. Você precisava ter visto o cardeal sendo levado pela cidade inteira em uma ambulância!"

Eu tinha ouvido falar de Turkson, mas não sabia muito sobre ele, além do fato de ser da África e ter um cargo importante em Roma.

Sergio contou que dirige uma ambulância velha: "É para todo tipo de uso, como levar pessoas ao hospital ou se algo acontecer. Comprei a ambulância para fazer trabalho de solidariedade. Quando se vive nas *villas*, a ambulância normal não vem buscar ninguém."

Mas Sergio entra nas *villas*, apesar do perigo.

"Graças a Deus, nada me aconteceu ainda. Para Turkson, foi uma loucura. Quando eu o vi em Roma, ele se divertiu ao se lembrar de como foi conduzido pela cidade."

Sergio sorriu para mim. Ele agora tinha um cigarro apagado pendurado na boca, que subia e descia enquanto ele falava, sem cair.

Eu não estava com pressa de ir embora, apesar do calor. As histórias eram realmente inacreditáveis, especialmente a última. Um encontro de três dias em Roma com cardeais e com o papa Francisco para discutir trabalho, terra e teto? Eu não tinha lido nada a respeito na imprensa. Imaginei que valia a pena ouvir a opinião de Sergio sobre isso, e eu poderia verificar tudo depois.

"A reunião aconteceu, com organizações sociais de 70 ou 80 países, trabalhadores como *cartoneros*, os que trabalhavam com habitação e também trabalhadores rurais. Durou três dias. O primeiro dia envolveu todas as organizações sociais; o segundo, foi o dia inteiro no Vaticano, com o papa, e o terceiro foi no hotel. E vou contar uma história que vai fazer você rir.

"Você viu o papa? Falou com ele?"

"Sim, sim. Vou contar. Você vai rir da história. Bom, devo contá-la?"

Ele sorriu. Estava gostando de me deixar curioso.

"Sim, por favor", eu sorri de volta.

Sergio sabia que era um excelente contador de histórias. Ele não disse nada por alguns segundos, só para criar o clima.

"Certo. No primeiro dia nós tivemos reuniões no hotel. Tudo bem. No segundo, precisamos ir ao Vaticano, onde o papa estava. Bom, nesse segundo dia, pegamos o carrinho *cartonero* que tínhamos levado daqui com uma grande bolsa com papelão e muitos fizeram o mesmo. Os trabalhadores rurais levaram suas cestas repletas de produtos que tinham colhido. Andamos pelo Vaticano, indo de um lugar para outro."

Talvez eu estivesse cansado, mas a história de Sergio estava me confundindo. *Mais de 100 pessoas em uma reunião de três dias da qual eu nunca tinha ouvido falar? Produtos agrícolas e recicláveis sendo carregados pelo Vaticano?*

Várias perguntas giravam em minha cabeça: *O papa Francisco convidou o líder da AFL-CIO ou da Cruz Vermelha dos Estados Unidos para essa reunião? Que defensores das crianças dos EUA ou do Reino Unido foram convidados? Quais líderes poderosos do Banco Mundial ou de grandes ONGs estavam presentes? Quais secretários de Estado ou governadores norte-americanos foram convidados? Se o papa queria fazer mudanças es-*

truturais, deve ter convidado algumas dessas pessoas importantes e poderosas para ajudar os Sergios Sanchez do mundo, certo? Posso fazer alguns telefonemas quando voltar para casa e obter informações sobre a reunião.

Sergio continuou falando: "Bom, a certa altura, o papa estava lá, falando sobre esses problemas de inclusão social, moradia digna e, depois, sobre a terra. Após o discurso, o papa cumprimentou todos nós e tirou foto com cada um, todos os 100! Nós saímos de lá com o compromisso de trabalhar com todas as organizações do mundo. O papa disse que era necessário que houvesse casa para todos, e falou sobre inclusão social, explicou que essa luta não é apenas nossa, dos *cartoneros* que trabalhamos aqui, pois há pessoas usando terno e gravata que também são excluídas, porque trabalham na economia informal. Esta é a luta em que estamos envolvidos, e ele sabe que vamos fazer barulho."

Ele fez uma pausa, com o cigarro apagado ainda pendurado entre os lábios, e disse: "Outro dia eu consegui levar meu filho para ver o papa Francisco e o papa disse: 'Sim, seu pai estava agitando as coisas em Roma, não é?'"

Sergio sorriu. "Porque eu sempre agito as coisas. Quem não faz isso, nunca tem nada!"

Quando voltei para casa, nos Estados Unidos, comecei a pesquisar sobre esse encontro de três dias, esperando sinceramente que ele tivesse mesmo acontecido e que Sergio não tivesse inventado tudo. Se fosse o caso, isso colocaria em dúvida todas as histórias que ele me relatou.

Lutei para encontrar algo sobre a reunião até esbarrar em uma reportagem escrita por Joe Gunn em um jornal católico chamado *The Prairie Messenger*. Gunn estava identificado como o diretor-executivo que atuava em Ottawa, da Citizens for Public Justice, organização ecumênica que promove a justiça, a paz e a integridade de criação.

A primeira frase de Gunn me pegou: "Há grande probabilidade de você nunca ter ouvido falar desse encontro."

Ele estava certo em relação a isso!

Gunn continuou: "Não há documentos sobre o evento em inglês. Apenas uma pessoa do Canadá estava presente." Ele contou a história de uma canadense chamada Judith Marshall, que fora convidada para o evento de três dias, o Encontro Mundial de Movimentos Populares, realizado no Vaticano em outubro de 2014. Marshall estava identificada como sindicalista que atuava em Toronto.

Gunn escreveu: "Um dos principais organizadores, Sergio Sanchez, é um homem robusto de uma favela de Buenos Aires que transformou a humilde ocupação de catar papelão em um novo movimento social [...] Aparentemente, o bispo Bergoglio estava envolvido com esses imigrantes basicamente ilegais desde 2006, celebrando missas, batizando seus filhos, afirmando a dignidade deles."

Procurei Marshall e perguntei se ela aceitaria fazer uma entrevista por telefone. Ela mandou um e-mail recusando, mas incluiu uma reportagem escrita por ela sobre a experiência, chamada "Challenging the Globalization of Indifference: Pope Frances Meets With Popular Movements" (Desafiando a globalização da indiferença: o papa Francisco encontra movimentos populares", em tradução livre) e publicada em um jornal chamado *Links International Journal of Socialist Renewal*. Marshall citou uma afirmação feita pelos organizadores a fim de preparar o terreno para quem havia sido convidado e falando sobre o foco da reunião:

No geral, esses movimentos representam três setores sociais cada vez mais excluídos: (a) trabalhadores em risco, que não têm segurança no trabalho, estão no setor informal ou são autônomos, migrantes, além dos trabalhadores que ganham por dia e todos os que não estão protegidos por direitos trabalhistas ou sindicatos, (b) fazendeiros sem terra, agricultores familiares, povos indígenas e os que correm risco de serem expulsos do campo pela agroespeculação e pela violência e (c) os marginalizados e esquecidos, incluindo invasores e habitantes de bairros periféricos ou assentamentos informais sem infraestrutura urbana adequada.

Na reunião havia 150 delegados, incluindo 30 bispos católicos de todo o mundo. O evento foi organizado pelo Pontifício Conselho Justiça e Paz, liderado por Turkson e pela Pontifícia Academia de Ciências Sociais, liderada pela Dra. Margaret Archer. *Quem eram esses delegados e de onde eles vieram?*, pensei.

Em seguida, Marshall descreveu seus colegas participantes, incluindo Pancha Rodriguez, da Associação Nacional de Mulheres Rurais e Indígenas do Chile, que "usou palavras fortes ao descrever as pressões cruéis sobre os produtores rurais feitas por transnacionais e governos para que elas plantem sementes geneticamente modificadas".

Marshall também escreveu sobre Agostinho Bento, da Unac (União Nacional de Camponeses). Agostinho era de Moçambique e "falou sobre apropriação de terras em megaprojetos de agroexportação, como ProSavana, e imensos projetos de mineração e óleo e gás. Ele também pediu mais apoio da Igreja Católica".

Também houve representantes de Gana, que "falaram sobre a mineração que devora a África", e "a mulher representando os fazendeiros orgânicos dos EUA, [que] alertou contra as palavras usadas para manipular fazendeiros, como os argumentos feitos por grandes empresas de agricultura e grupos de pesquisa corporativos que alegam ter 'comprovação científica' e recebem grandes financiamentos para negar o aquecimento global".

Continuei lendo e aprendi que outros delegados representam organizações como a Associação Sul-africana de Catadores de Materiais Recicláveis, a Federação Nacional de Moradores de Favelas da Índia, o Movimento dos Sem-terra no Brasil e a União Malawi para o Setor Informal.

Eu não conhecia uma pessoa sequer mencionada ali e jamais tinha ouvido falar daquelas entidades.

Eram todas desconhecidas.

Marshall descreveu vividamente o segundo dia do Encontro Mundial dos Movimentos Populares.

[O evento] levou os ativistas populares para o coração do Vaticano: alguns em trajes aborígenes, outros, usando uniformes de trabalho para coleta de recicláveis, outros, com camisetas onde se liam slogans políticos, muitos carregando bandeiras de suas organizações. O dia começou com uma missa na Basílica de São Pedro celebrada pelo cardeal Turkson. Os participantes da nossa reunião tinham sido escolhidos para ler as Escrituras em vários idiomas. O simbolismo deveria ser encontrado não só na presença muito visível [de] mais de 100 ativistas populares na Basílica como, também, na presença das ferramentas e dos produtos de nossas lutas que trouxemos a Roma. O mais proeminente deles foi a enorme lixeira de metal com rodas que foi levada pelos recicladores da Argentina. Ela foi rapidamente preenchida, não com recicláveis, mas com as contribuições feitas por outros ativistas. Os que trabalhavam em questões de terra tinham trazido sementes, ferramentas e até produtos agrícolas. Memorandos enviados antes da chegada incluíram avisos explicando as regulamentações de fronteira para esse tipo de produto. A réplica de um barraco de favela foi incluída para simbolizar a luta por moradia [...] Após a missa, fomos para a reunião com o papa. O cardeal Turkson nos recebeu e, depois, o papa Francisco se juntou calmamente a nós.

Eu precisava encontrar uma cópia dos comentários do papa. Certamente estariam publicados em inglês em algum lugar.

Finalmente encontrei, no site do Vaticano.

Suas primeiras palavras foram: "Mais uma vez, bom dia. Estou feliz por estar convosco, e faço-vos uma confidência: é a primeira vez que desço aqui na Velha Sala do Sínodo. Nunca estive aqui. Como dizia, estou muito feliz e vos dou as calorosas boas-vindas."

Já me disseram, repetidamente, que uma das melhores formas de conquistar uma audiência é tocá-la logo no início com humildade, humor ou uma história que a aproxime de você. Um segredinho do homem mais popular do mundo era bom um começo!

Agradeço a vocês, que viveis na pele a desigualdade e a exclusão, por aceitarem o convite para discutir os vários problemas sociais graves que afetam o mundo hoje. Também agradeço ao cardeal

Turkson pelo seu acolhimento. Obrigado, eminência, pelo seu trabalho e palavras de saudação.

Vale a pena citar um trecho maior do discurso desconhecido do papa:

> Este encontro dos movimentos populares é um sinal, um grande sinal: viestes apresentar diante de Deus, da Igreja e dos povos uma realidade que muitas vezes passa em silêncio. Os pobres não só suportam a injustiça mas também lutam contra ela!
>
> Não se contentam com promessas ilusórias, desculpas ou álibis. Nem sequer estão à espera de braços cruzados da ajuda de ONGs, planos assistenciais ou soluções que nunca chegam, ou que, se chegam, fazem-no com uma tendência a anestesiar ou domesticar, o que é bastante perigoso. Vós sentis que os pobres não esperam mais e querem ser protagonistas; organizam-se, estudam, trabalham, exigem, e, sobretudo, praticam aquela solidariedade tão especial que existe entre os que sofrem, entre os pobres, e que a nossa civilização parece ter esquecido, ou, pelo menos, tem grande vontade de esquecer.
>
> Solidariedade é uma palavra que nem sempre agrada; diria que algumas vezes a transformamos em um palavrão, que não se pode falar; mas uma palavra é muito mais do que alguns esporádicos gestos de generosidade. É pensar e agir em termos de comunidade, de prioridades da vida de todos sobre a apropriação dos bens por parte de alguns. É também lutar contra as causas estruturais da pobreza, a desigualdade, a falta de trabalho, de terra e de moradia, a negação dos direitos sociais e laborais. É fazer face aos efeitos destruidores do império do dinheiro: os deslocamentos forçados, as emigrações dolorosas, o tráfico de pessoas, as drogas, as guerras, a violência e todas aquelas realidades que muitos de vós suportam e que todos estamos chamados a transformar. A solidariedade, entendida no seu sentido mais profundo, é uma forma de fazer história, e é isso que os movimentos populares fazem.

Este nosso encontro não corresponde a uma ideologia. Vós não trabalhais com ideias, mas com realidades, como as que mencionei, e muitas outras, que me descrevestes. Tendes os pés na lama e as mãos na carne. O vosso cheiro é de bairro, de povo, de luta! Queremos que a vossa voz seja ouvida, a qual, normalmente, é pouco escutada. Talvez porque incomoda, talvez porque o vosso grito incomoda, talvez porque se tem medo da mudança que vós pretendeis, mas sem a vossa presença, sem irmos realmente às periferias, as boas propostas e os projetos que muitas vezes ouvimos nas conferências internacionais permanecem no reino das ideias.

Não se pode enfrentar o escândalo da pobreza promovendo estratégias de contenção que só tranquilizam e transformam os pobres em seres domesticados e inofensivos. Como é triste ver que, por trás de presumíveis obras altruístas, o outro é reduzido à passividade, é negado ou, ainda pior, escondem-se negócios e ambições pessoais: Jesus defini-los-ia hipócritas. Mas como é agradável quando se veem em movimento povos e, sobretudo, os seus membros mais pobres e os jovens. Então, sim, sente-se o vento de promessa que reacende a esperança em um mundo melhor. Que este vento se transforme em um furacão de esperança. Eis o meu desejo.

Este nosso encontro responde a um anseio muito concreto, a algo que qualquer pai, qualquer mãe, quer para os próprios filhos; um anseio que deveria estar ao alcance de todos, mas que hoje vemos com tristeza cada vez mais distante da maioria das pessoas: terra, casa e trabalho. É estranho, mas se falo disso, para alguns, o papa é comunista. Não se compreende que o amor pelos pobres está no centro do Evangelho. Terra, casa e trabalho, aquilo pelo que lutais, são direitos sagrados. Exigi-lo não é estranho, é a doutrina social da Igreja.

Fico arrepiado ao ler essas palavras inspiradoras. O papa Francisco uniu com destreza sua fé ("O amor pelos pobres está no centro do Evangelho") a uma abordagem apolítica ("esta reunião não é ideologia") baseada na teologia do povo: "Tendes os pés na lama e as mãos na carne. O vosso cheiro é de bairro, de povo, de luta!" E ele usou imagens concretas, os desejos de uma mãe e de um pai de atender às necessidades básicas dos filhos e "o vento de promessa que reacende a esperança em um mundo melhor. Que este vento se transforme em um furacão de esperança".

Trata-se de um chamado à ação que é, ao mesmo tempo, inspirador e político (com *p* minúsculo); um chamado para continuarmos a ser "protagonistas" que organizam, trabalham, fazem exigências e praticam a solidariedade; um chamado baseado na fé.

Mas o chamado também é desafiador. Será que sou um integrante de uma dessas ONGs que só fazem "anestesiar" e "tranquilizar" os pobres? E também "transformam os pobres em seres domesticados e inofensivos"? E essa palavra, "solidariedade"? Pepe a citou, Sergio a usou para descrever o trabalho que fez com sua ambulância de segunda mão. "Solidariedade" para o papa Francisco significa "muito mais do que alguns esporádicos gestos de generosidade. É pensar e agir em termos de comunidade [...] É também lutar contra as causas estruturais da pobreza, da desigualdade".

Sou solidário com pessoas como Sergio Sanchez e Judith Marshall ou estou ajudando a criar um sistema que está prejudicando os pobres mais do que ajudando? Claro que o papa não está fazendo críticas a mim, um homem que dedicou a vida a trabalhar com os pobres. Ou está? Sou um dos que Jesus teria chamado de hipócrita?

O papa Francisco, em seguida, discutiu os três temas do encontro: terra, teto e trabalho. As palavras que vieram depois suavizaram o desafio emitido no início porque, sendo bem sincero, minha mente não conseguia compreender a imensa tarefa de fornecer terra, teto e trabalho a todos os seres humanos do mundo. Sou muito orientado para tarefas e simplesmente não consigo imaginar qual seria o próximo passo. Era algo avassalador. Comecei a pensar que o papa era ingênuo, idealista demais para o mundo real. Ele realmente pensava que Sergio Sanchez e os outros participantes conseguiriam realizar essa grandiosa tarefa?

Após passar algum tempo com Sergio e imaginar todas as pessoas "que agitam as coisas" vestindo suas roupas nativas, carregando seus produtos agrícolas, e aquele carrinho no meio da Sala do Sínodo, pensei que nada mais sairia daquele experimento de três dias. A simples presença desse povo da periferia já garantia que "as boas propostas e os projetos" discutidos permaneceriam "no reino das ideias". O papa estava certo que esse era o resultado de muitas conferências internacionais, e pensei que esse também seria o resultado do tal encontro de três dias. Seria apenas uma bela reunião que não conseguiu gerar ações concretas ou muita divulgação na imprensa no mundo poderoso e desenvolvido.

O papa Francisco deve ter entendido que muitos teriam essas sensações, pois suas palavras finais foram:

> Por isso, me parece importante a proposta, da qual alguns de vós falaram, de que esses movimentos, essas experiências de solidariedade que crescem de baixo, do subsolo do planeta, confluam, sejam mais coordenados, se encontrem, como fizestes nestes dias. Atenção, nunca é um bem conter o movimento em estruturas rígidas, por isso, disse que se encontrem. Pior ainda é a tentativa de absorver tais movimentos, dirigi-los ou dominá-los; os movimentos livres têm uma dinâmica própria, mas, sim, devemos procurar caminhar juntos. Estamos nesta sala, que é a Velha Sala do Sínodo; agora há uma nova, e sínodo significa precisamente "caminhar juntos": que este seja um símbolo do processo que iniciastes e que estais a levar adiante!
>
> Os movimentos populares expressam a necessidade urgente de revitalizar nossas democracias, tantas vezes desviadas por inúmeros fatores. É impossível imaginar um futuro para a sociedade sem a participação como protagonistas das grandes maiorias, e esse protagonismo transcende os procedimentos lógicos da democracia formal. A perspectiva de um mundo de paz e de justiça duradouras pede que superemos o assistencialismo paternalista, exige que criemos novas formas de participação que incluam os movimentos populares e animem as estruturas de governo locais, nacionais e internacionais com aquela torrente de energia moral que nasce da integração dos excluídos na cons-

trução do destino comum. Tudo isso com ânimo construtivo, sem ressentimento, com amor.

Acompanho-vos de coração neste caminho. Digamos juntos de coração: nenhuma família sem casa, nenhum camponês sem terra, nenhum trabalhador sem direitos, nenhuma pessoa sem a dignidade que provém do trabalho.

A imagem da caminhada me lembrou de várias histórias que ouvi sobre Bergoglio andando pelo Colegio Máximo e nas *villas*, particularmente do comentário do rabino Skorka dizendo que o papa Francisco adorava a história do andarilho Abraão. De acordo com Skorka, o papa Francisco acredita que "a fé exige constante movimento e desenvolvimento".

E, sem dúvida, movimento é um tema constante em suas palavras ("nunca é um bem conter o movimento em estruturas rígidas", "os movimentos livres têm uma dinâmica própria", "a perspectiva de um mundo de paz e de justiça duradouras pede que superemos o assistencialismo paternalista") e em sua vida.

O próprio papa Francisco estava virando uma "torrente de energia moral", desafiando minha rigidez. Então, sou apenas uma engrenagem na máquina que gera minha vida confortável enquanto meu trabalho faz pouco mais do que anestesiar os pobres?

Eu realmente acredito que os Sergios Sanchez e as Judiths Marshall do mundo devam ser participantes ativos no processo de tomada de decisão? Acredito que eles tenham a habilidade e o conhecimento para serem protagonistas da própria mudança?

Reli o discurso. Concordo que os esforços de Sergio são manifestações de solidariedade que vêm de baixo, do subsolo do planeta. Mas eu acredito mesmo que a mudança virá das pessoas que trabalham no subsolo?

Acredito firmemente que, para fazer a diferença, organizações sem fins lucrativos precisam ser grandes o bastante não só para ajudar muita gente como também para ser influentes com quem faz as políticas públicas.

Mas o papa Francisco estava dizendo o oposto.

No fundo, eu não acreditava que, mesmo se os grupos continuassem se encontrando ou caminhando juntos, como pediu o papa Francisco, isso renderia algum tipo de mudança.

E como esse primeiro encontro praticamente não foi divulgado, quais eram as probabilidades de que aquele povo desorganizado se reunisse novamente, no fim das contas? Claro que o papa Francisco tem trabalho mais importante a fazer.

Guardei o discurso. Fiquei aliviado ao saber que as histórias de Sergio eram verdadeiras, mas estava ocupado com outros projetos. Eu trabalhava dirigindo uma organização recém-criada. Estávamos desenvolvendo uma estratégia para o ano seguinte e um de nossos objetivos era garantir mais alguns integrantes poderosos para o nosso conselho. Não é esta a melhor forma de obter mudanças sistêmicas nos Estados Unidos?

Eu tinha feito uma viagem de sucesso à Argentina e até obtive o que considerei uma das melhores histórias sobre pontificado do novo papa: ele havia convidado um catador de lixo, um professor e uma freira para ficarem em lugares de honra em sua missa de entronização. Os três se encontraram com o novo papa na "sala dos fundos" logo após a missa, enquanto presidentes, primeiros-ministros e outros figurões esperavam em outra sala.

Tudo de que eu precisava agora era conseguir uma entrevista com o papa Francisco, e o retrato dele estaria completo.

Sim, o que eu aprendi sobre ele havia me desafiado, desde a minha ideia do que constituía um bom católico até o valor da relação entre religiões, passando pela essência do trabalho que faço diariamente e chegando à forma pela qual vivo minha vida.

Mas eu tinha centenas de e-mails para responder, um trabalho crucial para fazer.

E precisava conseguir a entrevista.

Eu tinha aprendido o bastante com os Totos, Pepes, Gomez e Sanchez do mundo.

Ou, pelo menos, era o que eu pensava.

24 A entrevista

Depois da minha viagem à Argentina, de confirmar que a história de Sergio Sanchez sobre o encontro no Vaticano era verdadeira e de ler mais sobre as homilias e os escritos de Bergoglio, finalmente senti que estava preparado para uma entrevista com o papa Francisco. Eu sabia que levaria meses para conseguir isso, então, comecei a trabalhar no início de 2015.

Procurei o cardeal de Boston, Sean O'Malley. O "cardeal Sean", como era chamado, é um dos nove integrantes do Conselho dos Cardeais do papa Francisco, basicamente seu Gabinete. Entendi que o cardeal Sean talvez tivesse o relacionamento mais próximo do que qualquer cardeal norte-americano com o papa Francisco. O cardeal Sean foi ao velório da minha mãe e esteve no enterro do meu tio Ted. Achei que essa era uma boa conexão.

Antes de ligar para ele, contudo, procurei alguns bostonianos proeminentes que apoiavam a Igreja Católica e pedi que entrassem em contato com o cardeal Sean em meu nome. Eles concordaram em fazê-lo. Então, falei com a secretária do cardeal Sean pelo telefone e ela agendou um horário em sua próxima viagem a Washington, D.C. O cardeal Sean disse que trataria da questão, mas contou que recebe vários pedidos de entrevista e seria difícil obter uma.

Ao mesmo tempo, entrei em contato com o cardeal Donald Wuerl, de Washington, D.C., que presidiu a missa no enterro do meu pai e, algumas semanas depois, sugeriu que eu escrevesse um livro sobre meu pai. O resultado foi *A Good Man*. Meu amigo do ensino médio e também colega de quarto na faculdade, padre Bill Byrne, trabalhava diretamente para ele. Seguindo o conselho do padre Bill, telefonei para o cardeal e fiz o pedido de entrevista com o papa, acrescentando: "Você sabe que nunca teria escrito este livro se não tivesse escrito aquele sobre o meu pai. E você também sabe, cardeal, que aquele livro foi ideia sua, então, este pedido é totalmente culpa sua!"

Nós dois rimos. Não sei se a culpa católica funciona com um cardeal, mas Wuerl prometeu encaminhar o pedido, embora também tivesse avisado que seria difícil obter a entrevista.

Mas isso ainda não foi o bastante. Eu entrei em contato com o núncio apostólico (o embaixador do Vaticano) para os Estados Unidos, arcebispo Carlo Vigano, e pedi uma reunião. Eu o encontrei em fevereiro de 2014, quando fiz um discurso para a Associação de Faculdades e Universidades Católicas. Ele concordou em me ver e, no fim da reunião, disse que também faria um pedido ao papa Francisco em meu nome.

Fiz vários outros telefonemas para ver quem mais podia ajudar. Entrei em contato com uma amiga da família que mora em Roma e trabalha para o Vaticano. Ela conseguiu algumas audiências com o papa Francisco e me disse em inglês, com forte sotaque italiano: "O papa vai falar com você. Você vem de uma família católica famosa. Sim, isso vai acontecer. Sua mãe e seu pai também vão ajudar para que aconteça!"

Ajuda dos céus e ajuda aqui na Terra. Eu estava empolgado!

E surgiu outro sinal de boa sorte: o papa Francisco concordou com uma audiência com os atletas italianos antes de eles irem para Los Angeles participar das Olimpíadas Especiais de Verão. Duzentos atletas estariam lá, e eu fui convidado a me juntar a eles. Não era uma entrevista, mas eu veria o papa, e a plateia do evento seria uma excelente oportunidade para conhecer e apresentar meus respeitos às pessoas certas na Cúria Romana.

Quando viajei a Roma, em junho de 2015, cheguei com tempo suficiente apenas para correr ao hotel, tomar um banho e ir ao Vaticano, para a audiência com o papa. Foi uma emoção andar pelos corredores do Vaticano e ficar na ornada Sala Clementina esperando a chegada do papa Francisco.

Quando o papa Francisco entrou na sala, foi aplaudido de pé por atletas e agregados como eu. Senti que ele olhou diretamente para mim por uns dez segundos. *Talvez ele tenha me escolhido na multidão, como escolheu o Rabino Avruj!* O papa virou e seguiu na direção de sua cadeira e eu sacudi a cabeça, percebendo que o ego havia tomado conta de mim.

Os atletas das Olimpíadas Especiais, Filippo Pieretto e Irene Luigini, levantaram juntos e se aproximaram do microfone. Filippo falou primeiro, agradecendo ao papa Francisco pelo encontro e pedindo ao presidente do Comitê Italiano das Olimpíadas Especiais, Maurizio Romiti, para entregar uma bola de futebol com o slogan "Play Unified" [Jogue Unificado, em tradução livre] ao papa, um símbolo que "deseja criar uma geração unida para lutar contra a exclusão e a discriminação por meio do esporte".

Filippo, então, pediu a meu irmão Timothy, presidente do Comitê Internacional das Olimpíadas Especiais, que presenteasse o papa com uma tocha olímpica, "símbolo da paz e da irmandade". Filippo completou dizendo: "Esperamos que esta chama seja uma luz de esperança para um mundo melhor, além de um futuro de respeito e inclusão para todos. Que ninguém fique de fora!"

O papa aplaudiu muito Filippo e aceitou os dois presentes com um grande sorriso. Depois, Irene recitou o juramento das Olimpíadas Especiais: "Faça-me vencer, mas se não puder vencer, que eu tenha coragem na competição." Mais uma vez, o papa aplaudiu. Em seguida, ele se levantou e deu grandes abraços nos jovens.

O papa Francisco falou aos atletas:

Encorajo-vos a prosseguir neste compromisso de ajuda recíproca para descobrir vossas potencialidades e a amar a vida, apreciando-a com todos os seus limites e, sobretudo, com os seus lados bons. Nunca esqueçais a beleza: a beleza da vida, do desporto, aquela beleza que Deus nos doou. O desporto é um caminho muito indicado para essa descoberta, para se abrir, para sair dos próprios muros e se comprometer. Desse modo, aprende-se a participar, a superar-se a si mesmo, a lutar junto. E tudo isso nos ajuda a tornar-nos membros ativos da sociedade e, também, da Igreja, e contribui para que elas superem qualquer forma de discriminação e de exclusão.

Mais para o fim de seu curto discurso ele disse: "É preciso preservar e defender o desporto como experiência de valores humanos; também de competição, sim, mas na lealdade, na solidariedade. Dignidade para todas as pessoas: sempre! Ninguém se sinta excluído da prática desportiva."

Ele nos abençoou e pediu que todos rezassem por ele. A sala irrompeu em aplausos. Em seguida, o papa apertou as mãos de cada atleta das Olimpíadas Especiais, como fez com os meninos *cartoneros* no Brasil e os participantes do Encontro Mundial de Movimentos Populares em Roma em outubro de 2014.

Após a audiência, encontrei alguns integrantes do alto escalão da Cúria. Alguns dias depois, tive um jantar tardio com meu amigo jesuíta padre Michael Czerny, na mesma residência onde mora o padre Federico Lombardi, diretor da Sala de Imprensa da Santa Sé. Czerny e eu éramos os únicos na sala de jantar até que Lombardi entrou e se juntou a nós. Quando Czerny nos apresentou, Lombardi sorriu e disse em inglês hesitante:

"Eu conheço você. Ouvi falar muito a seu respeito."

Nós rimos. Ele continuou: "Vou levar seu pedido ao Santo Padre, mas não posso garantir nada. Recebo muitos pedidos de entrevista. Recuso solicitações do *New York Times*, *Washington Post*, da ABC, NBC, todo mundo. E aí ouço que o papa Francisco deu uma entrevista a uma pequena estação de rádio de uma *villa* em Buenos Aires. Eu nem sabia que ele iria fazer isso!"

O padre Lombardi deu de ombros e sorriu: "Este é o papa Francisco. Está tudo bem. Vou perguntar sobre o seu pedido, mas nunca se sabe."

Mandei um e-mail de agradecimento para Lombardi e continuei minhas tentativas com os dois cardeais, o núncio apostólico e as conexões que eu tinha feito na Cúria. Embora ninguém tenha se comprometido a conseguir uma entrevista papal, disseram que a melhor oportunidade seria no início de setembro, após as férias de verão.

Durante o verão, escrevi minhas experiências na Argentina em várias páginas, mas não conseguia parar de pensar especificamente em Sergio Sanchez e no que o papa tinha dito a ele e a seus colegas no Vaticano. Também não esquecia os rostos do padre Toto, do padre Pepe e de Nilda Gómez. Adorei todas as outras histórias que tinha ouvido e os personagens que conheci, mas o que essas pessoas disseram e fizeram, bem como o que o papa havia falado a todas elas ficou em minha cabeça. Tentei discernir o que estava acontecendo em minha mente e em meu coração, mas, com as férias de verão, o trabalho e a pressão para escrever, tudo ficou confuso.

Não tive notícias dos meus contatos. Disseram para que eu não me preocupasse: "Tudo fica calmo em julho e agosto, mas prepare-se para vir a Roma no início de setembro." Eu estava empolgado, porém apreensivo. *Afinal, é o homem mais importante do mundo.*

À medida que o fim de agosto se aproximava, recebi o pedido para aparecer em programas locais e nacionais de televisão para comentar a viagem do papa Francisco aos Estados Unidos em setembro. Foi uma excelente oportunidade de "divulgar" meu nome e gerar publicidade sobre o livro, mas era um compromisso que exigia muito tempo. Pediram que eu ficasse no estúdio por quase três dias inteiros. Mesmo assim, eu aceitei.

Alguns dias depois, recebi um e-mail de Lombardi. O papa Francisco declinou do meu pedido de entrevista.

Fiquei decepcionado. Tinha trabalhado com afinco, por muito tempo, e educadamente, para conseguir a entrevista. *Lá se foi minha oportunidade de conseguir saber mais sobre ele.*

Também estava confuso. *O que faço agora? Como terminar este livro?*

Voltei a escrever. Quando terminei a história de Sergio Sanchez, Betsy Zorio, minha chefe de gabinete, surgiu com um documento de sete páginas e disse: "O papa se encontrou novamente com Sergio Sanchez e seus colegas quando esteve na Bolívia no verão. Você precisa ler o discurso dele."

Ele se encontrou com Sergio Sanchez de novo? E não podia conseguir um tempinho para mim? Agradeci a Betsy e separei o discurso para ler depois.

Washington, D.C. ficou em polvorosa com a visita do papa Francisco em setembro de 2015. Eu também estava empolgado para vê-lo em minha cidade natal, mas meu prazo estava acabando: o livro precisava ser entregue em 30 de setembro de 2014, três dias após o papa deixar os Estados Unidos.

Só consegui fugir das entrevistas de TV cinco dias antes de o papa Francisco aterrissar em Washington, em 22 de setembro. Eu ainda tentava reunir pedaços de histórias e precisava de tempo para escrever.

Fiquei empolgado quando nossa filha mais velha, Molly, que está no segundo ano do ensino médio, recebeu um convite para se juntar a outros estudantes e receber o papa Francisco na Base Aérea de Andrews, perto de Washington. Ela ficou a 10 metros do papa, tirou fotos incríveis e estava em êxtase por tê-lo visto. Eu vi a chegada dele pela televisão, mas só por alguns minutos, e voltei a escrever.

Também escrevi na manhã seguinte, enquanto o papa Francisco visitava a Casa Branca e passeava pelo centro de Washington no papamóvel. Fiquei emocionado quando o vi na televisão parando o carro e chamando uma menina para vê-lo. A menina tinha corrido pela rua, mas foi devolvida aos pais pelos seguranças. Os mesmos seguranças trouxeram a criança para o papa, que a abraçou. Aquele gesto tocou o coração de muitos em Washington, inclusive o meu. Soubemos, depois, que a menina se chamava Sofia Cruz, tinha 5 anos e era filha de imigrantes ilegais.

Houve gestos mais simples, mas profundos: ele abraçou um dos colegas de ensino médio do nosso filho Tommy, que esperava em frente à Embaixada do Vaticano para desejar bom-dia ao papa. O rapaz, um parrudo jogador de futebol americano, disse ter "amado" o papa, segundo uma rádio local. Nossos filhos ficaram igualmente hipnotizados.

Quando Jeanne, as crianças e eu tivemos que esperar na fila por uma hora e meia para sentar sob o sol quente por uma hora e meia, junto com 30 mil pessoas para uma missa ao ar livre na Universidade Católica, fiquei surpreso por nenhum de nossos filhos ter reclamado. Tommy até escalou uma pequena árvore para ter uma vista melhor quando o papa Francisco passou no onipresente papamóvel. Meu filho estava sozinho naquela árvore, uma visão que jamais vou esquecer. E Emma, nossa filha de 10 anos, que não conseguiu ver o papa quando ele passou e não podia entender o sermão em espanhol ou ler as legendas no telão, também não reclamou.

No dia seguinte, quando o papa falou ao Congresso e visitou os sem-teto em uma cozinha gerenciada pela organização Catholic Charities, criou um brilho ainda maior em Washington. Nasci, fui criado e trabalhei a maior parte da minha vida adulta na capital do país, e ninguém fez a cidade se sentir tão amigável ou feliz em nenhum evento como o papa em sua visita de 48 horas.

Contudo, vi o segundo dia da visita de minha escrivaninha, onde continuava a escrever.

A sensação boa logo passou, especialmente quando li uma reportagem sobre um menino que sofrera abuso sexual de um padre. Ele se viciou em drogas na juventude e morreu de overdose um dia antes de enfrentar o suposto agressor no tribunal. Eu me perguntei se a Igreja realmente estava fazendo o bastante para evitar esse tipo de tragédia. Sorri quando o papa disse a uma freira em rede nacional de TV que a amava, mas o que ele fez de concreto para incluir mais as mulheres na vida da Igreja?

Alguns dias depois, peguei o telefone e liguei para o padre Paredes, ex-aluno de Bergoglio. Fiz algumas perguntas em busca de esclarecimento e, pouco antes de desligar, perguntei há quanto tempo ele conhecia o padre Nardin e o padre Gauffin.

"Eu os conheço há mais de 30 anos."

"Entendi. Obrigado de novo pelo seu tempo, pela ajuda."

Antes que eu pudesse desligar, Paredes fez uma pergunta: "Leonardo [Nardin] contou sobre nosso colega de classe equatoriano, Tarcisio Vallejo?"

"Sim, Nardin contou que Bergoglio o obrigou a usar o suéter de Vallejo após Nardin ter feito piada com ele."

"Ele contou sobre a irmã de Tarcisio?"

"Não."

"Bom, eu sei que ele não se importaria se eu contasse, pois a história é conhecida. Tarcisio vem de uma família grande, com 13 filhos. Ele cresceu na selva do Equador. Um dia, quando éramos escolásticos no Colegio Máximo e Bergoglio era o reitor, Tarcisio ficou sabendo que uma das irmãs dele, Susana, estava grávida. E ela ainda não havia se casado.

"Tarcisio ficou envergonhadíssimo. Afinal, ele é jesuíta e sua irmã estava grávida antes do casamento. Então, ele procurou Bergoglio, contou a história e perguntou: 'O que devo fazer?' Bergoglio aconselhou: 'Abrace e aceite sua irmã. A Igreja Católica quer que todos se casem e depois tenham filhos, mas ela vai ter o filho. Você não pode condená-la ou tratá-la como pária. Ame-a mesmo assim.'"

Por um lado, eu admirei a misericórdia amorosa que Bergoglio teve em relação a Susana, o filho e Tarcisio. Era a mesma misericórdia amorosa que teve em relação a Sergio Sanchez, os colegas dele e seus filhos.

Mas eu tinha sentimentos confusos em relação a isso. Regras precisavam ser seguidas, certo? Você deve ir à missa pelo menos aos domingos e ter filhos apenas depois do casamento, não é?

Essas pessoas não estavam descumprindo as regras?

Também fiquei confuso em relação a outras questões. Eu adorei o papa Francisco por ter convidado e pago as passagens de 36 jovens *cartoneros*, muitos dos quais lutavam para sobreviver e não eram católicos, mas por que não pagar para que jovens argentinos ativos e bem-comportados fossem ao Brasil também? Além disso, fui ensinado a mostrar respeito a Deus, mas Bergoglio celebrou missa em uma favela? E aquilo de deixar os cães lamberem água ao pé do altar?

Aquela não era a Igreja Católica que eu conhecia.

Minha confusão era alimentada por uma irritante sensação de inadequação quando me comparei a Pepe e a Toto, que colocavam a vida em risco por Deus, e a Nilda e Sergio, que lutavam por justiça. Sim, estou tentando criar mudanças sistêmicas para as crianças, mas faço isso de um escritório confortável em Washington, D.C., com um salário igualmente confortável. Tento fazer crianças e pais se envolverem em nosso trabalho, mas não vivo com eles, não dirijo por aí em uma ambulância usada, lutando todos os dias ao lado deles. Minha vida não é ameaçada por traficantes nem vivo em um quarto vazio, dormindo em uma cama de solteiro. Estou incrivelmente confortável e satisfeito com meu emprego e com minha vida.

Será que estou fazendo o bastante? Devo largar tudo e tentar ser como Pepe, Tito, Nilda e Sergio?

E eu realmente acredito na teologia do povo? Que os pobres são os protagonistas da própria mudança e, portanto, eu precisava fazer mais por eles e *com* eles? Eles realmente têm a capacidade de criar mudanças? Sempre pensei que trabalhar para fornecer serviço para outros bastava; será que realmente preciso *estar* com eles?

Eu remoía essas perguntas e esses pensamentos. Não conseguia discernir o que eles significavam, mas ficaram em minha cabeça e em meu coração.

Algo estava acontecendo.

Minha única certeza era: o que havia começado como jornada para ver se o novo papa era realmente isso tudo e descobrir se ele era mesmo o que parecia tinha evoluído para um desafio muito real para a forma pela qual eu via o catolicismo. E mais: um desafio à forma pela qual eu via o mundo, a mim mesmo e ao modo como eu ganhava a vida.

Alguns dias depois, quando estava em meu escritório, vi a transcrição do discurso que o papa Francisco havia feito na Bolívia.

Um recorte de jornal sobre o encontro estava anexado ao discurso. Eu o li primeiro. Dessa vez o encontro foi maior, com 1.500 participantes, de 40 países. Foi outra reunião de três dias, mas o discurso do papa Francisco teve 55 minutos de duração, um dos mais longos que já fez. Ele estava visivelmente empenhado.

Peguei a transcrição e comecei a ler.

Ele se identificou logo de cara com a plateia: "Em nosso primeiro encontro em Roma, senti algo muito belo: fraternidade, paixão, entrega, sede de justiça. Hoje, em Santa Cruz de la Sierra, volto a sentir o mesmo. Obrigado!"

Depois, o papa disse rapidamente que "precisamos de uma mudança" não só na América Latina, mas "para toda a humanidade". E essa mudança é necessária porque um sistema global "impôs a lógica do lucro a todo custo, sem pensar na exclusão social nem na destruição da natureza".

Ele continuou:

É preciso dizer sem medo: queremos uma mudança, uma mudança real, uma mudança de estruturas. Este sistema é insuportável: não o suportam os camponeses, não o suportam os trabalhadores, não o suportam as comunidades, não o suportam os povos... E nem sequer o suporta a Terra, a irmã Mãe Terra, como dizia são Francisco.

Queremos uma mudança em nossas vidas, em nossos bairros, no vilarejo, na nossa realidade mais próxima; mas uma mudança que toque também o mundo inteiro, porque hoje a interdependência global requer respostas globais para os problemas locais. A globalização da esperança, que nasce dos povos e cresce entre os pobres, deve substituir esta globalização da exclusão e da indiferença.

E, então, eu senti que ele estava falando diretamente para mim:

Mesmo dentro da minoria cada vez mais reduzida que pensa sair beneficiada deste sistema, reina a insatisfação e, sobretudo, a tristeza. Muitos esperam uma mudança que os liberte dessa tristeza individualista que escraviza.

Ele alfinetou aqueles de nós que desejam estudar o problema, mas não agem:

Não quero alongar-me na descrição dos efeitos malignos desta ditadura sutil: vós os conheceis! Mas também não basta assinalar as causas estruturais do drama social e ambiental contemporâneo. Sofremos de um certo excesso de diagnóstico, que às vezes nos leva a um pessimismo charlatão ou a nos rejubilar com o negativo. Ao ver a crônica negra de cada dia, pensamos que não há nada que se possa fazer além de cuidar de nós mesmos e do pequeno círculo da nossa família e dos amigos.

Há 500 anos, santo Inácio de Loyola fez um apelo a cada um de nós, contemplativos em ação. O papa Francisco estava fazendo a mesma convocação agora.

Em seguida, o papa abordou diretamente uma das minhas preocupações. O que uma pessoa pode fazer? Ele direcionou seus comentários não aos que têm recursos, mas aos que estão em dificuldades:

Que posso fazer eu, recolhedor de papelão, catador de lixo, limpador, reciclador, frente a tantos problemas, se mal ganho para comer? Que posso fazer eu, artesão, vendedor ambulante, carregador, trabalhador irregular, se não tenho sequer direitos trabalhistas? Que posso fazer eu, camponesa, indígena, pescador, que dificilmente consigo resistir à propagação das grandes corporações? Que posso fazer eu, a partir da minha comunidade, do meu barraco, do meu assentamento, da minha favela, quando sou diariamente discriminado e marginalizado? Que pode fazer aquele estudante, aquele jovem, aquele militante, aquele missionário que atravessa as favelas e os paradeiros com o coração cheio de sonhos, mas quase sem nenhuma solução para os seus problemas? Podem fazer muito. Vós, os mais humildes, os explorados, os pobres e excluídos, podeis e fazeis muito. Atrevo-me a dizer que o futuro da humanidade está, em grande medida, nas vossas mãos, na vossa capacidade de vos organizar e promover alternativas criativas na busca diária dos três "T" — entendido? — (trabalho, teto, terra), e também na vossa participação como protagonistas nos grandes processos de mudança, mudanças nacionais, mudanças regionais e mudanças mundiais. Não se acanhem!

Eu me senti revigorado com as palavras dele, mas continuei impressionado com a imensidão da tarefa. Não conseguia imaginar como alguém em dificuldades para sobreviver poderia sentir que consegue fazer a diferença. O papa Francisco ofereceu mais estímulo:

> Vós sois semeadores de mudança. Aqui, na Bolívia, ouvi uma expressão de que gosto muito: "processo de mudança." A mudança concebida não como algo que um dia chegará porque se impôs esta ou aquela opção política ou porque se estabeleceu esta ou aquela estrutura social. Sabemos, amargamente, que uma mudança de estruturas que não seja acompanhada por uma conversão sincera das atitudes e do coração acaba a longo ou curto prazo por burocratizar-se, corromper-se e sucumbir. É preciso mudar o coração. Por isso gosto tanto da imagem do processo, no qual a paixão por semear, por regar serenamente o que outros verão florescer, substitui a ansiedade de ocupar todos os espaços de poder disponíveis e de ver resultados imediatos. A alternativa é gerar processos e não ocupar espaços. Cada um de nós é apenas uma parte de um todo complexo e diversificado interagindo no tempo: povos que lutam por uma afirmação, por um destino, por viver com dignidade, por "viver bem", dignamente, nesse sentido.

Precisamos semear e regar as sementes que vão germinar para os outros verem? É *isso* que preciso fazer em vez de tentar resolver o problema agora? Preciso plantar e regar para as futuras gerações em vez de fazer o que posso, *agora*, para obter poder e mudar a situação imediatamente?

Ele chamou de "heroísmos cotidianos" os atos que permitem a você

> realizar o mandamento do amor, não a partir de ideias ou conceitos, mas a partir do genuíno encontro entre pessoas; precisamos instaurar essa cultura do encontro, porque não se amam os conceitos nem as ideias, ninguém ama um conceito, ninguém ama uma ideia; ama-se as pessoas. A entrega, a verdadeira entrega, nasce do amor por homens e mulheres, crianças e idosos, vi-

larejos e comunidades... Rostos e nomes que enchem o coração. A partir dessas sementes de esperança semeadas pacientemente nas periferias esquecidas do planeta, desses rebentos de ternura que lutam por subsistir na escuridão da exclusão, crescerão grandes árvores, surgirão bosques densos de esperança para oxigenar este mundo.

O que ele está falando é, basicamente, impossível, pensei. Eu estava inspirado, mas continuei me sentindo sobrecarregado. Ele não poderia simplesmente me dizer como fazer isso?

Mas não é tão fácil definir o conteúdo da mudança, ou seja, o programa social que reflita esse projeto de fraternidade e justiça que esperamos; não é fácil defini-lo. Nesse sentido, não esperem uma receita deste papa. Nem o papa nem a Igreja têm o monopólio da interpretação da realidade social e da proposta de soluções para problemas contemporâneos. Atrever-me-ia a dizer que não existe uma receita. A história é construída pelas gerações que vão seguindo os passos daquelas que a precederam, bem como procurando seu próprio caminho e respeitando os valores que Deus colocou no coração do homem.

O papa admite não possuir todas as respostas, nem a Igreja! Esse não é o modelo típico de liderança ao qual estou acostumado. Continuo lendo:

Os movimentos populares têm um papel essencial, não apenas exigindo e reclamando, mas fundamentalmente criando. Vós sois poetas sociais: criadores de trabalho, construtores de casas, produtores de alimentos, sobretudo para os descartados pelo mercado global.

Globalização da esperança? Bosques densos de esperança? Poetas sociais?
A linguagem era altiva e as imagens, belas, mas como eu viro um poeta social? Como posso plantar e regar para realmente fazer a diferença? Não conseguia descobrir, tudo parecia muito abstrato.

No dia seguinte, fui a um café da manhã organizado pela Rede Católica de Negócios de Montgomery County, Maryland. Meses atrás eu tinha sido convidado a falar do livro que escrevi sobre meu pai, *A Good Man*.

Chegando lá, conversei com algumas pessoas. Depois das preces, todos foram para a fila do bufê. Peguei meus ovos mexidos com bacon e saí em busca de uma mesa. No caminho, esbarrei na mulher que tinha feito a prece e me apresentei: "Foi uma prece ótima que você escreveu. Adoraria ter uma cópia dela."

Ela sorriu e me deu um pedaço de papel. "É esta aqui, mas eu não a escrevi. Faz parte de um discurso que o papa Francisco fez quando esteve na Filadélfia. Espero que ela lhe dê alegria." A mulher sorriu de novo e foi embora.

Desdobrei o papel e li.

A fé abre a "janela" à presença operante do Espírito e demonstra-nos que a santidade, tal como a felicidade, está sempre ligada aos pequenos gestos. "Seja quem for que vos der a beber um copo de água — um pequeno gesto —, por serdes de Cristo, [...] não perderá a sua recompensa", diz Jesus (Marcos 9:41). São gestos mínimos, que uma pessoa aprende em casa; gestos de família que se perdem no anonimato da vida diária, mas que fazem cada dia diferente do outro. São gestos de mãe, de avó, de pai, de avô, de filho, de irmãos. São gestos de ternura, de afeto, de compaixão. Gestos como o prato quente de quem espera para jantar, como o café da manhã de quem sabe acompanhar o levantar na alvorada. São gestos familiares. É a bênção antes de dormir, e o abraço ao regressar de uma jornada de trabalho. O amor exprime-se em pequenas coisas, na atenção aos detalhes de cada dia, que fazem com que a vida sempre tenha sabor de casa. A fé cresce quando é vivida e moldada pelo amor. Por isso, as nossas famílias, as nossas casas são autênticas igrejas domésticas: são o lugar ideal onde a fé se torna vida e a vida cresce na fé.

* * *

Não precisei da entrevista, no fim das contas. Bergoglio, grande professor que é, sabia disso. Ele já tinha me dado respostas para todas as minhas perguntas. Ter fé em Deus.

A resposta dele começa e termina com a fé em Deus, uma fé que abre as janelas da alma para que Deus possa entrar em você e operar maravilhas. E essas maravilhas geralmente são pequenos gestos: um copo d'água, um abraço, uma bênção.

Eles são maravilhosos porque são amor. E o amor realizado cria bosques densos de esperança.

Pequenos gestos.

Ações serenas.

Pequenos sinais.

Pequenas ações.

Não é poder, dinheiro ou prestígio. Não é tão complicado como pensei que fosse. O papa Francisco está chamando todos nós ao amor, para fazer de nossos lares e de nossas famílias verdadeiras igrejas domésticas, construídas com base na fé, na esperança e no amor.

O papa Francisco está chamando todos nós, ricos ou pobres, cristãos ou não cristãos. Qualquer um pode construir igrejas, templos, sinagogas, mesquitas. Não importa o nome que você dê a eles, porque todos podem amar.

E a partir daí, para onde vamos?

Não há mapa conhecido para a próxima etapa, apenas fé, esperança e amor.

Sem jamais ter falado uma palavra diretamente para mim, esse homem tinha me ensinado por meio de seu consistente exemplo, pois ele vive diariamente o que prega. Ele me ensinou isso ao admitir seus pecados e deficiências, pedindo perdão e mostrando misericórdia. Ele me ensinou isso ao viver uma vida repleta de alegria. E, como um grande professor, ele me levou a questionar minhas crenças, atitudes e a forma pela qual vivo e ajo. Ele fez isso não por meio da culpa ou da vergonha e sim mostrando que a verdadeira fé o liberta para viver com alegria.

Ele me entrevistou.

POSFÁCIO

Algumas semanas após o meu pedido de entrevista com o papa Francisco ter sido recusado, tanto o padre Federico Lombardi quanto o padre Michael Czerny se ofereceram para tentar conseguir um horário no qual eu poderia entregar ao papa uma cópia do meu livro e tirar uma foto com ele.

Agradeci a ambos pela generosa oferta. Durante uma conversa posterior com o padre Michael, eu disse que a experiência definitiva seria poder ir à missa diária celebrada pelo papa Francisco, na Capela de Santa Marta, com Jeanne e nossos três filhos.

"Vamos ver. Não prometo nada. Isso é muito, muito difícil de conseguir", disse padre Michael.

Terminamos a conversa, e essa foi a última vez em que pensei nesse pedido.

A mãe de Jeanne, Elizabeth "Libby" Scruggs, morreu no dia 23 de março de 2016, à 1h30 da manhã. Jeanne e os seis irmãos estavam ao lado da mãe em Knoxville, Tennessee, enquanto nossos três filhos e eu estávamos em casa, em Bethesda, Maryland.

Acordei com a notícia em uma mensagem de texto enviada por Jeanne no meio da noite.

Dei a má notícia às crianças na manhã seguinte, levei Emma à escola e fui até o escritório.

Às 17h30 daquele dia um e-mail do padre Michael entrou em minha caixa de entrada:

San Calisto, 23-3-2016
Querido Mark, a paz de Cristo durante a Semana Santa!
A família Shriver, composta de cinco pessoas e acompanhada pelo amigo padre Michael está gentilmente convidada para a Santa Missa às 7h de 16 de junho na Capela de Santa Marta.
O planejamento vai acontecer [...] muito ansiosos [...] Deus abençoe toda a sua família e desejo uma Páscoa feliz, saudável e tranquila para todos.
Em nosso Senhor, seu querido padre Michael.

O convite chegou no dia que a Sra. Scruggs morreu. Era uma mulher maravilhosa e generosa, que jamais disse algo negativo sobre alguém e talvez fosse a pessoa mais gentil que já conheci. Eu sabia que ela teve algo a ver com essa inesperada bênção.

Jeanne, Molly, Tommy, Emma e eu chegamos a Roma na manhã de quarta-feira, 15 de junho. Passamos o dia andando pelo bairro Trastevere e fomos dormir cedo. O alarme para despertar na quinta-feira tocou às 5h30. Padre Michael tinha pedido para que o encontrássemos no Portão Perugino às 6h27. O táxi esperava por nós às 6h, a viagem deveria levar uns 15 minutos, mas só entramos no carro às 6h15. Chegamos ao portão às 6h28 e encontramos o padre Michael vestindo uma batina preta, sorrindo.

Eu o abracei e ele cumprimentou carinhosamente Jeanne e as crianças. Seguimos na direção do portão, onde padre Michael, falando em italiano, deu nossos nomes para o guarda, que folheou as páginas na prancheta, encontrou os nomes e nos deixou entrar. Não havia detectores de metal, máquinas de raios x para segurança, nada do tipo. Caminhamos por uma estrada de paralelepípedos por uns 20 metros, depois, seguimos à direita, na direção da Casa Santa Marta.

A Casa Santa Marta foi construída pelo Santo papa João Paulo II e inaugurada em 1966. Ela é a casa de hóspedes para os clérigos que visitam o Vaticano e também residência para o Colégio dos Cardeais durante enclaves papais. Também é a residência do papa Francisco, onde ele celebra a missa, diariamente, às 7h.

Dois guardas suíços do Vaticano estavam na entrada. Atravessamos algumas portas e um cavalheiro nos mostrou uma grande área de espera. Fomos os primeiros a chegar. Ao longo dos 20 minutos seguintes alguns padres entraram e se sentaram, e alguns leigos se juntaram a nós.

Por volta de 6h55 um padre entrou na sala e deu algumas orientações em italiano. Padre Michael avisou: "Vamos para a capela."

Andamos por alguns segundos até que ele disse: "Sigam o padre. Vejo vocês na capela."

Entramos na capela, um belo espaço cheio de luz, com teto em forma de abóbada, uma parede repleta de janelas de um lado e um altar simples na frente. Fomos direcionados para a terceira fila de cadeiras à esquerda. Nós nos ajoelhamos, fizemos algumas orações e nos sentamos. Umas dez pessoas chegaram e ocuparam lugares atrás de nós, e outras dez ou 15 se sentaram do outro lado do corredor. Todos estavam vestidos de preto, exceto os dois na última fileira: um homem de camisa de colarinho aberto e uma mulher usando um vestido brilhante e multicolorido.

Após alguns minutos, o padre responsável pediu para que todos se levantassem para a entrada de 16 padres, incluindo padre Michael. Então, de uma porta à esquerda, apareceu o papa Francisco, usando trajes verdes e solidéu branco. Ele andou até o altar para beijá-lo e, em seguida, teve início a missa.

Foi um momento surreal. Lá estava ele, o homem que eu vinha estudando havia quase três anos, a uns 8 metros de distância. Conheci muitos de seus amigos e colegas, visitei Buenos Aires e Córdoba, vi os quartos onde ele viveu, além dos locais onde fez refeições e deu aulas. Li suas cartas, discursos e homilias. Vi os lugares onde ele pregou, para grandes multidões de ricos e poderosos e pequenas multidões de pobres e marginalizados. Andei pelos salões de seu amado

283

Colegio Máximo e pelas estradas das *villas* frequentadas por ele, que estava fisicamente muito perto agora, mas ainda tão distante.

O papa falou em italiano. Não entendemos uma palavra, mas na viagem para Santa Marta as crianças se alternaram lendo em voz alta as Escrituras do dia e descobrimos que a parte do Evangelho mencionada na missa contava a história de Jesus ensinando seus discípulos a rezar o Pai-nosso.

O papa Francisco leu o Evangelho e pregou. Ele começou lentamente e ficou cada vez mais animado. Entendi apenas uma ou duas palavras, mas isso não fez diferença. O simples fato de estar na capela com Jeanne e nossos três filhos rezando na mesma sala que o papa Francisco era mais que suficiente.

A missa prosseguiu. O papa Francisco não distribuiu a comunhão, preferindo sentar-se em sua cadeira, abaixar a cabeça e rezar durante aquela parte da missa. Depois disso, a missa acabou.

O papa Francisco saiu pela mesma porta lateral por onde entrara, e todos os padres o seguiram pelo pequeno corredor principal.

O mesmo padre que tinha recebido o grupo pediu que todos se sentassem. O silêncio permitia ouvir um alfinete caindo. Dois ou três minutos depois, o papa Francisco surgiu na porta lateral e passou ao lado de Tommy, que poderia ter estendido a mão para tocá-lo, se quisesse.

A sala estava totalmente silenciosa. Após um minuto, senti como se alguém estivesse olhando por cima do meu ombro esquerdo. Eu me virei lentamente para olhar e lá estava o papa Francisco, sentado em uma cadeira, a uns 3 metros de distância, de cabeça baixa, rezando.

Virei e olhei fixamente para o altar. Todos nós ficamos sentados em silêncio por uns bons cinco minutos.

Em seguida, ele se levantou e saiu da pequena capela.

O padre responsável voltou e indicou que o seguíssemos até os fundos da capela, onde uma pequena fila se formou para apertar a mão do papa Francisco e tirar uma foto com ele.

Comprei terços do Colegio Máximo durante minha visita em 2014. Adorei as simples contas do rosário de plástico, cada uma no formato de um coração. Custaram menos de 50 centavos e serviam como lembretes diários da simplicidade e da fé do papa Francisco.

Presenteei meus afilhados e alguns amigos próximos com alguns terços, mas eu tinha dois sobrando e queria dar um ao papa Francisco. Estava com as contas nas mãos, pronto para oferecer aquele pequeno presente.

Eu estava esperando não só que ele apreciasse o rosário do lugar que ele amava e chamou de lar por 30 anos, mas que talvez, apenas talvez, o presente gerasse algum tipo de reação e ele dissesse algo que prolongasse o encontro. Talvez, apenas talvez, ele me faria uma pergunta e teríamos uma conversa. Talvez ele gostasse de nós e nos convidasse para o café, algo assim.

Quem sabe?

Até que chegou a hora: lá estava ele, bem na nossa frente.

Padre Michael apertou as mãos dele primeiro. Os dois se abraçaram e trocaram algumas palavras, depois o padre Michael apresentou Emma a Francisco, que a cumprimentou com um aperto de mãos. Fui apresentado logo depois e beijei o anel dele, depois de me curvar. Jeanne e Tommy fizeram o mesmo. Molly apertou a mão do papa. Mostrei o rosário e murmurei algo sobre o Colegio Máximo e o irmão Mario Rausch.

O papa aquiesceu e disse: "Sim, sim, Mario Rausch." Ele abençoou o rosário, fechando meus dedos sobre ele. O papa Francisco queria que eu ficasse com ele. Eu tinha preparado alguns pensamentos, mas todos desapareceram quando olhei para os olhos dele. Murmurei algo sobre o Ano do Jubileu da Misericórdia, pois não consegui pensar em mais nada para dizer!

Ele pediu em inglês hesitante: "Por favor, reze por mim." O papa Francisco fez uma pausa e depois disse com um sorriso, olhando para as crianças: "Por favor, não se esqueçam!"

E acabou.

Em seguida, saímos da Casa Santa Marta, agradecendo intensamente o padre Michael. A Basílica de São Pedro ficava do outro lado da rua, a uns 45 metros. Ela era enorme, e parecia ainda maior pelo fato de não haver ninguém por perto, exceto dois guardas suíços. Parecíamos ter a Cidade do Vaticano só para nós.

Enquanto caminhávamos, o padre Michael apontou alguns locais, mas minha mente ainda estava concentrada na missa e naquele belo momento com o papa Francisco. Apesar do desejo de fazer um novo amigo ou pelo menos ter algo mais que um breve encontro com o homem a quem estudei por tanto tempo, fiquei estupefato com a doçura em seus olhos, a alegria em seu rosto e poder de suas poucas palavras...

Logo entramos em um café e pedimos chocolates, croissants e cappuccinos. Padre Michael passou uns dez minutos conosco antes de ir para uma reunião. Alguns minutos depois, padre Lombardi apareceu: "Acabei de ver o Michael", disse ele em inglês com forte sotaque italiano. "Ele me contou que vocês estavam aqui. Como foi sua visita ao Santo Padre?"

Abracei padre Lombardi e depois o apresentei a Jeanne e às crianças. Ele apertou nossas mãos e fez com que nos sentíssemos muito bem-vindos.

Nós agradecemos por toda a ajuda dele, que logo foi embora.

Enquanto terminávamos os croissants, a mulher com vestido multicolorido e o homem de camisa de colarinho aberto entraram. Nós nos reconhecemos.

"Olá! Como vão vocês?", cumprimentou Jeanne.

"Que manhã maravilhosa", respondeu o homem em inglês com sotaque espanhol. Eles escolheram uma mesa ao lado da nossa. Eu me apresentei, as crianças, e Jeanne.

"Meu nome é Leandro Lurati e esta é minha noiva, Agustina Balduzzi. Somos da Argentina."

"Onde, na Argentina?"

"Buenos Aires", respondeu Leandro.

"Estive em Buenos Aires há dois anos. Estou escrevendo um livro sobre o papa Francisco. Viajei para ver a obra dele e conhecer alguns de seus colegas."

"Você gostou de Buenos Aires?", perguntou Agustina. Antes que eu pudesse responder, Leandro comentou: "É a cidade onde nasci, eu a amo! Conheci o papa Francisco no metrô de lá quando eu tinha apenas 23 anos. Depois, nós nos encontramos várias vezes na Cúria, para falar da Igreja, da política argentina e de espiritualidade. Sempre nos encontrávamos às 7h. Ele me estimulou a ser voluntário na Villa 21-14, e foi o que fiz."

Contei a eles que tinha visitado a Villa 21-24. Falamos de Pepe, Toto, do trabalho deles com os pobres e os jovens viciados em drogas. Falamos também do cardeal Bergoglio e de seu trabalho nas *villas*. Jeanne disse a Agustina e a Leandro que esperávamos que um dia Molly e Tommy fossem às *villas* para trabalhar e aprender com Toto, Pepe e com as pessoas a quem eles servem.

"Por favor, hospedem-se conosco quando vierem. Ou, se ficarem com Pepe ou Toto, não deixem de nos visitar. Nós levaremos vocês por Buenos Aires e passaremos momentos maravilhosos juntos", convidou Leandro.

Nós agradecemos a oferta generosa.

"O papa Francisco convidou vocês a Roma para a missa?", perguntei.

"Não, definitivamente não. Ontem ele fez a Audiência Geral e nós estávamos na plateia, devia haver umas 10 mil pessoas. Após a cerimônia, ele andou pela praça e, como estávamos no lugar certo, apertamos a mão dele. Perguntei se ele se lembrava de mim, pois já fazia quase seis anos que eu não o via. E ele tinha um novo emprego, certo?" Leandro riu e continuou: "O papa Francisco disse imediatamente: 'Leandro, eu lembro perfeitamente de você. Como você está?', e fez perguntas sobre um padre amigo nosso, minha comunidade e minha família.

"Foi incrível. Eu o apresentei a Agustina. E, então, surpreendentemente, ele perguntou: 'Quando vocês vão embora de Roma?' Respondemos que iríamos na sexta-feira e ele pediu a um dos secretários suíços: 'Eles são meus amigos. Podem vir amanhã para a missa em Santa Marta?'"

Leandro tomou um gole do cappuccino e sacudiu a cabeça. "O papa pediu o número do meu celular. Eu disse a um de seus assistentes e então Francisco se despediu: 'Vejo vocês amanhã.'"

"Ele ligou para vocês?", perguntei.

"Engraçado você perguntar. Ao meio-dia, nenhum telefonema. Uma, 2 horas, 3 horas da tarde, e nada de ligação. Pensamos que talvez ele tivesse se esquecido de nós. Mas, então, às 5 horas da tarde, o telefone celular tocou. Era o assistente dele, avisando para estarmos no Portão Perugino às 6h45.

"Eu não tinha terno ou gravata e Agustina não trouxe um vestido preto, isso é tudo o que tínhamos. É meio embaraçoso, não?"

Antes que pudéssemos responder, Leandro contou: "Fomos os últimos da fila para cumprimentá-lo."

"O que ele disse a vocês?"

"Ele nos abraçou e, com um sorriso enorme no rosto, brincou: 'Vocês entraram de penetras na missa!' E nos deu outro abraço!"

AGRADECIMENTOS

Quando a ideia de escrever este livro surgiu, eu nunca tinha ido à Argentina. Até conhecia alguns argentinos, mas sabia pouco sobre a rica história do país. Eu não falava espanhol, e continuo não falando. Eu estava em um emprego em tempo integral e Jeanne e eu tínhamos três filhos com menos de 16 anos.

Este livro só aconteceu porque tive muita ajuda de várias pessoas.

Greg Jordan, escritor de Baltimore que trabalhou comigo em *A Good Man*, colaborou para idealizar, dar forma e escrever este livro. Logo no começo, nós identificamos os temas principais que permeavam a vida de Bergoglio. Greg viajou comigo à Argentina, trabalhou ao meu lado em várias das entrevistas e até atuou como meu intérprete. A pesquisa, as ideias e a escrita de Greg foram indispensáveis, e estou em dívida com ele pela ajuda.

Gina Centrello e Jon Meacham tiveram a ideia comigo. Jon era editor chefe e me apoiou do início ao fim. *Peregrino* jamais teria acontecido sem esses dois, simples assim. Agradeço a ambos.

Eu não teria conhecido Gina se não tivesse sido convidado a falar na cerimônia de entrega de diplomas na Universidade Loyola de Maryland. Agradeço ao presidente da universidade, padre Brian Linnane, pelo convite, e ao padre Tim Brown, que também trabalha na Loyola. Conheço o padre Tim há quase 30 anos, e ele é fonte constante de livros, artigos e ideias. Reconheço tudo isso, mas, acima de tudo, valorizo a amizade dele.

Quando eu estava em dúvida se escrevia este livro, segui o conselho do meu colega de quarto na faculdade e grande amigo, Paul Hardart. Paul me estimulou a escrever *A Good Man* e me acompanhou ao longo do processo de escrita deste livro. Ninguém poderia pedir um amigo melhor do que Paul. Ele é a personificação da bondade.

Alguns dias após eu ter decidido escrever este livro, esbarrei em um amigo, Alan Fleischmann, e descobri que Alan não só ama a Argentina como seria o anfitrião de um jantar dali a algumas semanas para o bispo de Buenos Aires, Óscar Vicente Ojea, que estava visitando Washington, D.C. No jantar, fui apresentado ao bispo Ojea e seu amigo Eugenio Diaz Bonilla, excelente tradutor e fonte de informações, que virou um amigo. Na Argentina, Ojea me apresentou a Magui Alonso e Paz Alonso, que me levaram à Villa 21-24. Paz foi minha intérprete quando conheci padre Pepe e Sergio Sanchez, e o pai dela me levava para almoçar entre as entrevistas. Que filha maravilhosa e que homem generoso.

Sabia que precisava falar com muito mais colegas e amigos do papa Francisco, então comecei a telefonar para todos que conhecia, pedindo ajuda.

O cardeal Donald Wuerl, de Washington, D.C., foi muito útil, bem como seu assistente, Stephen DeMauri. Meu amigo do ensino médio e colega de quarto na faculdade, padre Bill Byrne, foi uma imensa fonte de informações ao longo do processo. Prezo muito a nossa amizade.

O cardeal Sean O'Malley, de Boston, foi bastante generoso para me encontrar e dar conselhos, e o padre Robert Kickham, secretário dele, sempre foi gentil comigo. Agradeço a ajuda do padre Mark Hession, de Joe Feitelberg e, também, de Tommy O'Neill.

Jack DeGioia fez a conexão entre mim e o Rabino Abraham Skorka, além de ter encontrado um endereço de e-mail do padre Miguel Petty. Já o padre Otto Hentz e o padre Tim Brown encontraram outros e-mails do padre Petty. Eu não fazia ideia da bênção que seria essa conexão.

O padre Petty foi de uma ajuda imensa. Ele virou a minha principal fonte de consulta entre os jesuítas na Argentina, respondendo pacientemente várias de minhas perguntas, fazendo telefonemas em meu nome e encontrando, basicamente, qualquer informação de que eu precisava. Sua risada constante enchia cada conversa de alegria e empolgação. Gostaria de ter conhecido o padre Petty há alguns anos; é um homem maravilhoso. E jamais esquecerei o grande almoço que ele organizou com padre Alejandro Gauffin e padre Leonardo Nardin. Foi muito divertido e imensamente informativo. Sou grato aos três homens por suas histórias e pensamentos.

O grande escritor jesuíta padre Jim Martin fez a conexão entre mim e o padre Hernan Paredes, jesuíta argentino que mora em Nova York e foi outra excelente fonte de informações. O padre Paredes fez a ponte com os jesuítas em Buenos Aires e também com Maria del Carmen, que me apresentou a Mario Maidana e Daniel Lemos. Um grande obrigado a todos.

No voo para Buenos Aires, fiz uma longa conexão em Miami. Aproveitei e passei o tempo com meu irmão Anthony e sua família. Naquele dia, conheci Jose Molla, argentino que morava em Miami. Jose se ofereceu para me ajudar, e como ajudou! Já no dia seguinte ele mandou um e-mail me apresentando a Marcos Peña, que na época era secretário-geral da cidade de Buenos Aires. Hoje, ele é chefe de Gabinete do presidente da Argentina, Mauricio Macri.

Coincidentemente, Marcos foi criado em Bethesda, Maryland, a poucos quilômetros de onde Jeanne e eu moramos agora. Quando concorri à eleição para representante do estado de Maryland, bati na porta da família dele durante a campanha e, claro, fui educado com os pais dele. Quando Marcos me contou essa história e se ofereceu para me apresentar a pessoas que trabalharam com o então bispo e cardeal Bergoglio, eu soube que alguém estava olhando por mim!

Marcos começou a trabalhar imediatamente e me apresentou a Luis Czyzewski, padre Guillermo Marcó, Nilda Gomez, Sergio Sanchez, Alfredo Abriani, Javier Ureta Saenz Peña, padre Gustavo Carrara, padre Alejandro Russo, Juan Tobias, Jorge Triaca e Adriana Menendez de Triaca. Muitas dessas pessoas foram cruciais para este livro e minha jornada. Sou grato a todos pelo tempo e pelas ideias que me deram, e agradeço a Marcos pela gentileza.

Na Argentina também fiz entrevistas marcantes com a irmã Martha Rabino, o padre Juan Scannone, padre Juan Berli, irmão Mario Rausch, irmão Luis Rausch, padre Salva Veron, Miguel Mom Debussy, padre Rafael Velasco, Leandro Manuel Calle, rabino Abraham Skorka, padre José Maria Di Paola (Pepe), padre Lorenzo de Vedia (Toto), Dario, Juan, Beto, rabino Alejandro Avruj, irmã Liliana Badaloni, Dra. Gabriela Peña, Javier Cámara, irmã Maria Jose, além de German e Ana Laura Abdala.

Tive ótimos momentos no metrô de Buenos Aires com o padre Roberto Cid, que também me levou à Igreja de São José patriarca. padre Cid é de Buenos Aires, mas agora vive em Miami e é o pastor da igreja frequentada por Anthony. Agradeço muito ao padre Cid por aquele passeio e também pelos contatos e estímulo ao longo do processo.

Conheci a agradável família Alurralde em Córdoba, por meio da minha amiga Gabriella Smith. Ignacio "Nacho" Alurralde me levou de carro por Córdoba e me fez rir muito! Ele e sua família não poderiam ter sido mais hospitaleiros.

Eu não poderia ter viajado por Buenos Aires sem Miguel Calculli. Conheci Miguel por intermédio do meu amigo Alex Hernandez Dessauer. Muito obrigado aos dois.

Quando voltei aos Estados Unidos, logo percebi que precisava de mais informações sobre a história da Argentina e sobre alguns dos eventos que influenciaram a vida de Jorge Mario Bergoglio. Liguei para meu bom amigo Hunter Biden, que já conhecia a Argentina. Hunter, por sua vez, me apresentou a Gabriel Sanchez Zinny. Que descoberta! Gabriel, aparentemente, conhece todo mundo na Argentina, e acredito que não exista um argentino mais divertido, irônico em relação a si mesmo, e afetuoso do que ele.

Gabriel e seus vários contatos me levaram a algumas das entrevistas que você leu, além de outras que despertaram percepções sobre a vida do papa, incluindo o Dr. Sergio Berensztein, Jose Maria Ghio, Diego Gorgal, Luis Secco, Christian Asinelli, Esteban Bullrich, Miguel Ángel Martínez e padre Adolfo Granillo Ocampo. Sou grato a todos.

Em Roma, tive conversas incríveis com o cardeal Leonardo Sandri (que me encontrou uma segunda vez em Los Angeles), cardeal Peter Turkson, monsenhor Robert Murphy, padre Flavio Pace, monsenhor Peter Wells (que agora é arcebispo e núncio apostólico para a África do Sul e Botswana), padre Scott Brodeur (que me mostrou vários lugares em Roma, incluindo a Igreja de Jesus e *A vocação de São Mateus*, de Caravaggio), padre Mike Rogers, padre Tom Powers, padre Andrew Small, monsenhor Lucio Ruiz e Carol Glatz. Greg Burke, diretor da Sala de Imprensa do Vaticano, também foi muito solícito, assim como o padre Federico Lombardi, que se aposentou como diretor da Sala de Imprensa.

Agradeço muito ao monsenhor Jim Checchio pela hospitalidade cordial em Roma.

Conheci o padre Michael Czerny naquela viagem, e em poucos minutos ele já parecia um velho amigo. O trabalho que ele vem fazendo ao longo da vida me inspira diariamente, e nunca vou esquecer sua humildade, generosidade e sorriso caloroso. Como eu gostaria que todos pudessem ter um padre Michael na vida!

Cada um dos capítulos foi melhorado por entrevistas, comentários ou ajuda das seguintes pessoas: Martín Rey, padre Joseph Boenzi, N. J. Viehland, Profª Rosa Carrasquillo, Michael May, padre Julio Merediz, Oscar Crespo, Dr. Fabian Garcia, Tim Royston, padre Kevin Burke, padre Andrés Aguerre, padre Enrique García, Jorge Milia, Dr. Massimo Faggioli, Angelo Moratti, Laura Gancia, padre James Kelly, Rabino Abraham Cooper, Sergio Widder, Dr. Shimon Samuels, Dra. Judith Marshall, irmã Teresa Maria Gallardo, irmã Joan O'Shanahan, irmã Veronica Rafferty, irmã Rose Ann Schlitt, arcebispo Carlo Maria Viganò, padre Jim Greenfield, padre Tim Kesicki, padre Stephen Sundborg, padre Jim Hayes, padre Larry Snyder, padre Gerry Blaszczak, padre Ted Dziak, padre Matt Carnes, padre Joe Daoust, padre Steve Katsouros, padre Richard Fragomeni, padre Joseph Lingan, Cokie Roberts, Jeff Reppucci, Leandro Lurati, Agustina Balduzzi, Chris Maloney, Steve Neill,

Rob Granader, Tony Williams, Neil "NAG" Grauer, além de Lauretta e Bruce Stewart.

Fernando Massobrio, Dr. Jorge Di Paola, León Muicey e Padre Patrick Mulemi forneceram algumas das belas fotos encontradas neste livro, enquanto Alessandro Gisotti deu excelentes conselhos e palavras de estímulo pelo caminho.

Alguns capítulos foram cortados do texto final, mas ainda sou grato a Larry Lucchino e Billy Hogan pela ajuda em tudo relacionado a futebol, bem como a José María del Corral, Martin Migoya, Enrique Palmeyro, da Scholas, e David Evangelista, da Special Olympics, pelo seu tempo e auxílio.

Foi uma honra falar com o falecido padre John Schlegel, que me contou sobre a missa a que assistiu na Capela de Santa Marta, com o papa Francisco. Ele morreu alguns meses após nosso contato.

Muito obrigado a Greg Craig, John Kabealo, Cliff Sloan e Catherine Whitney pelos prudentes conselhos jurídicos. Que equipe!

Escrever este livro enquanto gerenciava uma *start-up* não foi fácil. Obrigado a Carolyn Miles e Carlos Carrazana por me darem o espaço e a flexibilidade para pesquisar, viajar e escrever, e ao conselho diretor e à equipe da Save The Children Action Network (Scan), pelo trabalho árduo que faz a empresa ser tão bem-sucedida.

Todas as entrevistas foram traduzidas e transcritas por Susana Martin. Ela também traduziu e-mails, cartas e homilias. Na verdade, tudo o que estava originalmente escrito em espanhol foi traduzido para o inglês por Susana, e ela também atuou como intérprete em várias entrevistas que realizei por telefone. Eu logo aprendi que o espanhol falado na Argentina tem algumas idiossincrasias que exigem um ouvido treinado. Susana é uma das melhores do ramo e sua perspectiva sobre a história da Argentina também foi muito útil. Ela também recrutou a amiga Maria Cairoli para ajudar a encontrar respostas para minhas perguntas. Susana foi gentil e incrivelmente ágil. Ela é absolutamente fantástica.

Um agradecimento especial a Yayo Grassi pela ajuda. Sempre que falei com ele, eu sorri. Yayo simplesmente exala alegria. Ele sempre atendeu minhas ligações, e foi não só prestativo como também me estimulou a continuar escrevendo. Acabou virando um amigo.

Francesca Ambrogetti e Sergio Rubin escreveram a biografia oficial do papa Francisco, *Papa Francisco: Conversas com Jorge Bergoglio*. É leitura obrigatória para qualquer pessoa interessada na vida do papa. Não só eles gentilmente me receberam quando estive em Buenos Aires como fizeram contatos para mim e responderam a incontáveis perguntas por e-mail. Foram fontes importantíssimas e extremamente amigáveis.

O padre Czerny me apresentou ao escritor Austen Ivereigh, que escreveu uma biografia do papa Francisco, *The Great Reformer: Francis and the Making of a Radical Pope*. Acho que é o livro mais abrangente, bem-escrito e pesquisado sobre o assunto. Além de me basear no livro para entender melhor o papa Francisco e a história do país, eu pedi a ajuda do próprio Austen. Ele respondeu todos os meus e-mails e telefonemas de modo rápido e completo. Não poderia ter sido melhor. Ele foi de uma ajuda incrível.

Vou sentir saudades do padre Kevin O'Brien. Enquanto escrevi este livro, ele estava na Universidade Georgetown em Washington, D.C, mas agora está na Universidade Santa Clara, na Califórnia. Kevin me ensinou muito sobre os jesuítas, especialmente os Exercícios Espirituais. Se as palavras que escrevo fazem sentido, o crédito é de Kevin. Se algo estiver errado, ou não estiver claro, a culpa é minha! Kevin respondeu todos os e-mails, telefonemas e perguntas bobas que fiz. Não tenho palavras para agradecer.

O padre Gustavo Morello, argentino que ensina sociologia no Boston College, foi uma fonte crucial sobre tudo que estivesse relacionado à Argentina. Ele é autor do excelente livro *The Catholic Church and Argentina's Dirty War*, e também respondeu todas as perguntas que fiz e me ensinou sobre a história, a política e os jesuítas na Argentina.

Mika Kasuga e Will Murphy, da Random House, foram cruciais para transformar este livro em realidade. Eles fizeram edições inteligentes no texto (incluindo encontrar temas) e garantiram que os rascunhos fossem entregues no tempo certo; deixaram o livro muito mais forte e o entregaram à gráfica no prazo. Espero que Gina e Jon deem a eles um grande aumento!

Agradeço muito a meus irmãos Bobby, Maria, Timothy e Anthony, pelas ideias e pelo apoio ao longo do processo.

Ninguém trabalhou mais arduamente neste livro do que Betsy Zorio. Tenho o prazer de trabalhar com Betsy diariamente na Save the Children Action Network, onde ela é a minha chefe de pessoal e a melhor do mercado nessa função.

Para este livro, Betsy passou incontáveis horas da noite, da manhã e nos fins de semana fazendo pesquisas. Ela sugeriu edições e acrescentou palavras, foi paciente quando eu estava cansado e me manteve concentrado em cada palavra. O olhar cuidadoso e a tenacidade de Betsy ajudaram a fazer o livro fluir. Ela tomou conta de cada nota e listou todas as fotos no livro. Essas são tarefas difíceis, que tomam muito tempo. Eu não teria escrito este livro sem a ajuda de Betsy. Ela foi minha parceira nesta empreitada, e sou eternamente grato e ela.

Por fim, quero agradecer a Molly, Tommy e Emma, pelo seu amor. Quando eu estava prestes a arrancar os cabelos ou exausto por causa da escrita, eles sempre me faziam rir e me lembravam do que era importante na vida. Tenho muito orgulho de todos.

E a minha melhor amiga, Jeanne, que leu cada rascunho deste livro, deu ideias para edições e sugestões, além de me apoiar em tudo, eu digo muito obrigado. Você é a melhor, e eu te amo.

Notas

Capítulo 01: Rosa

26 **"dava palestras em qualquer lugar"**: L'osservatore romano "Storia di una vocazione". Disponível em: <www.osservatoreromano.va/it/news/storia-di--una-vocazione> Acesso em 10 de abril de 2017.

27 **Bergoglio contou que o pai tinha sido amigo de vários padres salesianos:** *Idem*

28 **rezavam o terço antes do jantar:** Paul Vallely, *Pope Francis: Untying the Knots* (Londres: Bloomsbury, 2013), p.25.

28 **"pai espiritual da família"**: "Storia di una vocazione". Disponível em: <www.osservatoreromano.va/it/news/storia-di-una-vocazione> Acesso em 10 de abril de 2017.

28 **"pessoa que emprestou a eles 2 mil pesos":** *Ibid.*

28 **Como Bergoglio disse em uma entrevista de rádio em 2012:** Paul Vallely, *Pope Francis: Untying the Knots* (Londres: Bloomsbury, 2013), p.25.

28 **"Se alguém próximo da família se divorciasse ou separasse":** Jorge Mario Bergoglio e Abraham Skorka, *Sobre o céu e a terra: O que pensa o novo papa Francisco sobre a família, a fé e o papel da Igreja no século XXI* (Editora Paralela, 2016).

28 **viu duas mulheres do Exército da Salvação:** *Ibid.*

29 **Rosa deu ao neto uma carta escrita por ela:** Austen Ivereigh, *The Great Reformer: Francis and the Making of a Radical Pope* (Nova York: Henry Holt, 2014), p.99-100.

30 **"Um aparte... sobre a reduzida representação das mulheres":** Papa Francisco, em encontro com jovens durante viagem apostólica ao Sri Lanka e às Filipinas (18 de janeiro de 2015). Disponível em: w2.vatican.va/content/francesco/pt/speeches/2015/january/documents/papafrancesco_20150118_srilanka-filippine-incontro-giovani.html. Acesso em 10 de abril de 2017.

30 **"Quando contei para minha avó":** Francesca Ambrogetti e Sergio Rubin, *Papa Francisco: Conversas com Jorge Bergoglio* (Verus Editora, 2013).

31 **"edificarei a minha igreja":** Mateus 16:18. Disponível em: https://www.bibliaonline.com.br/acf/mt/16. Acesso em 10 de abril de 2017.

32 **Quando Rosa morreu, aos 90 anos:** Austen Ivereigh, *The Great Reformer: Francis and the Making of a Radical Pope* (Nova York: Henry Holt, 2014), p.16.

Capítulo 02: **Serenidade**

35 **uma das cartas do papa Francisco, escrita em 2013:** Robert Moynihan, Letter #24, 2015: "The Pope's Traumatic Childhood Experience", *Inside the Vatican*, 25 de junho de 2015

Capítulo 03: **Peronismo**

38 **"Perón é o rosto de Deus na escuridão":** Eva Perón, *A razão da minha vida* (1999).

Capítulo 04: **O portenho**

44 **Em 1908, a renda *per capita* da Argentina:** Jutta Bolt e Jan Luiten van Zanden, The Maddison Project: The First Update of the Maddison Project: Re-Estimating Growth Before 1820 (janeiro de 2013). Disponível em: <poggdc.net/maddison/maddison-project/publications/wp4.pdf>. Acesso em 10 de abril de 2017.

Capítulo 05: **O método científico**

47 **Bergoglio depois explicaria que a mãe "ficou paralisada [...]":** Ambrogetti e Rubin, *Papa Francisco: Conversas com Jorge Bergoglio.* (Verus Editora, 2013).

47 **matriculados como internos no Colegio Wilfrid Barón de los Santos Ángeles:** "Ricordi salesiani", *L'Osservatore Romano*. Disponível em: <osservatoreromano.va/it/news/ricordi-salesiani>. Acesso em: 10 de abril de 2017.

47 **Jorge depois escreveria que o ano vivido como interno:** *Ibid*

48 **A palestra acabaria virando o "ponto de referência (...)":** *Ibid.*

50 **O pai disse a ele: "Agora que está começando o ensino médio (...)":** Ambrogetti e Rubin, *Papa Francisco: Conversas com Jorge Bergoglio.* (Verus Editora, 2013).

50 **Refletindo sobre aquela época, Bergoglio meditou:** *Ibid.*

50 **"No laboratório, pude ver o lado bom e o ruim":** *Ibid.*

51 **resultou no "desaparecimento" ou morte:** Gustavo Morello, Ordem dos Jesuítas, *The Catholic Church and Argentina's Dirty War* (Nova York: Oxford University Press, 2015), p.1.

52 **"Quando lemos o relato da Criação no Gênesis":** Papa Francisco, "Discurso na Sessão Plenária da Pontifícia Academia das Ciências" (27 de outubro de 2014),

53 **"administrador da criação, até que ele vá governar a criação, que desenvolverá até o fim dos tempos"**: *Ibid.*

53 **"Façamos o homem a nossa imagem"**: Gênesis 1:26. Diponível em: <https://www.bibliaonline.com.br/acf/gn/1>. Acesso em: 10 de abril de 2017.

53 **"Não somos Deus"**: Papa Francisco, "Laudato Si: Sobre o Cuidado da Casa Comum". Disponível em: <w2.vatican.va/content/francesco/pt/encyclicals/documents/papa-francesco_20150524_enciclica-laudato-si.html>. Acesso em 10 de abril de 2017.

54 **"Tudo o que fizemos e aprendemos também tinha uma unidade harmoniosa"**: "Ricordi salesiani", *L'Osservatore Romano*. Disponível em: <osservatoreromano.va/it/news/ricordi-salesiani>. Acesso em: 10 de abril de 2017.

Capítulo 06: **A decisão**

56 **Possui uma pintura de James Cardinal Gibbons:** Gibbons foi o católico mais influente do seu tempo e também padrinho do meu pai. Esse retrato de Gibbons estava pendurado em nossa casa até os meus trinta e poucos anos, quando meu pai o doou para a Basílica.

58 **A história diz que ele foi derrubado do animal:** Atos 9:3-15. Disponível em: <bibliaonline.com.br/acf/atos/9>. Acesso em: 10 de abril de 2017.

58 **"Eu olhei e estava escuro":** Austen Ivereigh, *The Great Reformer: Francis and the Making of a Radical Pope* (Nova York: Henry Holt, 2014), p.35-36.

59 **"Algo estranho me aconteceu":** Ambrogetti e Rubin, *Papa Francisco: Conversas com Jorge Bergoglio*. (Verus Editora, 2013).

Capítulo 07: **Seminário**

66 **"Quando eu era seminarista":** Jorge Mario Bergoglio e Abraham Skorka, *Sobre o céu e a terra: O que pensa o novo papa Francisco sobre a família, a fé e o papel da Igreja no século XXI* (Editora Paralela, 2016).

Capítulo 08: **Doença**

70 **"era corajosamente astuta":** Antonio Spadaro, Ordem dos Jesuítas, "A Big Heart Open to God", *America*. Disponível em: <americamagazine.org/pope-interview>. Acesso em 10 de abril de 2017.

71 **ele foi atraído por *Imitação de Cristo*:** John W. O'Malley, *Os primeiros jesuítas* (Unisinos, 2004).

72 **um padre diocesano frequenta o seminário por quatro anos:** National Coalition for Church Vocations e National Religious Vocation Conference.

73 **"a forma inaciana de descobrir a vontade de Deus":** Mark E. Thibodeaux, *God's Voice Within: The Ignatian Way to Discover God's Will* (Chicago: Loyola Press, 2010).

73 **"Inácio era um entusiasmado estudante da natureza humana":** *Ibid.*, xiv.

Capítulo 09: **O noviço**

77 **"Acabei entrando na Companhia de Jesus":** Ambrogetti e Rubin, *Papa Francisco: Conversas com Jorge Bergoglio*. (Verus Editora, 2013).

77 **"Eu sempre procurei uma comunidade":** Antonio Spadaro, Ordem dos Jesuítas, "A Big Heart Open to God", *America*. Disponível em: <americamagazine.org/pope-interview>. Acesso em 10 de abril de 2017.

81 **endossado por Javier Cámara:** Javier Cámara e Sebastián Pfaffen, *Aquel Francisco* (Buenos Aires: Raíz de Dos, 2014), p.72-83.

84 **"Gaviña era um homem muito reservado, sério, bom e diplomático":** *Ibid.*, p.54.

86 **Ele morava e trabalhava no Japão antes do ataque a Pearl Harbor:** Kevin Burke, *Pedro Arrupe: Essential Writings* (Maryknoll, NY: Orbis Books, 2004).

87 **"Nada é mais prático que encontrar Deus":** *Ibid.*

Capítulo 10: **Os Exercícios Espirituais**

91 **"Acho que nós também somos as pessoas que":** Papa Francisco, santa missa na Igreja de Santa Ana no Vaticano, 17 de março de 2013

92 **Segundo a história, Jesus viu Mateus no trabalho:** Mateus 9:9. Disponível em: <bibliaonline.com.br/acf/mt/9>. Acesso em: 10 de abril de 2017.

92 **Beda escreveu que o chamado de Jesus a Mateus:** O brasão do papa Francisco. Disponível em: <w2.vatican.va/content/francesco/pt/elezione/stemma-papa-francesco.html>. Acesso em 10 de abril de 2017.

92 **"contemplava a pintura *Vocação de São Mateus*":** Antonio Spadaro, Ordem dos Jesuítas, "A Big Heart Open to God", *America*. Disponível em: <americamagazine.org/pope-interview>. Acesso em 10 de abril de 2017.

92 **"Aquele dedo de Jesus apontando para Mateus":** *Ibid.*

93 **os Anos do Jubileu costumam ser declarados:** Frequently Asked Questions About the Jubilee of Mercy, U.S. Conference of Catholic Bishops. Disponível em: <usccb.org/beliefs-and-teachings/how-we-teach/new-evangelization/jubilee-of-mercy/frequently-asked-questions-about-the-jubilee-of-mercy.cfm>. Acesso em 10 de abril de 2017.

93 **"A base que suporta a vida da Igreja é a misericórdia":** Papa Francisco, *Misericordiae Vultus*: Bula de Proclamação do Jubileu Extraordinário da Misericórdia, 11 de abril de 2015. Disponível em: <w2.vatican.va/content/francesco/pt/apost_letters/documents/papafrancesco_bolla_20150411_misericordiae-vultus.html>. Acesso em 10 de abril de 2017.

93 **No discurso de abertura ele falou:** Richard McBrien, "Pope John XXIII's Opening Address to the Second Vatican Council", *National Catholic Reporter*. Disponível em: <ncronline.org/blogs/essays-theology/pope-john-xxiiis-opening-address-second-vatican-council>. Acesso em 10 de abril de 2017.

94 **"Eu me lembro de uma mãe com filhos pequenos"**: Papa Francisco, *O nome de Deus é misericórdia* (Editora Planeta do Brasil, 2016).

95 **"O método para cada hora de meditação é geralmente o mesmo"**: Ron Hansen, Spiritual Exercises, *Santa Clara Magazine*, verão de 2006. Disponível em: <magazine.scu.edu/summer2006/spiritual.cfm>. Acesso em: 10 de abril de 2017.

96 **"o estado de estar sob a influência do espírito falso"**: Mark E. Thibodeaux, *God's Voice Within: The Ignatian Way to Discover God's Will* (Chicago: Loyola Press, 2010), p.12-13.

97 **"É preciso esclarecer o que pode ser um fruto do Reino"**: Papa Francisco, "Evangelii Gaudium". Disponível em: <w2.vatican.va/content/francesco/pt/apost_exhortations/documents/papafrancesco_esortazione-ap_20131124_evangelii-gaudium.html>. Acesso em 10 de abril de 2017.

97 **"Manuel, você precisa viver o próprio exílio"**: Austen Ivereigh, *The Great Reformer: Francis and the Making of a Radical Pope* (Nova York: Henry Holt, 2014), p.207.

Capítulo 11: **Colegio Máximo**

86 **"A ação verdadeira no Máximo naqueles anos"**: Austen Ivereigh, *The Great Reformer: Francis and the Making of a Radical Pope* (Nova York: Henry Holt, 2014), p.76.

Capítulo 12: **Ensinar Borges**

112 ***"Mas não há esquecimento e nem sonho"***: Federico García Lorca, City That Does Not Sleep, *Lorca & Jimenez, Selected Poems* (traduzido para o inglês por Robert Bly, Boston: Beacon Press 1973), 159. Tradução para o português baseada em <cacspucsp.wordpress.com/2012/08/18/cidade-sem-sono-garcia-lorca/>, e no original, "Ciudad Sin Sueño". Disponível em: < http://www.poesi.as/fglpny13.htm>. Acesso em 10 de abril de 2017.

114 **A secretária de Borges, María Esther Vázquez, ensinou piano**: Austen Ivereigh, *The Great Reformer: Francis and the Making of a Radical Pope* (Nova York: Henry Holt, 2014), p.77.

114 **"pode ter sido crucial para estabelecer contato direto com o escritor"**: Jorge Milia, Bergoglio and Borges: Truths and Tales of a "Friendship", *La Stampa*, 12 de junho de 2013.

114 **"Milhares de professores de literatura em universidades conceituadas"**: *Ibid.*

114 **"Bergoglio foi pegar [Borges] na antiga estação"**: *Ibid.*

115 **"provavelmente, o prefácio mais generoso de todos os tempos"**: *Ibid.*

115 **"Borges tinha um talento genial para falar de qualquer assunto sem se gabar"**: Ambrogetti e Rubin, *Papa Francisco: Conversas com Jorge Bergoglio.* (Verus Editora, 2013).

115 **"Antes mesmo de escrever uma só linha":** Fernando Sorrentino, *Seven Conversations with Jorge Luis Borges* (Troy, NY: Whitston, 1982), 25.

Capítulo 13: **Vaticano II**

121 **A Argentina teve 25 noviços em 1961:** Vallely, *Pope Francis, Untying the Knots, p.*45.

121 **Em 1965, a Ordem dos Jesuítas tinha 36 mil integrantes:** Thomas Gaunt, Ordem dos Jesuítas, Ph.D., The Changing Jesuit Geography, Centro de Pesquisa Aplicada no Apostolado, Universidade Georgetown. Disponível em: <nineteensixty-four.blogspot.com.br/2011/02/changing-jesuit-geography. html>. Acesso em 10 de abril de 2017.

122 **"A opção pelos pobres vem dos primeiros séculos do cristianismo":** Transcrição do inquérito judicial de 2010, Bergoglio Declara ante el TOF.

Capítulo 14: **Padre Bergoglio**

125 **"Que meus netos, a quem dei o melhor do meu coração":** Austen Ivereigh, *The Great Reformer: Francis and the Making of a Radical Pope* (Nova York: Henry Holt, 2014), p.100.

126 **"Quero crer em Deus, o Pai que me ama como a um filho":** Credo de Jorge Mario Bergoglio, papa Francisco. Disponível em: <revistaecclesia.com/credo--de-jorge-mario-bergoglio-papa-francisco/>. Acesso em 10 de abril de 2017.

Capítulo 15: **Mestre de noviços**

130 **os cinco votos "simples":** James Martin, Ordem dos Jesuítas, Final Vows? What's That?, *America*. Disponível em <americamagazine.org/content/all--things/final-vows-whats>. Acesso em 10 de abril de 2017.

131 **Desde o início da década de 1960 até 1973:** Austen Ivereigh, *The Great Reformer: Francis and the Making of a Radical Pope* (Nova York: Henry Holt, 2014), p.106.

132 **"peronista, baseada nos trabalhadores e na justiça social de 1940":** *Ibid.*, p.104.

132 **Nativo de Buenos Aires e quatro anos mais velho que Bergoglio, Yorio:** *Ibid.*, p.153.

Capítulo 16: **Provincial**

138 **"O Decreto Quatro incorporou a busca da justiça social":** Austen Ivereigh, *The Great Reformer: Francis and the Making of a Radical Pope* (Nova York: Henry Holt, 2014), p.120-121.

138 **"parecia ter poucas salvaguardas":** *Ibid.*, p.121.

139 **Yorio, que havia se mudado para o bairro Ituzaingó em 1970:** *Ibid.*, p.154-155.

139 **"Houve pontos de referência latino-americanos":** Transcrição do inquérito judicial de 2010, Bergoglio Declara ante el TOF.

140 **"Eles tinham uma visão equilibrada e ortodoxa":** *Ibid.*

140 **"Tendo em vista os rumores [...] Eu disse a eles para tomar muito cuidado":** Ambrogetti e Rubin, *Papa Francisco: Conversas com Jorge Bergoglio* (Verus Editora, 2013).

140 **"Tenho certeza que ele deu a lista com nossos nomes aos fuzileiros":** Olga Wornat, *Nuestra Santa Madre: Historia Pública y Privada de la Iglesia Católica Argentina* (Barcelona: Ediciones B, 2002).

141 **"Eu mesmo já estive inclinado a acreditar que fomos vítimas de uma denúncia":** Jonathan Watts, "Pope Francis Did Not Denounce Me to Argentinian Junta, Says Priest", *The Guardian*, 21 de março de 2013. Disponível em: <theguardian.com/world/2013/mar/21/pope-francis-argentinian-junta--priest>. Acesso em: 10 de abril de 2017.

141 **Estima-se que 15 mil pessoas:** Morello, *The Catholic Church and Argentina's Dirty War*, 1.

141 **Yorio alega que "não tinha motivo para pensar que Bergoglio tenha feito algo para nos libertar":** Olga Wornat, *Nuestra Santa Madre: Historia Pública y Privada de la Iglesia Católica Argentina* (Barcelona: Ediciones B, 2002).

141 **Bergoglio depois contou que eles foram libertados:** Ambrogetti e Rubin, *Papa Francisco: Conversas com Jorge Bergoglio* (Verus Editora, 2013).

141 **"Fiz o que podia, com a minha idade e os poucos contatos que tinha":** *Ibid.*

142 **E é fato que nenhum jesuíta foi morto:** Austen Ivereigh, *The Great Reformer: Francis and the Making of a Radical Pope* (Nova York: Henry Holt, 2014), p.137.

142 **"Somos todos Animais Políticos, com letras maiúsculas":** Jorge Mario Bergoglio e Abraham Skorka, *Sobre o céu e a terra: O que pensa o novo papa Francisco sobre a família, a fé e o papel da Igreja no século XXI* (Editora Paralela, 2016).

142 **"O que fez a Igreja nesses anos?":** *Ibid.*

143 **"Em minha experiência como superior, para ser sincero":** Antonio Spadaro, Ordem dos Jesuítas, "A Big Heart Open to God", *America*. Disponível em: <americamagazine.org/pope-interview>. Acesso em 10 de abril de 2017.

Capítulo 18: **Córdoba**

166 **perdi por menos de 2500 votos:** 2002 Gubernatorial Election Official Results: Congressional District 08, State Board of Elections, Maryland. Disponível em: <elections.state.md.us/elections/2002/results/p_cd08.html>.

169 **Ele havia declarado durante o juniorado:** Austen Ivereigh, *The Great Reformer: Francis and the Making of a Radical Pope* (Nova York: Henry Holt, 2014), p.72.

171 **Em um ensaio intitulado "O exílio de toda carne":** Daniel Burke, "The Pope's Dark Night of the Soul", CNN, setembro de 2015. Disponível em: <cnn.com/interactive/2015/09/specials/pope-dark-night-of-the-soul/>. Acesso em 10 de abril de 2017.

171 *"E se isto não ouvirdes, a minha alma chorará em lugares ocultos, por causa da vossa soberba":* Jeremias 13:17. Disponível em: <www.bibliaonline.com.br/acf/jr/13>. Acesso em 10 de abril de 2017.

171 **"É a prece de um homem que deu tudo o que podia":** Daniel Burke, "The Pope's Dark Night of the Soul", CNN, setembro de 2015. Disponível em: <cnn.com/interactive/2015/09/specials/pope-dark-night-of-the-soul/>. Acesso em 10 de abril de 2017.

172 **"A consolação espiritual é uma experiência de estar tão em chamas com o amor de Deus":** "Introduction to Discernment of Spirits", *Ignatian Spirituality*. Disponível em: <ignatianspirituality.com/making-good-decisions/discernment-of-spirits/introduction-to-discernment-of-spirits>. Acesso em 10 de abril de 2017.

Capítulo 19: **Filhos de Abraão**

177 **"Até onde sei, esta deve ser a primeira vez em 2 mil anos":** Ambrogetti e Rubin, *Papa Francisco: Conversas com Jorge Bergoglio.* (Verus Editora, 2013).

177 **Quase 250 mil judeus vivem na Argentina:** Congreso Judío Latinomaricano, congresojudio.org.ar/comunidades_detalle.php?id=1; Simon Romero, Outpost on Pampas Where Jews Once Found Refuge Wilts as They Leave, *New York Times*, 9 de junho de 2013. Disponível em: <nytimes.com/2013/06/10/world/americas/traditions-fade-in-argentine-haven-for--jews.html?_r=1>. Acesso em 10 de abril de 2017.

183 **Três dias depois:** Associated Press, 22 de julho de 1994. Disponível em: <aparchive.com/metadata/ARGENTINA-REACTION-TO-SYNAGO-GUE-BOMBING/918a6bedab40263a764ba296b2894293>. Acesso em: 10 de abril de 2017.

Capítulo 20: **Toto, Pepe e o rabino**

188 **Pepe contou que foi trabalhar em uma fábrica de sapatos por um ano:** Stefania Falasca, Padre Pepe: il Papa mi ha accompagnato nella mia crisi, *Avvenire*, 28 de agosto de 2013. Disponível em: <avvenire.it/Chiesa/Pagine/padre-pepe-il-Papa-mi-ha-accompagnato-nella-mia-crisi.aspx>. Acesso em 10 de abril de 2017.

Capítulo 21: **Cardeal**

224 **Menem implantou uma série de reformas de livre mercado:** Profile: Carlos Menem, BBC News, atualizado em 28 de abril de 2003. Disponível em: <news.bbc.co.uk/2/hi/americas/1376100.stm.> Acesso em 10 de abril de 2017.

224 **Ele também dobrou os gastos governamentais e teve que solicitar grandes empréstimos para conseguir pagá-los:** Timothy Borden, Menem, Carlos Saul: 1930: Political Leader, em *Contemporary Hispanic Biography* (Gale Group, 2002).

224 **A taxa de desemprego estava em 14% e quase 40% da população vivia na pobreza:** Unemployment, IndexMundi. Disponível em: <indexmundi.com/g/g.aspx?c=ar&v=74> Acesso em 10 de abril de 2017. Poverty, IndexMundi. Disponível em: < indexmundi.com/g/g.aspx?c=ar&v=69>. Acesso em 10 de abril de 2017.

224 **Naquele dia, Bergoglio desafiou Menem e outros líderes políticos:** Austen Ivereigh, *The Great Reformer: Francis and the Making of a Radical Pope* (Nova York: Henry Holt, 2014), p. 250.

225 **De la Rúa foi eleito presidente em outubro de 1999:** Clifford Krauss, Vote for Me, Declares Argentine, I'm Boring, *New York Times,* 26 de setembro de 1999. Disponível em: <nytimes.com/1999/09/26/world/vote-for-me--declares-argentine-i-m-boring.html>. Acesso em 10 de abril.

225 **"Precisamos reconhecer, com humildade":** Austen Ivereigh, *The Great Reformer: Francis and the Making of a Radical Pope* (Nova York: Henry Holt, 2014), p.25.

225 **no auge da Grande Depressão, em 1933:** Irving Bernstein, Americans in Depression and War, U.S. Department of Labor. Disponível em: <dol.gov/general/aboutdol/history/chapter5>. Acesso em 10 de abril de 2017.

225 **Em tempos mais modernos:** A Brief History of U.S. Unemployment, *Washington Post.* Disponível em: <washingtonpost.com/wp-srv/special/business/us-unemployment-rate-history/>. Acesso em 10 de abril de 2017.

227 **"ficou cada vez mais aparente que a nossa apatia social e política":** Jorge Mario Bergoglio, Homilia do Arcebispo, "Te Deum", 25 de maio de 2003. Disponível em: <arzbaires.org.ar/inicio/homiliasbergoglio.html>. Acesso em 10 de abril de 2017.

228 **"Hoje, como sempre, os argentinos devem escolher":** Jorge Mario Bergoglio, Homilia do Arcebispo, "Te Deum", 25 de maio de 2004. Disponível em: <arzbaires.org.ar/inicio/homiliasbergoglio.html>. Acesso em 10 de abril de 2017.

229 **Em uma virada interessante, contudo, uma biografia publicada em 2015:** Gerard O'Connell, Main Accuser of Pope Francis Worked for Argentina's Military Dictatorship, *America*, 18 de maio de 2015. Disponível em: <ame-

ricamagazine.org/content/dispatches/main-accuser-pope-francis-worked-
-argentinas-military-dictatorship>. Acesso em 10 de abril de 2017.

229 **Quando os biógrafos perguntaram: "Qual foi a sensação de ouvir seu
nome repetido":** Ambrogetti e Rubin, *Papa Francisco: conversas com Jorge Bergoglio* (Verus Editora, 2013).

230 **levando Bergoglio a cancelar a celebração:** Suspendió la Iglesia el tedeum
en la Capital, *La Nacion*, 24 de maio de 2005. Disponível em: <lanacion.com.
ar/706830-suspendio-la-iglesia-el-tedeum-em-la-capital>. Acesso em 10 de
abril 2017.

233 **o governador da província de Misiones e aliado do presidente Néstor
Kirchner, Carlos Rovira:** Carlos M. Regúnaga, Center for Strategic and International Studies, Hemisphere Highlights, vol. 5, edição 10, novembro de
2006. Disponível em: <csis.org/files/media/csis/pubs/hh06_10.pdf>. Acesso
em 10 de abril de 2014.

233 **"se já no momento da cruz houve pessoas que semearam a discórdia":**
Jorge Mario Bergoglio, Homilia do Arcebispo, 1º de outubro de 2006. Disponível em: <arzbaires.org.ar/inicio/homiliasbergoglio.html>. Acesso em 10 de
abril de 2017.

234 **"Existe um Deus, e Deus pertence a todos":** Kirchner: "El diablo también
les llega a los que usan sotana", *Clarín*, 6 de outubro de 2006. Disponível em:
<edant.clarin.com/diario/2006/10/06/elpais/p-00310.htm>. Acesso em 10 de
abril de 2017.

Capítulo 22: **O incêndio**

239 **"Hoje estamos aqui para entrar no coração daquela mãe":** Austen Ivereigh, *The Great Reformer: Francis and the Making of a Radical Pope* (Nova York:
Henry Holt, 2014), p.276-277.

244 **o papa Francisco escreveu para um dos integrantes da banda na prisão:**
Pope Writes to Rock Singer Jailed for Causing Fire, *CathNews New Zealand*,
16 de julho de 2013. Disponível em: <cathnews.co.nz/2013/07/16/pope-writes-to-rock-singer-jailed-for-causing-fire/>. Acesso em 10 de abril de 2014.

244 **a mensagem que o papa Francisco mandou para as famílias das vítimas
naquele mesmo ano:** Pope Francis Sends Message of Consolation to Victims' Families of Buenos Aires Fire, Rádio do Vaticano, 31 de dezembro de
2013.

Capítulo 23: *Cartoneros*

256 **"Há grande probabilidade de você nunca ter ouvido falar desse encontro":** Joe Gunn, Pope Gives Blessing to Global Movements Striving for
Change, *Western Catholic Reporter*, 12 de janeiro de 2015. Disponível em: <wcr.
ab.ca/Columns/Columns/entryid/6260>. Acesso em 10 de abril de 2014.

257 **"No geral, esses movimentos representam três setores sociais cada vez mais excluídos":** Judith Marshall, Challenging the Globalisation of Indifference: Pope Francis Meets with Popular Movements, *Links International Journal of Socialist Renewal,* 21 de novembro de 2014. Disponível em: <links.org.au/node/4172>. Acesso em 10 de abril 2017.

259 **"Mais uma vez, bom dia. Estou feliz por estar convosco":** Papa Francisco. Discurso aos Participantes no Encontro Mundial dos Movimentos Populares, 28 de outubro de 2014. Disponível em: <w2.vatican.va/content/francesco/pt/speeches/2014/october/documents/papafrancesco_20141028_incontro--mondiale-movimenti-popolari.pdf>. Acesso em 10 de abril de 2017.

Capítulo 24: **A entrevista**

268 **"Encorajo-vos a prosseguir neste compromisso de ajuda recíproca":** Papa Francisco. Discurso à Delegação de Atletas "Special Olympics" da Itália, 19 de junho de 2015. Disponível em: <w2.vatican.va/content/francesco/pt/speeches/2015/june/documents/papa-francesco_20150619_special-olympics-italia.html>. Acesso em 10 de abril de 2017.

272 **li uma reportagem sobre um menino que sofrera abuso sexual de um padre:** Karen Heller, A Papal Visit Can't Heal These Wounds, *Washington Post,* 17 de setembro de 2015. Disponível em: <washingtonpost.com/sf/local/2015/09/17/papal-visit-leaves-this-family-cold/>. Acesso em 10 de abril de 2017.

274 **"Em nosso primeiro encontro em Roma, senti algo muito belo":** Papa Francisco. Discurso no II Encontro Mundial de Movimentos Populares, 9 de julho de 2015. Disponível em: <w2.vatican.va/content/francesco/pt/speeches/2015/july/documents/papa-francesco_20150709_bolivia-movimenti--popolari.html>. Acesso em 10 de abril de 2017.

279 **"A fé abre a 'janela' à presença operante do Espírito":** Papa Francisco, santa missa de encerramento do 8º Encontro Mundial das Famílias, 27 de setembro de 2015. Disponível em: <w2.vatican.va/content/francesco/pt/homilies/2015/documents/papa-francesco_20150927_usa-omelia-famiglie.html>. Acesso em 10 de abril de 2017.

Este livro foi composto na tipologia Janson Text LT Std,
em corpo 11,5/15,1, impresso em papel off-white
no Sistema Cameron da Divisão Gráfica
da Distribuidora Record.